# 中國學術思想 研究輯刊

## 五 編
林 慶 彰 主編

## 第 14 冊

### 李鏡池易學研究

李 慈 恩 著

花木蘭文化出版社

國家圖書館出版品預行編目資料

李鏡池易學研究／李慈恩 著 — 初版 — 台北縣永和市：花木
蘭文化出版社，2009〔民98〕
目 4+248 面；19×26 公分
（中國學術思想研究輯刊 五編；第 14 冊）
ISBN：978-986-254-043-5（精裝）
1. 易經 2. 易學 3. 研究考訂
121.17                                                    98014789

ISBN - 978-986-2540-43-5

9 789862 540435

中國學術思想研究輯刊
五 編 第十四冊                              ISBN：978-986-254-043-5

## 李鏡池易學研究

| | |
|---|---|
| 作 者 | 李慈恩 |
| 主 編 | 林慶彰 |
| 總 編 輯 | 杜潔祥 |
| 出 版 | 花木蘭文化出版社 |
| 發 行 所 | 花木蘭文化出版社 |
| 發 行 人 | 高小娟 |
| 聯 絡 地 址 | 台北縣永和市中正路五九五號七樓之三 |
| | 電話：02-2923-1455／傳眞：02-2923-1452 |
| 網 址 | http://www.huamulan.tw 信箱 sut81518@ms59.hinet.net |
| 印 刷 | 普羅文化出版廣告事業 |
| 封面設計 | 劉開工作室 |
| 初 版 | 2009 年 9 月 |
| 定 價 | 五編 20 冊（精裝）新台幣 33,000 元 |

版權所有·請勿翻印

# 李鏡池易學研究

李慈恩　著

**作者簡介**

李慈恩，1972 年生。2008 年取得台灣師範大學博士學位。現為中華大學通識教育中心兼任助理教授。

**提　　要**

　　本論文研究對向李鏡池先生，是古史辨派治《易》諸學者中，唯一一位既有經說理論，又有實際經注的學者。在其學術歷程中，前期受到顧頡剛啟迪，奠定其經說理論的基礎。後期則深受郭沫若的影響，援引唯物史觀注解《周易》，將西方的理論與東方的經典，以學術性的樣貌做出結合。極具研究價值與意義。

　　論文首章是二十世紀以來《周易》詮釋的歷史脈絡，並由此引入論文正題。第二章則是李鏡池生平及學術進程，並且簡要的介紹了唯物史觀。

　　第三章與第四章，是李鏡池經說理論的分析。第五章為《周易通義》注經體例的歸納與評述。第六章則是對此注經方式的檢討。第七章則為結論，針對李鏡池的學術成就，提出總評。

# 目
# 次

# 第一章 緒 論

　　《易經》爲五經之一。秦火焚書時以「卜筮書」而得以倖免，在學術的發展上，與其他經書相比，是相對幸運的。今所見《易經》僅有《周易》，所謂《連山》、《歸藏》，則不見完整版本。僅能由《左傳》、《國語》中所記載之卜筮記錄，以及新出土的文物資料，推敲揣測其原貌。

　　今所通行《周易》，源自漢代費直古文本。是王弼（226～249）注、韓康伯（332～380）補疏的版本。而王韓本源自東漢鄭玄（127～200），鄭玄師事馬融（79～166），習古文《易》，爲費直古文《易》。《漢書・藝文志》云：

> 及秦燔書，而《易》爲卜筮之事，傳者不絕。漢興，田何傳之，訖
> 于宣、元，有施、孟、梁丘、京氏列於學官，而民間有費、高二家
> 之說。劉向以中古文《易經》校施、孟、梁丘經，或脫去“無咎”
> “悔亡”。惟費氏經與古文同。〔註1〕

東漢後，古文經流行，今文經日衰。《後漢書・儒林列傳》云：

> 建武中，范升傳孟氏《易》，以授楊政，而陳元、鄭眾皆傳費氏易，
> 其後馬融亦爲其傳。融受鄭玄，玄作《易注》，荀爽又作《易傳》，
> 自是費氏興，而京氏遂衰。〔註2〕

雖然立於學官的今文《易經》今已不傳，只能從他書稱引中略窺片段內容。但自從西漢設定五經博士，將《易經》立於學官開始。《周易》經、傳在中國

---

〔註1〕《漢書補注》，王先謙，《二十五史》，台北，藝文印書館，1972 年，頁 867。
　　　本論文所徵引史類書籍，皆爲此版本。
〔註2〕《後漢書補注》，王先謙，《二十五史》，頁 911。

傳統的學術上，始終有著重要而崇高的地位，也擁有為數眾多的「經說」與「經注」的相關著作。

筆者認為，儘管每一朝代都有獨特的易學樣貌，也確實有著實質上的差異。但這些差異甚大的發展，就學術本身來看，卻是一種成熟自然的不斷重生，以一種完全不同的樣貌重生。

本章主要介紹二十世紀以來《周易》詮釋的歷史脈絡，並由此引入論文正題。對於研究對象李鏡池（1902～1975）所屬的學術集團，古史辨派，以及領導人物顧頡剛（1893～1980），做出介紹以及評述。

# 第一節　二十世紀以來《周易》詮釋的歷史脈絡

傳統的典籍，如果依據著述的種類，或說著述的時間先後來做區分，第一類當然是經書，《五經》屬之。第二類就是「傳」，是詮釋經書的第一手著作。比如《易傳》、《春秋》三傳。這一類儘管被稱為傳，但是地位卻等同經書，甚至連傳世的版本都是經傳合一，《周易》經傳就是最典型的代表。第三類則是注解第一、第二類的作品。例如《詩經》的毛詩鄭箋、《春秋‧公羊傳》的何休（129～182）《解詁》。第四類則是注解上述三類的作品。例如徐彥（？）為何休的《解詁》做了《疏》、孔穎達（574～648）也為毛詩鄭箋做了《疏》。

這樣一種經、傳、注（箋）、疏的層累式的型態，數量最多的，往往是第三、第四類著作，對原典的直接閱讀，相對減少了。尤其從《五經正義》纂修成書之後，「根據某一漢魏箋注再加以注疏」的方式，幾乎成為固定模式，以一種成熟的型態來解讀經典展現經典。

《周易》經傳在這樣的模式底下，也發展出特有的詮釋史貌。

## 壹、易學詮釋的傳統架構

《四庫全書總目提要‧經部一‧易類一》云：

> 聖人覺世牖民，大抵因事以寓教。……而《易》則寓於卜筮。故《易》
> 之為書，推天道以明人事也。《左傳》所記諸占，猶太卜之遺法。漢
> 儒言象數，去古未遠也。一變而為京、焦，入於禨祥，再變而為陳、
> 邵，務窮造化，《易》遂不切於民用。王弼盡黜象數，說以《老》、《莊》，
> 一變而胡瑗、程子，始闡明儒理，再變而李光、楊萬里，又參證史

事，《易》遂日啓其論端。此兩派六宗，已互相攻駁。又《易》道廣
大，無所不包，旁及天文、地理、樂律、兵法、韻學、算術，以逮
方外之爐火，皆可援《易》以爲說，而好異者又援以入《易》，故《易》
說愈繁。今參校諸家，以因象立教者爲宗，而其他「易外別傳」者，
亦兼收以盡其變。〔註3〕

這段話分析了清朝之前的易學發展，認爲兩派六宗皆有其發生的歷史淵源以
及存在背景。值得注意的是，「聖人覺世牖民，大抵因事以寓教。……而《易》
則寓於卜筮」云云，顯示館臣認爲，卜筮當中有聖人之旨，是刻意借由占筮
的方式來達到教化的功能。而館臣所稱「夫六十四卦《大象》皆有『君子以』
字，其爻象則多戒占者，聖人之情見乎詞矣。其餘皆《易》之一端，非其本
也。」這個以聖人之情爲本、爲重的說法，正好體現出千餘年來，《易傳》學
盛於《易經》學的實際情況。

李申（1946～）對《易傳》的形成，提出一個簡明的解釋：

春秋戰國時代的社會動盪，使絕對天命觀的市場越來越小了。於是
產生了反對天命而贊成天意的思想。出現了對占筮結果的重新解
釋。起初，人們只是用更進一步的認識去豐富、發展《易經》的意
思，後來，甚至根本不顧《易經》的指示，而逕直從對世界的認識
中、從人自己的行爲中，對前途和命運做出判斷，與此同時，也發
展了對自然界，對社會的認識。人們在解釋卦象吉凶的同時，也解
釋了與此有關的那個世界。這種傾向的進一步發展，要求對整個世
界做出根本的解說，於是出現了《易傳》。〔註4〕

他並且將易學學派做出新分類：發揮派與本義派。發揮派包含有 1.占卜術和
象數派 2.易學義理派 3.易學圖象派。

考察他們的出發點，則不過都是借《周易》來發揮自己的思想。義
理派如此，象數派也是如此。象數派並不是易學研究中的保守派，
他們也不墨守舊說，不過主張出新意要根據卦象。至於卦象的意義
和相互關係，在他們那裡也是新見迭出。這三派合在一起，可叫做
"發揮派"。易學之河主要是他們造成的。〔註5〕

─────────────

〔註3〕《四庫全書總目提要》，石家莊市，河北人民出版社，2000年，頁50。
〔註4〕李申，《周易之河說解》。北京，知識出版社，1992年，頁20、21。
〔註5〕《周易之河說解》，頁201。

本義派則以朱子（1130～1200）《周易本義》與清代考據學者爲代表。

> 與發揮派相對立的，是"本義派"。朱熹的《周易本義》，清代的考據，其目的是弄清易學之河中的某些事實，而不是借題發揮，使易學之河繼續流淌。雖然本義派們所說的未必都是本義，如朱熹信《河圖》、《洛書》，但他們的傾向是如此。〔註6〕

對發揮派的評論，是恰當的。《漢書‧儒林傳》云：

> 費直，字長翁，東萊人也。治《易》爲郎，至單父令。長於卦筮，亡章句，徒以〈彖〉、〈象〉、〈繫辭〉十篇文言解說上下經。〔註7〕

「徒以〈彖〉、〈象〉、〈繫辭〉十篇文言解說上下經。」可說是易學由《易經》學走向偏重《易傳》的開端。其後各朝的易學發展，本質上皆爲《易傳》學的性質，只因詮釋角度不同，亦以不同樣貌出現。

漢易學以象數獨勝。對於卦爻所象徵之或整體或片面的事物，以及卦爻之間的數理關係和變化互換的原理，極盡所能的做出闡述。只是就學術原貌來看，這些闡述有更多的成分屬於新創。誰也沒有證據來證明，卦畫符號在創作之初，竟然就能有如此高深莫測的神秘原理。

這樣的易學，發展過度的結果，是後世所熟知的江湖術士方技之流。也因著這樣的背景，造就了王弼治《易》的新風貌。這種大破大立，筆者不願以「反動或反彈」來稱呼。事實上，學術代興必有其內外緣因素，時代的整體風氣，政治上的需求，這是外緣的催化因子。學術本身走到某一成熟顛峰後，保留精神而以另一種樣貌出現，則是內緣因素。

> 弼之說《易》，源出費直。直《易》今不可見，然荀爽即費氏學。李鼎祚書尚頗載其遺說。大抵究爻位之上下，辨卦德之剛柔，已與弼注略近，但弼全廢象數，又變本加厲耳。〔註8〕

這段話恰印證了筆者的看法。對前朝易學的吸收，反芻後進化，以一種符合新時代整體學術氛圍以及新學者強烈主觀論點的形式出現，乍看以爲是對前朝的破壞，事實上，這種破壞也是吸收之後的重生。

---

〔註6〕《周易之河說解》，頁201。
〔註7〕《二十五史》，頁1547。此處「文言」一名，應非《易傳》七篇之〈文言〉。李鼎祚《周易集解》：「劉瓛曰：『依文而言其理，故曰〈文言〉。』」可知，「文言」一名，原本是「依文言說，闡述其理」的泛稱。直至《易傳》七篇名稱確定，「文言」一詞才成爲定稱，不再與他書在名稱上有所混淆。
〔註8〕《四庫全書總目提要》，頁55。

　　魏晉之時，由於政治環境的黑暗、佛家思想的傳入，學術上以研究《老》、《莊》爲主流，一來欲求避禍，二來也是呼應逐漸盛行的佛老思想。再與東漢以來便已盛行的清談相結合，後人多以「清言玄談」爲魏晉獨有之特色。宋人由於自身的政治積弱以及學術反省的雙重因素，而以「行無漢學，罪浮桀紂」加以譏評。〔註9〕事實上，這類批評卻是到了清初才普遍大量的被學者所引述，並從此深植人心成爲既定的刻板印象。

　　細觀王弼《易》注，固然在注解用詞方面，有類似《老》、《莊》之語，但他亦常通過卦位、卦象、爻位應承、爻象來說解吉凶。因此，以一種過度簡略的眼光，評論王弼易學乃至整個魏晉易學的樣貌，其實並非相應的批評。

　　尤其是宋人在排拒佛老的文化情結下，以「輔嗣《易》行無漢學」來評論王弼，以王弼爲不足。義理一派從天道、性命、道德的範疇來解《易》，圖書一派創先天後天說，附會古傳之「河圖」、「洛書」，使宋《易》看來似乎有向漢《易》靠攏仿效的傾向。

　　但是以朱子《周易本義》跟清代易學同列於本義派，筆者以爲有待商榷。

　　朱子《周易本義》，發明圖書之義，以九圖置於篇首，明顯是想調和象數與義理二派。一方面不取玄理說《易》的方式，轉以道德性命說《易》。二方面另創圖書之義，想以此比附漢《易》。這樣一種治《易》的方式，形成南宋、元、明三朝的易學正統。有定於一尊的權威性，卻也同時產生了舉一廢百的缺失。

　　朱子治《易》的路數，明顯是清儒所不取的。而李申卻將二者平列歸屬於本義派，實有斟酌商榷之處。

　　細查朱子易學觀，可以發現，朱子只是先肯定了「《周易》原爲卜筮書」的命題。此命題之下仍舊是自我發揮，因此，筆者以爲，朱子仍應歸類爲發揮派。

　　至於將清代易學家歸類爲本義派，筆者以爲別具意義，且值得深入探究。只是這當中，仍有細微處必須辨明。

　　清初學者極力論述河圖、洛書之不可信，黃宗羲（1610～1695）對於漢《易》何以轉爲方技道士之說，有一段極允當的評論：「夫《易》者，範圍天地之書也。廣大無所不備，故九流百家之學俱可竄入焉。自九流百家借之以行其說，而於《易》之本意反晦矣。……世儒過視象數，以爲絕學，故爲所

<hr />

〔註9〕　南宋，趙師秀〈秋夜偶成〉中有「輔嗣《易》行無漢學」一句，《清苑齋集‧補遺》。

欺。」〔註10〕

在這樣的背景之下，清儒所採取的步驟是：先論述圖書之不可信，再著書闡明象數之說。換言之，朱子易學定於一尊之後，道士方技式的易學正統籠罩時日太久，清初學者忙於釐定廓清是非，後繼者則多汲汲於闡釋象數說。導致以義理說《易》一路相形之下顯得沒落沈寂。

要特別提出的是李申將考據學者歸類為本義派。筆者認為，清代考據之學對經典的復原運動，注重訓詁和歷史的考證。在精神上，古史辨派的學者，是出於自覺來加以承繼的。

朱伯崑（1923～2007）對此評論曰：

> 乾嘉時期的漢學流行，對易學的研究起了深刻的影響。其總的趨勢是，從宋學對《周易》經傳義理的闡發轉向對漢易的解說或依漢易解經的學風重新注解《周易》經傳。〔註11〕

他同時引戴震（1724～1777）、王引之（1766～1834）與阮元（1764～1849）等乾嘉著名學者為例，指出這些學者或者根據訓詁的角度，矯正宋人之失。或者進行《周易》的校勘與解說，力求恢復經典原貌。

在治經態度上對古史辨派學者影響最大的，應當是崔述（1740～1816）。他考察了典籍中對歷史人物的記載，加以比對，進行去偽存真的工作。並且做出了「以經解經，經傳分家」的結論。對《易傳》的作者，也斷言孔子絕無撰寫《易傳》。

崔述疑古的態度、治學的方式以及做出的結論，幾乎完全被古史辨派學者所承繼。當然康有為（1858～1927）等今文學家，對古史辨運動有著更大的啟發，也是事實。這部分，將在第二節詳細論述，此處重點仍放在易學詮釋的發展。

## 貳、二十世紀易學詮釋的新發展

鄭吉雄（1960～）先生認為，二十世紀治《易》最大的突破在於：「不再相信"易歷三聖"的說法，也開始用"史"的眼光來看待《周易》」

> 本世紀中國學術界對《周易》的詮釋，最重要的一個特點就是突破

---

〔註10〕《周易象數論》，自序。《無求備齋易經集成》，一一五冊，頁5～7。
〔註11〕朱伯崑：《易學哲學史》，第四冊。台北，藍燈文化事業股份有限公司，1991年，頁332。

了二千餘年的這一種主流的詮釋架構。……而本世紀治《易》的學者，則不再像傳統大部分學者那樣，抱著「《易》歷三聖」的觀念看待《周易》，或以發揮舊注舊疏的義訓為務。大部分的學者都以歷史的眼光或哲學的觀念，將《周易》經傳及一切衍生發揮出來屬於易學範圍的材料一例平等對待。〔註12〕

在傳統的易學詮釋架構之下，總是有幾個問題始終無法解決。首先是《周易》經傳的作者問題，其次是他本異文，包括〈繫辭〉的錯簡、〈雜卦〉所敘卦次等問題。到了二十世紀，連《易傳》的屬性都開始造成疑問，有所鬆動。

同時，大量文物的出土，新材料引發新研究，解答舊問題的同時，新研究也造成新議題，引發新的思考。特別是金文甲骨文、漢石經、馬王堆帛書《周易》以及安陽殷墟遺物出現的數字卦，這四類材料，對《周易》研究都有著相當大的刺激。

加上十九世紀西方思潮的傳入，國力的衰敗，民生的凋敝，政治和社會劇烈變動的情況底下，整個學術環境的氣氛，也起了轉變。易學研究，也不能自外於此一時代洪流而不受影響。

關於清末民初以來的易學發展，廖名春（1956～）、康學偉（1958～）、梁韋弦（1953～）合著的《周易研究史》一書中，提出了「四次熱潮」的說法。〔註13〕

第一次的熱潮就是以古史辨學術集團為中心，時間在 1920 年代末、1930 年代初。參與的學者，廖名春認為有顧頡剛、余永梁（？）、李鏡池、郭沫若（1892～1978）、錢穆（1895～1990）、馮友蘭（1895～1990）、錢玄同（1887～1939）等人。〔註14〕關注的焦點在於《周易》作者和成書年代問題以及經傳分治的討論。根據他的論述，筆者歸納出以下的評論：〔註15〕

〔註12〕《易圖象與易詮釋》，臺北，臺灣大學出版中心，2004 年，頁 21。
〔註13〕廖名春、康學偉、梁韋弦，《周易研究史》，（湖南：長沙出版社，1991）。該書由三人合著，而論及現代易學的第七章，由廖名春一人主筆，因此下文凡提及此書第七章的觀點，皆直接標明廖名春所言。
〔註14〕相關著作則收錄在《古史辨》第三冊。值得注意的是，作者並未將容肇祖歸為古史辨派，此點或許與容肇祖後來將學術重心轉往民俗學有關。但作者又放入了郭沫若以及馮友蘭、錢穆等人，而前兩位學者與《易》有關的論述，卻又並未收入《古史辨》第三冊。這些細微處，筆者將在第二節中討論，此處僅先將重點放在民初以來的易學走向分析。
〔註15〕《周易研究史》，頁 401、402。

## 一、對後世學術的影響

1. 現代的考據易學，是直接從這一討論中發展起來的。例如高亨（1900～1986），明顯的繼承和發展了顧頡剛和李鏡池的觀點。

2. 現代的新義理派，其發展和這次討論的推動也是分不開的。例如使用歷史唯物論和辯證法的方法闡發《易》理，從社會史的角度探討卦爻辭的內容，有的導源於這一次的討論，有的是間接受益於這次討論。

## 二、學術地位崇高的原因

1. 使用西方的科學方法、以出土文物為主要材料、以實證為取向來做研究。也就是使用先進的方法，得出一些經得起歷史檢驗的東西。

2. 古史辨派治《易》，以「新史學」相標榜，以傳統為鵠的，正順應了當時的潮流。

> 古史辨派固然極具學術地位，但是廖名春同時也指出古史辨派的侷限性：
>> 一般而言，只要屬於兩可之間的，甚至只要缺乏出土文物的直接證明的，人們就以傳統說法為非，以古史辨派的說法為是。這實際已從將易學尊為經學的一端走到了以貶低《周易》為能事，以否定《周易》為目的來治易的另一端」。……這是我們在充分肯定這一次討論的積極意義時所不能忽視的。〔註16〕

對於廖名春所提出的「高亨承繼和發展了顧頡剛和李鏡池」的這個觀點，固然大致無誤。但筆者以為當中仍有細微處必須辨明，不宜輕易做此結論。尤其李鏡池的經注著作，晚於高亨，二者之間，單以經注而言，啟發、承繼之間，關係是微妙且不能截然劃分的。

但這個觀點同時也反映出：後世認為顧頡剛和李鏡池二人，面對《周易》的態度、方法乃至結論，是相同的。大體上，古史辨派的學者，對後世的影響，是巨大的，此點無庸置疑。

第二次易學熱潮出現在六十年代初的大陸學術界。廖名春並再細分為二期：

第一期從 1960 年下半年至 1962 年底止，主要討論《周易》一書的形成年代、性質和哲學思想，對於《周易》經傳所論述的宇宙本質與規律等問題，都是討論的主題。屬於《周易》經傳內部問題的討論。

第二期則重點在於「研究方法」的討論，筆者以為可歸屬為詮釋學的範

---

〔註16〕《周易研究史》，頁 402。

疇。以 1962 年 3 月 16 日方蠡（？）發表於《光明日報》上〈研究《周易》不能援傳於經〉一文，爲起點。該文批評李景春經、傳不分，並針對當時「將《周易》現代化」的這一傾向做出批判。

筆者以爲，這種批判分屬二個層面。其一是經傳不分的問題。這是千百年來，大多數易學家的通病。其二則是能否援引馬列主義當中的哲學思想來詮釋《周易》？此一論戰，最後在李景春承認錯誤之後，結束此一論辯。

這當中有一個現象必須提出，就是在論辯的過程中，以東方明爲首的幾位學者，包括馮友蘭、閻長貴、關鋒、林聿時、董治安、曹維源等人，都反對「『將馬列主義哲學的基本原理』和《周易》混淆」這樣一種詮釋經典的方式。然而，李鏡池卻是有意識且自覺的，援引了唯物史觀來注解《易經》。這是與當時所謂論辯勝利的一方，大相逕庭之處。此一相異處，究竟原因是李鏡池眞心信仰馬列主義，並認爲馬列主義是學習《周易》的最佳法門？抑或是在當時的環境之下，這是一個可以獲得繼續從事學術著作的保護傘？

第三次與第四次的熱潮，則是從 1970 年代末期，一直到 1990 年代。廖名春認爲，1970 年代末期，各種對《周易》的研究，包括研討會以及發行刊物等，可視爲另一波熱潮。而從 1980 年代到 1990 年代的十年之間，則是「關於《周易》的考古學」的另一波研究。

對於廖名春所說的第三、第四次熱潮，筆者有不同的看法。中國大陸的文化大革命於一九七六年結束，正是《周易研究史》作者所稱的 1970 年代後期，此一時期，政治上的肅殺氣氛稍退，正是學術可以開始作爲之時。因此，與其說此一時期爲易學的第三波熱潮，不如將之視爲整體學術的鬆綁與解脫。

固然廖名春所稱的熱潮爲存在之事實，但筆者認爲此一熱潮不同於以往兩次，此處乃是完全純粹的政治影響學術，並非學術自身的趨勢使然。至於將與《周易》相關出土文物的大量研究，推遲至 1980 年代，也不甚合理，因爲馬王堆的文物出土於 1973 年。

因此，筆者認爲，將第三第四次的熱潮合爲一次，時期劃分就由文革結束，至 1990 年代止。此波熱潮的焦點，就在出土文物的研究。也就是利用考古資料來做出更多更精確的，對《周易》的論述。

細查《周易研究史》所稱的這四波熱潮，會發現古史辨學者的影響，巨大且深遠。不僅主導了第一波的熱潮，所論述的主題，也延燒到第二波熱潮時期。同時對於出土文物的利用，考證推論出各種結論，這樣的一種治《易》

的方法，跟第四波熱潮，是相銜接而有所承繼的。

筆者所以論述易學詮釋架構的軌跡與轉變，目的在指出，古史辨運動的興起，特別是在治《易》這部分，儘管面對經典的態度、治學的方法乃至於做出的結論，跟傳統特別是宋朝以前，有著很大的差異，但這種差異，由詮釋學的角度觀之，卻是一種合理的存在、自然順勢的演變。

在連接古代與現代易學的角色上，古史辨派學者，是個重要的橋梁。姑且不論古史辨派的學者視《易》為史不為經的觀念，對《易經》是否為一種斷傷？就算是，那其實也幫助了我們正向去思考，所謂經典存在的真實性，在歷史真實與文化真實之間，能否得致一個平衡點？既不渲染經典的歷史地位，也不否定曾經存過的詮釋謬誤。

## 第二節　古史辨運動興起的歷史脈絡──辨偽思想的承與變

古史辨運動是中國近代學術史上最重要的運動，影響的不僅是單一學科也不僅是治經方式，還包括了學者面對經典的態度。

> 它對近代史學發展最大的意義是使得過去凝固了的上古史系統從解榫處解散開來，使得各各上古史事之間確不可變的關係鬆脫了，也使得傳統史學的視野、方法及目標有了改變，資料與資料之間有全新的關係。〔註17〕

面對經典態度的轉變，會連帶影響治經的方式，包括資料的詮釋、取捨，同樣的經典，會以一種以上的樣貌出現。

當然，學術思潮的興起、大盛，不會是憑空而來。古史辨的疑古思潮，從學術及時代的角度來看，都有其脈絡可循。以下先分析古史辨運動，在思想上的淵源與承繼。

疑古、辨偽是古史辨派的核心觀念。在錢玄同與顧頡剛往返的書信中，共同稱許的學者共有四人。〔註18〕王充、劉知幾、章學誠與崔述。要指出的是，古史辨派的核心價值以及治學方式，並非由這四位學者一派相承而來，

---

〔註17〕 王汎森：《古史辨運動的興起：一個思想史的分析》，臺北，允晨文化實業，1987年，頁295、296。
〔註18〕 錢信為〈論今古文經學及《辨偽叢書》書〉，顧之回信則為〈答編錄辨偽叢刊書〉。收入《古史辨》第一冊，頁29～34。

乃是擷取每一位學者的部分觀念，以爲己用。

## 一、王　充

　　歷來皆認爲王充的思想特色在於「疾虛妄」。然而觀看他稱美漢朝的篇章，

　　　　夫貢光上書於漢，漢爲今世，增益功美，猶過其實，況上古帝王久

　　　　遠，賢人從後襃述，失實離本，獨已多矣。〔註19〕

從王充批評古代史事，多受到溢美失實的評價來看，王充疾妄求實的訴求，
其義類同於文獻考辨定疑，或因此而受到古史辨派之稱揚。然總觀其意，應
是「古代不可盡信，可信者惟漢代。且漢雖可信，猶不免言過其實之病。又
何況古代？」

## 二、劉知幾

　　劉知幾的觀念核心，爲「蓋君子以博聞多事爲工，良史以實錄直書爲貴。」
〔註20〕並以爲「史書載事多誤，原因即在於記言詳而記事略」。浦起龍釋曰：
「疑古之疑，疑皆在事，故以言詳事略領局也。」〔註21〕

　　看他對《春秋經》與《左傳》的不同認知，便可在劉知幾的觀念中，經
傳並無二致，也並無經傳分治之必要。

　　　　尋斯義之作也，蓋是周禮之故事，魯國之遺文，夫子因而修之，亦存

　　　　舊制而已。至於實錄，付之丘明，用使善惡畢彰，眞僞盡露。〔註22〕

對《左傳》的期待超乎孔子之《春秋》，可知「經傳分治」、「疑古、惑經」皆
非劉知幾的史學重心。僅此一處，便與古史辨派大異其趣。若說古史辨派對
劉知幾有所承繼，不甚恰當。

## 三、章學誠

　　章學誠標舉的「六經皆史」，與古史辨派的觀念，看來似乎一致。然而，
該段原文爲：

　　　　六經皆史也，古人不著書，古人未嘗離事而言理，六經皆先王

　　　　之政典也。（易教上）〔註23〕

---

〔註19〕《論衡・藝增》，王暉，《論衡校釋》，卷八，頁393。

〔註20〕《史通・惑經》，浦起龍：《史通通釋》，臺北：里仁書局點校本，1980年。卷
　　　　14，頁409。

〔註21〕《史通・疑古》，《史通通釋》，卷13，頁379。

〔註22〕《史通・申左》，《史通通釋》，卷14，頁421。

〔註23〕章學誠：《文史通義》，台北，世界書局，1984年。

與「先王」、「經典（政典）」的緊密關係，也是章學誠標舉的核心。不能將「六經皆史」與「六經皆先王之政典也」二句割裂解釋。

> 愚之所見，以爲盈天地間，凡涉著作之林，皆是史學。六經特聖人取此六種之史以垂訓耳。」〔註24〕

換言之，非聖人不足以體現經典，六經必須通過聖人的垂訓，才有教化功能。此一觀點，與古史辨派大相逕庭。古史辨派對聖人與經典，採取雙重否定的態度。既無聖人，亦無經典，一切典籍皆無微言大義，僅爲史料的客觀展現。

這是古史辨派與章學誠史學觀在本質上的差異。「六經皆史」的實質概念，不是古史辨派稱述的史料意義。對聖人的尊崇，並以六經爲政教規範，又正是古史辨派最反對的傳統觀點。

> 三代之衰，治教既分，夫子生於東周，有德無位，懼先聖王法積道備，至於成周，無以續且繼者而至於淪失也。於是取周公之典章，所以體天人之撰而存治化之跡者，獨與其徒，相與申而明之。此六經之所以雖失官守，而猶賴有師教也。〔註25〕

因此，古史辨派與章學誠的淵源，與其說是承繼，毋寧以借用轉化形容，更爲恰當。

## 四、崔 述

崔述與古史辨派的淵源，當是上述三人所不及。對古史辨派的影響，是正面且全面的。今所見《崔東壁遺書》，當中有二十三本書文總集，爲顧頡剛所整理編輯。〔註26〕設若無學術上之崇敬認同，何以如此？

> 是以唐、虞、三代之事，見於經者，皆醇粹無可疑。〔註27〕

> 余少年讀書，見古帝王聖賢之事，往往有可疑者，初未嘗分別觀之

---

〔註24〕章學誠：〈報孫淵如書〉，收入《章學誠遺書》。北京，文物出版社，1985年，頁86。

〔註25〕《文史通義·經解》，葉瑛，《文史通義校注》，頁93。

〔註26〕《考信錄提要》、《補上古考信錄》、《唐虞考信錄》、《三代考信錄》、《夏考信錄》、《商考信錄》、《豐鎬考信錄》、《洙泗考信錄》、《豐鎬考信別錄》、《洙泗考信餘錄》、《孟子事實錄》、《考古續說》、《考信附錄》、《王政三大典考》、《讀風偶識》、《論尚書三則》、《古文尚書辨僞》、《論語餘說》、《五服異同彙考》、《易卦圖說》、《無聞集》、《崔東壁先生佚文》、《崔德皋先生遺書》。以上二十三種，均爲顧頡剛所編輯整理。

〔註27〕《考信錄·提要·釋例》，《崔東壁遺書》。臺北，世界書局，1960年。卷上，頁7、8。

也。壯歲以後，抄錄其事，記其所本，則向所疑者，皆出於傳記，

而經文皆可信，然後知六經之精粹也。〔註28〕

崇經抑傳的態度，正爲古史辨派所取。儘管古史辨派對崔述，容或有些許批評。
如胡適曰：「他太信經，仍不徹底。」但胡適也推重崔述在辨僞的貢獻：「近日
得崔述的東壁遺書……今先送上提要一冊，此爲全書最精彩之部分，你看了便
知他的書正合你的《僞史考》之用」。〔註29〕顧頡剛也提出二點批評：

他的著作有兩點我覺得不滿意。第一點，他著書的目的，是要替古
聖人揭出他們的聖道王功，辨僞只是手段。……所以他只是儒者的
辨古史，不是史家的辨古史。第二點，他要從古書上，直接整理出
古蹟來，也不是妥穩的辨法。……要否認僞史，是可以比較各書而
判定的。但要承認信史，便沒有實際的證明了。〔註30〕

儘管對崔述有著如斯批評，顧頡剛對崔述仍是肯定的。

我們對於崔述，見了他的偉大，同時也見到他的缺陷。……我們現
在要比他進一步，推翻他的目的，作徹底的整理，是不很難的……
他已經給我們許多精詳的考證了，我們對於他，應該是怎樣的感謝
呢？〔註31〕

崔述考信古史，以經典爲考證起點，這恰是正本清源的根本之道。儘管不若
古史辨派所掀起的波瀾壯闊。然崔述懷疑一切經典的態度，爲古史辨諸學者
的共識，也直接承繼並以更細緻嚴謹的方式，以眾人之力來加速、加深此一
學術風潮的開展。

對古史辨派影響至巨至深的，是康有爲。

## 五、康有為

在整個古史辨運動的發展過程中，康有爲等今文學家的論點是有相
當影響力的……不能不承認康有爲對這個運動的影響是相當持久
的。〔註32〕

王汎森認爲，康有爲的看法是清代今文學發展出的一種結果。由劉逢祿（1776

---

〔註28〕《考信錄・提要・總目》，卷下，頁4。
〔註29〕〈告得東壁遺書書〉，《古史辨》，第一冊，頁19。
〔註30〕〈與錢玄同先生論古史書〉，《古史辨》第一冊，頁59。
〔註31〕《古史辨》第一冊，自序，頁46。
〔註32〕王汎森：《古史辨運動的興起：一個思想史的分析》，頁289。

～1829）、凌曙（1775～1829）、陳立（1809～1869）等人進一步發展到廖平、康有爲，從詮解《春秋》所提出的「薪蒸說」與「筌蹄說」，再直接宣稱《春秋》中的史事統統不是在眞實歷史裡發生的事件，全部是一種「符號」。〔註33〕影響所及，學者開始更進一步對經書中的記錄產生懷疑。這是一種學術上自然順勢的繼承發展。

除了王汎森以學術發展脈絡來看古史辨運動興起的原因之外，也有學者認爲還有其他因素的影響。如廖名春：

> 王汎森認爲古史辨運動興起的關鍵性因素是以康有爲作爲代表的晚清今文家的歷史觀，這無疑是正確的。但除此之外，還有一些次要的因素值得正視。白鳥庫吉的「堯舜禹抹殺論」就是其中一個不可輕視的因素。〔註34〕

這樣的說法，引起相當大的討論。李學勤就持反對的意見。

> 顧先生日常不太看國外書，他主要是繼承了宋清以來的辨僞思潮，與當時新的思想相結合，在這樣的背景下產生新的想法的。
> 〔註35〕

廖名春的說法也是前有所承，魯實先〔註36〕、徐旭生〔註37〕以及胡秋原〔註38〕都有此說。這些說法的對錯，此處不予細辨。但是至少從這些不同的論述中，可以一窺學界對古史辨運動的重視。

若是根據顧頡剛在《古史辨》第一冊，自序中所言，則他所稱「上古史靠不住」的觀念，當有四個來源。第一是劉知幾至崔述的辨僞傳統，此點上文中已略述及。第二是康有爲所代表的清代今文經學派。第三是胡適的實驗主義史學新方法。第四是故事傳說、民間歌謠的暗示。

關於第二點，顧頡剛自言：

> 長素先生受了西洋歷史家考定的上古史的影響，知道中國古史的不可信，就揭出了戰國諸子和新代經師作僞的原因。史人讀了不但不

---

〔註33〕王汎森：《古史辨運動的興起：一個思想史的分析》，頁131。
〔註34〕廖名春，〈試論古史辨運動興起的思想來源〉，收入《中國學術新證》，成都，四川大學出版社，2005年，頁172。
〔註35〕李學勤，〈疑古思潮與重構古史〉，《中國文化研究》第23期，1999年1月，頁3。
〔註36〕《史記會注考證駁議》，台北，天工出版社，1986年，頁53。
〔註37〕《中國古代史的傳說時代》，北京，科學出版社，1960年，頁26。
〔註38〕《一百三十年來中國思想史綱》，台北，學林出版社，1973年，頁83～84。

信任古史，而且要看出偽史的背景，就從偽史上去研究，實在比較
以前的辨偽者深近了一層。〔註39〕

康有爲對古史辨派的啓迪引導，由此可見。然而，時隔五十年之後，顧頡剛
在〈我是怎樣編寫《古史辨》的〉一文中，卻不再提及康有爲對他的影響。

我的《古史辨》指導思想，從遠的來說就是起源於鄭、姚、崔三人
的思想，從近的來說，則是受了胡適、錢玄同二人的啓發和幫助。

〔註40〕

不但略過康有爲，連他 1921 年與錢玄同在書信間，共同推許的王充、劉知幾
跟章學誠，也同樣不曾提及。

關於箇中轉變的緣由，筆者以爲，應當與康有爲尊崇孔子有關。

我的推翻古史，固是受了《孔子改制考》明白指出上古茫昧無稽的
啓發，到這時更傾心于長素先生的卓識，但我對于今文家的態度，
總不能佩服。〔註41〕

此話已略見端倪，這「總不能佩服今文家的態度」之原因，正是康、顧二人
之異。

在康（有爲）的本意，是説明孔子創教，以尊崇孔子；但結果，孔
子的六經與莊生的寓言相等，孔子的手段並不比諸子高明，於是孔
子的地位與經典的尊嚴發生搖動，而儒家不過周秦諸子中的一派的
思想自然會順勢而起。〔註42〕

依照王汎森的分析，直接反求聖人或聖經，將會帶來學術上的衝擊，因爲一
旦懷疑後人所理解的聖人與聖經，不是真正的聖人與聖經時，學者必將重新
解構解讀，而造成與傳統學術見解不同的結論。換言之，因信古而疑古者，
背後的精神是深信聖人，但懷疑後繼者。〔註43〕這種「疑古」是特定時空
限制下的懷疑，跟古史辨派對聖人聖經的雙重否定，屬於本質上的差異。無
怪乎，顧頡剛會在五十年之後，絕口不提康有爲對古史辨派的影響。

至於胡適與錢玄同對顧頡剛的啓發、幫助爲何？筆者將在下節以主題式

---

〔註39〕《古史辨》，第一冊，〈自序〉，頁 78。
〔註40〕《古史辨》，第一冊，上海，古籍出版社，1982 年，頁 12。
〔註41〕《古史辨》，第一冊，序，頁 43。
〔註42〕周子同，〈經今古文學〉，《古史辨》，第二冊，頁 318。
〔註43〕〈清季今文學家的歷史解釋〉，《古史辨運動的興起——一個思想史的分析》，
　　　　臺北，允晨文化公司，1987 年，頁 64～74。

的標目，立出三人共同或者彼此影響的觀點，並藉此點出三人間的師友關係。

# 第三節　顧頡剛的經典觀——疑古、信古與經史之辨

筆者整理出古史辨派共同的基本觀點，以主題為綱領，列出如下。

## 1. 辨偽的目的

### （1）偽書亦有其價值

顧頡剛：「許多偽材料，置之於所謂的時代固不合，但置之於偽作的時代，則仍是絕好的史料。我們得了這些史料，便可了解那個時代的思想和學術。」〔註44〕

錢玄同：「考辨真偽，目的本在于得到某人思想或某事始末之真相，與善惡是非全無關係。即以孔二先生而論：假使〈禮運〉是偽書，《春秋繁露》非孔學之真，則大同之義、三世之說，縱極精美，卻不可認為真孔學；假使《墨子·非儒》篇、《莊子·盜跖》篇等，不但非偽書，而且所說是實錄，則我們雖甚愛孔二先生，也不能替他遮掩剝人家衣裳的拆梢行徑和向土匪磕頭禮拜的醜態。」〔註45〕

### （2）辨偽所能釐清的範圍

顧頡剛：「我想做的一篇跋，裡邊想做五個表——一是表偽書所託的時代。二是表造偽書的時代。三是表宣揚偽書的人。四是表辨偽書的人。五是表根據了偽書而造成的歷史事實。」〔註46〕

胡　適：「你的跋一定很有價值。但我怕你所提出的五項都不適於做「表」，不如都做敘述議論體。第五項尤為重要——『根據了偽書而造成的歷史事實。』此一項當佔全跋之大半。」〔註47〕

## 2. 對漢儒的鄙薄

顧頡剛：「漢人最無歷史常識，最敢以己意改變歷史，而其受後世信仰乃獨深，凡今所傳之古史，無不雜有漢人成分者。廓而清之，固非

---

〔註44〕《古史辨》，第一冊，自序，頁8。
〔註45〕〈論近人辨偽見解書〉，《古史辨》第一冊，頁24。
〔註46〕〈告擬作偽書考跋文書〉，《古史辨》，第一冊，頁13。
〔註47〕〈告擬作偽書考長序書〉，《古史辨》，第一冊，頁15。

一日事矣。」〔註 48〕又曰：「現在所見到的古書，沒有一部不是經由漢人所整理；現在所知道的古事，沒有一件不是經由漢人所編排。」〔註 49〕又曰：「經學裡不知包含多少違背人性和事實的說話。」〔註 50〕

錢玄同：「二千年底學者，對於『六經』的研究，以漢儒最糟。……我們現在應該更進一步，將這團最厚最黑的雲霧盡力撥除。」〔註 51〕又曰：「不把經中有許多僞史這個意思說明，則周代——及其以前——底的歷史永遠是講不好的。」〔註 52〕

### 3. 經傳分治、崇經抑傳

顧頡剛：「倘使不破壞《易十翼》，如何可把《易經》從伏羲們的手裡取出來而還之於周代？倘使不破壞漢人的詩說，又如何脫去詩序、詩譜等枷鎖，而還之於各詩人？如不還之於周代及各詩人，則《易》與《詩》的新建設，又如何建立的起來？」〔註 53〕

### 4. 疑經、疑聖

顧頡剛：「『六經皆周公之舊典』一句話，已經給『今文家』推翻；『六經皆孔子之作品』一個觀念，現在也可以駁倒了。」〔註 54〕

錢玄同：「我以爲『經』之辨僞與『子』有同等重要——或且過之。因爲『子』爲前人所不看重，故治『子』者尚多懷疑之態度，而『經』則自來爲學者所尊崇，無論講什麼，總要徵引他、信仰他，故『僞經辨證集說』之編纂尤不容緩也。」〔註 55〕又曰：「我以爲推倒『群經』比疑辨『諸子』尤爲重要。」推倒群經之後，再推倒孔教：「我以爲不把『六經』與『孔丘』分家，則孔教總不容易打倒的。」〔註 56〕

---

〔註 48〕〈毛詩序之背景與旨趣〉，《古史辨》，第三冊，頁 403。
〔註 49〕《古史辨》，第四冊・自序，頁 21。
〔註 50〕《古史辨》，第四冊・自序，頁 10。
〔註 51〕〈答顧頡剛先生書〉，《古史辨》，第一冊，頁 80。
〔註 52〕〈論詩說及群經辨僞書〉，《古史辨》，第一冊，頁 52。
〔註 53〕《古史辨》，第三冊，自序，頁 2～3。
〔註 54〕〈論孔子刪述六經說及戰國著作僞書書〉，《古史辨》，第一冊，頁 42。
〔註 55〕〈論編纂經部辨僞文字書〉，《古史辨》，第一冊，頁 41。
〔註 56〕〈論詩說及群經辨僞書〉，《古史辨》，第一冊，頁 52。

## 4. 辨偽史與辨偽事

> 錢玄同:「先生所問:『我們辨偽,還是專在偽書上呢?還是併於偽事呢?』
> 我以爲二者宜兼及之。而且辨『偽事』比辨『偽書』尤爲重要。」
> 〔註 57〕

> 顧頡剛:「我想我能做的辨偽事情不過兩種:(一) 考書籍得源流。(二)
> 考史事的眞偽。

要言之,古史辨派做爲一個引領潮流的學術集團,其成員又皆爲有名學者。觀念上,並非絕對雷同。成員自身的學術進程與蛻變,亦彼此互異,各有轉折,無法以一概之。然而,其核心價值卻始終未變,亦即質疑傳統、質疑經典,否定聖人也否定聖經。抑傳揚經,且視經爲史,不具有垂教的功能。下面論述顧頡剛對《周易》的態度。

> 於《易》則破壞其伏羲、神農的聖經的地位,而建設其卜筮的地位。
> 〔註 58〕

> 這一冊書的根本意義,是打破漢人的經說。 〔註 59〕

將《易》從神聖的地位拉下,只承認這是一本用來占卜斷疑的書籍。首先要處理的,就是作者的問題。如果《周易》確實有著「易歷三聖」的神聖背景,顧頡剛的論述就不能成立。也因此,顧頡剛治《易》的基本態度,是對「聖人著經」的雙重否定。沒有聖人,《易》也不是一本經書。

## 一、經史之別

> 我自己最感興味的是文學,其次是經學 (直到後來才知道,我所愛
> 好的經學也即是史學)。 〔註 60〕

「經學即是史學」的論點,似乎與章學誠「六經皆史」相同。然就如上文所述,二者的涵義是大相逕庭的。顧頡剛所以認爲「經學就是史學」,是因爲他根本就否定了經學的地位,且要取消經學的意義。

> 因爲,「辨偽」背後的意識,不僅止於考定古史,破解歷來儒者藉由經典所建立的信仰。懷疑經典的同時,其實是懷疑經典所記載的歷史,藉由此懷疑,破壞歷代儒者通過解經所建立的價值系統。

---

〔註 57〕〈論近人變偽見解書〉,《古史辨》,第一冊,頁 24。
〔註 58〕《古史辨》第三冊,自序,頁 1。
〔註 59〕《古史辨》第三冊,自序,頁 1。
〔註 60〕《古史辨》,第一冊,頁 15。

　　我們細查近代對經學派別的分類，便可以理解，古史辨派是以「以史涵經」，傳統看法則是「以經攝史」。

　　歷來學者論述經學流派時，大抵不脫漢學、宋學的分類。紀昀、江藩、阮元等，屬於此類。龔自珍又加上「清學」一派，為三派說。康有為的分派較細膩，為漢學（西漢今文學）、新學（包括古文學）與宋學。周予同雖然也是三派說，漢學（今文學與古文學）、宋學、新史學。但他將「新史學」放入經學派別中，意義格外不同。經史的區分為何？又何以能在此處合流並稱？同時，周予同認為若將五四運動以後的經學流派放入考慮，則有四派。第四派概括了古史辨和唯物史觀派。〔註61〕

　　周予同將古史辨派與唯物史觀派放入經學的範疇。然則古史辨派的治學目的之一，就是打破經說，但有古史而無經典。是否能放入經學的派別中？疑古與信古之間，是否即為經與史的差異？又或者，經史之異，不在信、疑之間，而是功用取向的分別？

　　郭齊勇將五四以來研究經學的情況，分為三派：

> 以顧頡剛為代表的"古史辨"派、以范文瀾為代表的唯物史觀派和以馬一浮、牟宗三、徐復觀等為代表的現當代新儒家。在一定意義上，這三派毋寧是經學內部自身的發展與調整。"古史辨"派是清代漢學的延伸，其源頭則在唐宋時代的經學家和理學家。唯物史觀派的經學研究也很重要，接受了唯物史觀的學者們其實也源於"經學就是史學"的傳統，經學本來就充滿了古代的社會史資料。現當代新儒家的源頭則是宋明理學。〔註62〕

將古史辨派、唯物史觀、當代新儒家、宋明理學，都收編進經學的範圍。先不論這樣的歸類是否恰當，然則背後所隱含的意義，卻昭示了「經學」的獨特與神聖。

　　筆者以為，任何一本古書，都能具有「史」的功能，差別僅在功能的高低。那麼，何以學者分類之時，不劃歸史部？原因在於該書並非以史的角度立言，著書的目的，也非以「記錄史實」為最高宗旨與唯一目的。

---

〔註61〕　朱維錚編：《周予同經學史論著選集》（增訂本），上海，上海人民出版社，1996，頁 857～861。

〔註62〕　郭齊勇：〈出土簡帛與經學詮釋的範式問題〉，《福建論壇》，人文社會科學版，2001 年，第 5 期，頁 2。

經書的獨特，肇因於歷史的偶然。成書早、流傳廣、未受刀兵之災，以上皆為不可解之歷史偶然。然更核心的原因，在於經典內化人心的深度與廣度，無書可及。對文化心靈的啓發與撫慰，更跨越一切學科。《史記‧太史公自序》曰：

> 夫《春秋》，上明三王之道，下辨人事之紀，別嫌疑、明是非、定猶豫，善善惡惡，賢賢賤不肖，存亡國，繼絕世，補敝起廢，王道之大者也。《易》著天地陰陽，四時五行，故長於變；《禮》經紀人倫，故長於行；《書》記先王之事，故長於政；《詩》記山川谿谷，禽獸草木，牝牡雌雄，故長於風；《樂》樂所以立，故長於和；《春秋》辨是非，故長於治人。……是故《禮》以節人；《樂》以發和；《書》以道事；《詩》以達意；《易》以道化；《春秋》以道義。〔註63〕

「六經」範圍人生提供準則。不論是否「諸聖繼做」、是否有孔子的刪述推拓，「六經」確立了中國文化中「善善惡惡」、「補敝起廢」的傳統精神，這是「六經」以外的著作，所不能比量的。

只是顧頡剛卻始終不能理解此一文化眞實，而希圖以歷史眞實來詮釋一切涉及人心情感的文化事實。筆者以為，對經典的孺慕與尊崇，中西方皆然。然允許經典再生、多重解讀的開放態度，其實恰正好是中國經典特殊價值之所在。

李淑珍《當代美國學界關於中國註疏傳統的研究》一文中提到：「美國學者韓德森（John B. Henderson）認為，與其他傳統相比，儒家經典的一個特色在於保持開放狀態，不斷允許新的經典出現，如從五經發展到九經、十三經、二十一經，以及宋代學者尊四書輕五經和清代學者反其道而行之，足見儒家經典的定義從未如基督教一般固定、封閉，對新說不輕易視為異端加以誹訕。」〔註64〕此說恰足以與古史辨學者疑經心態成一對比，並凸顯古史辨學者對經典的價值與地位，確實有著情緒性的過度貶抑，且此一心態並不因古史辨派的學術成就，便可輕忽而不予以論述批評的。

---

〔註63〕《史記》，頁1352。
〔註64〕李淑珍：《當代美國學界關於中國註疏傳統的研究》，《中國文哲研究通訊》，第九卷第二期，1999年9月。

# 第二章　李鏡池其人其學

## 第一節　李鏡池的生平概況

### 壹、李鏡池其人

　　李鏡池雖然身處古史辨派這個學術集團，但是他的生平卻少為人知，後輩學者對他的學術理論也較缺乏相應的了解。

> 李鏡池（1902～1975），現代易學家，字聖東，廣東開平人。早年就讀於廣州協和神學院，畢業後至燕京大學國學研究所深造。1931 年南遷，輾轉在廣州、雲南協和神學院、香港、台山、區江培英中學等校任教。其間 1935～1936 年曾回燕京大學任教。抗戰結束前後，受聘於廣州嶺南大學，歷任副教授、教授等職。1953 年轉至華南師範學院中文系，1965 年退休。與顧頡剛等人研究歷史而兼及《周易》不同，在古史辨派中，李鏡池是唯一的一位終生致力於《周易》研究的學者。〔註1〕

> 李鏡池身為現代中國的學者。然而，日本及世界上研究《周易》的部分學者，卻其實是將李鏡池別除的，因為他比較不為人知。〔註2〕

李鏡池的生平，就這麼寥寥數語。說他終生只研究易經，不完全正確。李鏡

---

〔註1〕　楊慶中：《二十世紀中國易學史》，北京，人民出版社，2000 年，頁 77。
〔註2〕　池田知久：〈李鏡池與現代的《周易》研究〉，收入《東洋——比較文化論集——宮澤正順博士古稀記念》，東京都，青史出版社，2004 年，頁 559。

池另有幾篇非《易經》類的單篇論文。但他畢生的學術精力，確實幾乎完全的都放在《周易》，則是事實。

同時，李鏡池與其他古史辨派的學者們，互動非常少。目前所能參考的資料，僅有他在 1930 年寫給顧頡剛的信。〔註3〕此外尚有 1966～1967 年間，他跟郭沫若的往返書信。〔註4〕

在台灣，以李鏡池爲研究對象的碩博士論文，目前未見。提及古史辨派的易學時，往往多以顧頡剛〈周易卦爻辭中的故事〉爲代表，亦或兼及胡適（1891～1962）與錢玄同的論述。罕有學者將研究的觸角及於李鏡池。〔註5〕

其中，對錢玄同及顧頡剛的研究最爲豐富。以專書而論，從較早外籍學者施耐德（？）所著《顧頡剛與中國新史學》〔註6〕、彭明輝（1959～）的《疑古思想與現代中國史學的發展》〔註7〕、吳奔星（1913～2004）所著《錢玄同研究》〔註8〕及陳志明的《顧頡剛的疑古史學》〔註9〕等書，都是緊扣著顧頡剛與錢玄同兩位學者，在古史辨運動中的成果而有的論述之作，以此爲題的單篇論文，更是數量驚人成果豐碩。〔註10〕

《古史辨》第三冊上編中所收錄有關《周易》的文章，除李鏡池之外，分別有顧頡剛、胡適、錢玄同、馬衡（1881～1955）、余永梁與容肇祖，前三位學者，對當時乃至於後世的整個學術方向、研究方法都有著極深遠的影響，

---

〔註3〕　詳見附錄一。

〔註4〕　收入蔡尚思主編，《十家論易》，詳見附錄二。

〔註5〕　黃智明，〈李鏡池著作目錄〉，蒐羅得出大陸地區及日本至 2004 年止，僅有五篇論文以李鏡池爲研究對向。《中國文哲研究通訊》，第十七卷，第四期。2007年 12 月。「民國時期經學家著作目錄專輯」。

〔註6〕　史耐德（Laurence A. Schneider）著，梅寅生譯：《顧頡剛與中國新史學》（Ku Chieh-kang and China's New History），臺北，華世出版社，1984 年。

〔註7〕　彭明輝：《疑古思想與現代中國史學的發展》（臺北：臺灣商務印書館，1991）。彭書雖以「疑古思想」爲名，但其中大部份焦點集中在對顧頡剛的討論。

〔註8〕　吳奔星：《錢玄同研究》，南京，江蘇古籍出版社，1991 年。

〔註9〕　陳志明：《顧頡剛的疑古史學——及其在中國現代思想史上的意義》，臺北，商鼎文化出版社，1993 年。

〔註10〕　丁亞傑、倪芳芳：〈顧頡剛的疑古思想：漢儒、孔子與經典〉，《元培學報》第 11 期（2004 年 12 月）。附錄有〈臺灣地區近二十年研究顧頡剛資料索引〉，其中單篇論文便有 43 篇。而 2006 年山東大學文史哲研究所舉辦的「上古史重建的新路向暨《古史辨》第一冊出版八十週年」國際學術研討會，超過 50 位學者參與討論。見劉秀俊：〈「疑古」與「走出疑古」的第一次正面交鋒——《古史辨》第一冊出版八十週年國際學術研討會綜述〉，《文史哲》第 298 期（2007 年 1 月），頁 164。

被一再研究，乃在意料之中。

後面三位學者，馬衡曾任故宮博物院的院長長達十九年，儘管也在大學兼任授課，但畢竟並非以學術名世。

> 馬衡撰〈漢熹平石經周易殘字跋〉，錢玄同撰〈讀漢石經周易殘字而論及今文易的篇數問題〉，開啓屈萬里《漢石經周易殘字集證》的先河。〔註11〕

換言之，馬衡是根據文物做出研究，而此一研究，對後世起了起發引導的作用。

余永梁的事蹟傳世的更少，所著〈易卦爻辭的時代及其作者〉。由殷、周兩個民族間的文化關係做切入點，討論了筮法的興起，並利用與卜辭的比較，針對卦爻辭的作者等相關問題做出論述。他不僅僅是用新觀念和新方法治《易》，也運用了新出土的文獻資料。

與顧頡剛在這部分的論述相較，筆者以爲，余永梁的文章在細密度上，更有可觀之處。然而因爲結論的雷同，以及兩位學者之後在學術成就上的差異，余永梁的著作，就也淹沒在故紙堆中，少人聞問。這是可惜之處。〔註12〕

至於容肇祖，雖則他一生都在學術圈中，但這篇〈占卜的源流〉若是放進當時的學術氛圍來考慮，並不會是最首要的易學主題。〔註13〕加上 1928 年開始，他將其主要精力轉向了民俗學和民間文藝學的研究，後來雖然也曾轉向重回文、史或古籍考證的範圍，但他投注最多心力的，仍舊是民俗學。

因此，馬衡、余永梁以及容肇祖三位的易學著作沒有得到矚目受到重視，筆者可以理解。但是，李鏡池竟也湮滅無聞於後世，就讓筆者覺得惋惜。

日籍學者池田知久，對李鏡池的學術成就相當推崇。他稱讚李鏡池「在當時，開拓了嶄新的《周易》研究境地。也大大的刺激了影響到其後的中、日甚至世界上的周易研究。」〔註14〕

池田知久曾於 2002 年八月，訪問培英中學。並利用參加廣州中山大學

---

〔註11〕 鄭吉雄，《易圖象與易詮釋》，（臺北：臺灣大學出版中心，2004）。

〔註12〕 余永梁製有「易源圖辨」一表，簡要明白的論述了《易》的流傳與演變。見附錄三。

〔註13〕 容肇祖嘗試以殷墟甲骨來考證古代占卜的概況。文章中首先列出了「占卜源流表」和「周易演變表」，用意相當明顯。見附錄四、附錄五。

〔註14〕 池田知久：〈李鏡池與現代的《周易》研究〉。東京都，青史出版社，2004 年，頁 562。

古文字學國際會議的機會，跟李鏡池長女，李念慈女士，及另外三位遺族成員晤面。獲得許多一手的珍貴資料。對李鏡池的生平，也有了更多的了解。

根據池田知久的訪談紀錄，

> 李鏡池 1902 年 3 月生，殁於 1975 年 6 月。是現代中國易經學者的代表人物之一。……就讀培英中學時，父親過世，打工完成學業。培英中學畢業後，擔任國小教師直至 1923 年。當年秋天，獲得獎學金進入廣州協和神學院。1927 進入燕京大學的宗教學院短期科，次年學習國文系文史專業。1929 年透過所長陳恆推薦，擔任燕京大學國學研究所助理，至 1931 年。〔註15〕

引起筆者注意的，是下一段記錄。當中提到，李鏡池自言，他之所以研究《周易》，是因為受到郭沫若的影響。這與一般學界以為，是受到顧頡剛啓蒙所致，相當不同。

> 他在回憶錄《灰塵集》自言：選擇周易為課外專門研究的主題，是受到郭沫若〈中國古代社會研究〉中，所鼓吹的新的研究方法。1931 年秋天，李鏡池受雇於協和神學院擔任教師，教受中國文學史，舉家北遷。1935 年又接受燕京大學招聘，擔任國文教師一年。之後再回到廣州，二年。1937 年，中日戰爭爆發，回鄉。此後輾轉各地擔任教職。1941 年太平洋戰爭爆發，培英中學再度遷校，台山區江。1944 年擔任嶺南大學教師，直至 1952 年。1952 年轉至華南師範學院中文系。1965 年因病退休，1975 年去世。〔註16〕

## 貳、顧頡剛與李鏡池

李鏡池與顧頡剛之間的書信，有三封，收錄於《古史辨》第三冊。內容上是討論易傳的時代、作者等問題。考其時間，這三封書信寫於 1930 年，早於李鏡池所有的易學著作篇章，可見顧頡剛之於李鏡池，絕對不是如顧頡剛所稱的「鏡池吾兄」的平等關係，而應該是如李鏡池在信末落款自稱「學生鏡池」的師友關係。

---

〔註15〕 池田知久：〈李鏡池與現代的《周易》研究〉，東京都，青史出版社，2004 年，頁 560。

〔註16〕 池田知久：〈李鏡池與現代的《周易》研究〉，東京都，青史出版社，2004 年，頁 561。

　　《古史辨》第一冊在民國十五年（1926）問世，除了顧頡剛的自序，另外收錄當時學者們對於「疑古」的看法與「疑古」的方法等觀念闡述的書信往返。這批學者，才有資格被稱之為古史辨集團的成員。而當時李鏡池只是個二十四歲的青年學生，要說他當時就有足夠的專業素養，足以與其他已頗有聲名的學者們比肩，可能性不高。

　　這樣的一個思考脈絡，就合理的解釋了上文提到馬衡、余永梁以及容肇祖三位學者，也並未被廖名春等人視為古史辨派學者的原因。因此，如果只因為李鏡池的著作，被收錄在《古史辨》第三冊，就歸屬李鏡池為古史辨派的成員，其實不是週延的思考方式。精確而恰當的，是透過分析其著作，才能給出一個相應的評價與定位。

　　李鏡池的學術既然起步於古史辨派，在治學態度跟方法上，設若顧頡剛之於李鏡池，是一個啟迪引領的關鍵人物。李鏡池在得著了啟發之後，開始窮畢生之力專研易經。那麼，顧頡剛對李鏡池的影響在哪裡？

　　　　於《易》則破壞其伏羲、神農的聖經的地位，而建設其卜筮的地位。
　　〔註17〕

　　　　這一冊書的根本意義，是打破漢人的經說。〔註18〕

將《易》從神聖的地位拉下，只承認這是一本用來占卜斷疑的書籍。首先要處理的，就是作者的問題。如果《周易》確實有著「易歷三聖」的神聖背景，顧頡剛的論述就不能成立。也因此，顧頡剛治《易》的基本態度，是對「聖人著經」的雙重否定。沒有聖人，易也不是一本經書。

　　顧頡剛的態度，是否深遠的影響了李鏡池，成為李鏡池治《易》的核心甚至是唯一的出發點？

　　　　我對于標點《易經》的意見，以為"文法的比較"最為重要。因為
　　　　《易經》中所說的話，不但我們不懂，即作《易傳》的人也不懂（看
　　　　〈象傳〉的只會敷衍字句可知）。那麼，我們要標點它，只有從文法
　　　　上去求出它的成語（縱不能知道它的意義，也須知道哪幾個字是可
　　　　以聯綴在一起的），使我們的標點不致把那時的成語打碎已算盡了我
　　　　們的職責。〔註19〕

---

〔註17〕《古史辨》，第三冊，自序，頁1。
〔註18〕《古史辨》，第三冊，自序，頁1。
〔註19〕顧頡剛：〈論易經的比較研究及象傳與象傳的關係書〉，本文為 1930 年寫給李

> 我很希望你把六十四條卦辭，三百八十四條爻辭，一一寫在片上，
> 把這四百四十八張片子常常排比，把其中相同或相類之句子，相同
> 或相類之成語，相同或相類之文字，不憚細瑣，一一鈔出比較。這
> 是最切實的一步工作。這樣去做，定有許多意外的發見，爲經師們
> 所想不到者。〔註20〕

上文是顧頡剛對李鏡池的提示，時間在 1930 年。

> 《易》文既難解；我們要了解它，最好還是從《易》文的本身研究，
> 比較它的詞的含義，那是用本義，那是用假借引伸等義。《易》的材
> 料來源很早，它所反映的歷史現實、意識形態，從原始社會到奴隸
> 社會都有，所以要從歷史社會背景去理解它，而不能用封建社會甚
> 至今日的思想去解釋它。……固然有些材料還保存了原來樣式，有
> 些句子跟整個卦未必有有機的聯系，但它基本上是有組織的有聯系
> 的，或者是形式的聯系，或者是內容的貫通。我們要理解它和引用
> 它，先要從每個卦的整體系統來進行分析。這是一個標準，沒有這
> 個標準，不先經過一番整理分析，是不便於引用闡釋的，因爲它不
> 是孤立的個別的，絕大多數是有系統聯系的，個別的摘用，孤立的
> 解釋，不免錯誤。〔註21〕

這是李鏡池在〈周易的編纂和作者的思想〉提到的，時間是 1962 年。兩人的話是相互呼應的，但我們仔細審查會發現，這種呼應只是方法上的雷同。而面對經書的態度是否一致，是用怎樣的心態注解《周易》，這當中都還有曲折處值得去辨明。

此處所謂的曲折處，便是郭沫若以及馬克斯（1818～1883）思想。

## 參、郭沫若與李鏡池

在第一節曾引述《周易研究史》所稱，二十世紀的易學研究有四波熱潮，李鏡池實際參與了第一波的熱潮，而在第二波熱潮的第二期發展中，當時的學者們，確切的表示對「以馬列主義哲學思想來詮釋《周易》」此一方式的不認同，也得到論戰的勝利。

---

　　　　鏡池的回信。見《古史辨》，第三冊，頁 134～135。
〔註20〕見《古史辨》，第三冊，頁 136。
〔註21〕《周易探源》，頁 193～194。

　　但是，李鏡池在所著《周易通義》一書中，卻明白指出「讀《周易》還有一個基本點，就是要明瞭《周易》所反映的時代以及它所產生的時代，然後根據歷史唯物主義的觀點，把其中所記述的材料、所表述的思想，放到當時的具體歷史條件下去理解和分析。」〔註22〕這就表示，李鏡池的易學，絕對有著異於其他古史辨派學者之處。此一相異之處，便是李鏡池個人獨特的價值與成就。

　　這種在研究方法上的轉變與創新，筆者以為，郭沫若對李鏡池的影響，是至大至深的。

> 前讀大作《中國古代社會的研究》關於《周易》一篇，用新的觀點方法行分析，開闢了研究的新途徑，頗著成績，非常欽佩。我的研究《周易》就是得您的啟發而進行的。〔註23〕

這段話，與池田知久所稱，李鏡池在回憶錄《灰塵集》中自言，受到郭沫若〈中國古代社會研究〉中，所鼓吹的新的研究方法，因而選擇《周易》為課外研究主題。恰可相互呼應。

> 現代對《周易》的研究，比之古代是有很大進步的。以郭沫若為代表，開始了用馬列主義觀點研究《周易》，他所寫《周易的社會背景與精神生活》一文，根據歷史唯物主義的觀點，摘引若干卦爻辭，以分析古代社會，頗著成績。〔註24〕

李鏡池與郭沫若之間的書信，寫於1966、1967年。當中容或有觀點不同、各抒己見的情況，但總的來說，李鏡池在經說理論上雖未盡同於郭沫若，但經注的部分，卻是自覺且堅持的，接受了郭沫若理解卦爻辭的觀點與進路。

　　《周易研究史》在介紹現代考據易學時，認為其中的文獻考據易學一派，首要的代表人物就是李鏡池。〔註25〕但是在提及現代義理易學派時，卻又表示「使用歷史唯物論和辯證法的方法闡發《易》理，從社會史的角度探討卦爻辭的內容」，是受到古史辨派的影響。事實上，古史辨派諸位學者中，李鏡池是唯一一位有完整經注作品，而且還大張旗鼓的宣揚，自己使用了唯物史觀與辯證法的學者。

---

〔註22〕《周易通義》，前言，頁10。
〔註23〕〈論《周易》的著作年代——答郭沫若同志〉，收入蔡尚思《十家論易》（湖南：岳麓書社，1993年），頁477。
〔註24〕《周易通義・前言》，頁9。
〔註25〕《周易研究史》，頁441。

最近編寫《周易通義》一書，試圖用馬克思列寧主義唯物辯證方法，
對《周易》卦辭作系統的解釋。〔註26〕

由此觀之，李鏡池似乎又橫跨了這兩個學派。若眞如此，李鏡池的易學就更
值得去研究了，一位橫跨二波熱潮，且治學方式與結論，竟能成爲不同派別
的代表人物，其學術的系統與架構，自然更有研究的價值。

引入唯物史觀來詮釋《周易》，是李鏡池特有的，不與任何古史辨派學者
相同的方式。深入討論這點，才能夠眞正判斷出，李鏡池的易學是否足以代
表古史辨派？

因此，本篇論文，以研究李鏡池的易學爲主軸，討論他對經傳的看法，
並透過分析《周易通義》來確認是否李鏡池有將自己的學說主旨貫徹在實際
注解經典，換言之，筆者想要透過觀察「李鏡池將《周易》注解成什麼樣貌」，
來判定李鏡池的易學歸屬及其價值和缺失。進行這樣的研究，還必須略爲兼
及古史辨派的易學，也就是顧頡剛的易學，以此做爲對比，才更能凸顯李鏡
池的獨特性與價值所在。

## 第二節　李鏡池的學術著作〔註27〕

如同上節所言，若說李鏡池終生專研《易經》，不完全正確。但是他以《易
經》作爲主要研究對象，幾乎是窮畢生之力來鑽研《易經》，則是事實。

筆者要先指出：以研究李鏡池易學的角度觀之，非《周易》類的著作，
不是研究重點。但做爲掌握學者整體學術進程的需求而言，是必須加以了解
的。尤其《詩疊詠譜》一篇，因爲該篇所分析的《詩經》句式、文法，李鏡
池亦以同樣方式檢視卦爻辭，並且做出相關結論。

本節將介紹他的《易》類著作，略爲分析、具結，以提綱挈領的方式，
介紹各篇內容及相關處，並說明該篇在整個李氏易學中，有著怎樣的輕重地
位。下制一表，列出學術著作的年代。

〔註26〕見《周易探源》，頁 194。
〔註27〕黃智明〈李鏡池著作目錄〉，除遺稿與有目無文的作品外，均蒐集完備，且註
明該篇曾發表於何處、收入何書。頗具參考價值。承蒙黃先生惠允，今以其
原稿，附錄於論文之末。製爲附錄六，以供參稽。

## 李鏡池易學術著作年表

| 篇　　名 | 年　　代 | 原　載　處 |
|---|---|---|
| 〈易傳探源〉 | 1930.5.1 | 《古史辨》 |
| 〈左國中易筮的研究〉 | 1930.夏 | 《古史辨》 |
| 〈周易筮辭考〉 | 1930.12.12 | 《古史辨》 |
| 〈古代的物占〉 | 1932.10.30〔註28〕 | 《嶺南學報》〔註29〕 |
| 〈周易筮辭續考〉 | 1947.5.3 | 《嶺南學報》〔註30〕 |
| 〈周易卦名考釋〉 | 1948.12〔註31〕 | 《嶺南學報》〔註32〕 |
| 〈周易筮辭句讀考異〉 | 不晚於 1949.5 | 今不得見〔註33〕 |
| 〈周易校釋〉 | 1949.6 | 《嶺南學報》〔註34〕 |
| 〈關於周易的性質和它的哲學思想〉 | 1961.7.14（21） | 光明日報 |
| 〈關於周易幾條爻辭的再解釋——答劉薰孫同志〉 | 1961.10.1 | 《學術研究》〔註35〕 |
| 〈周易的編纂和編纂者的思想〉 | 1962.5.12 | 《周易探源》〔註36〕 |
| 〈談易傳大象的體例〉 | 1962.11.1 | |
| 〈易傳思想的歷史發展〉 | 1963.3.5 | |
| 《周易探源》 | 1963 年。 | |
| 〈論《周易》的著作年代——答郭沫若同志〉 | 1967.6.15〔註37〕 | 《華南師院學報》〔註38〕 |

〔註28〕 此為完稿時間，發表於《嶺南學報》的時間為 1933 年 6 月。
〔註29〕 第 02 卷第 4 期，1933 年 6 月。
〔註30〕 第 08 卷第 1 期。
〔註31〕 本篇發表於《嶺南學報》之後，1962 年，李鏡池曾再度審視本篇，並在篇末表示，舊稿關於卦名與卦爻辭關係的看法，後來想來覺得不夠成熟有所錯誤。
〔註32〕 第 09 卷第 1 期。
〔註33〕 該篇篇名僅見《周易校釋》第七條條文，《嶺南學報》第 9 卷，第 2 期，頁 54。
〔註34〕 第 09 卷第 2 期。
〔註35〕 第 2 期。
〔註36〕 這三篇論文，均完成於李鏡池任教於華南師院期間。依理而論，應當會發表於《華南師院學報》。然而，今所能查見之學報內容，年代由 1958 至 2008 年，但獨缺 1960 至 1971 年的紀錄。因此，此四篇究竟是先發表於《華南師院學報》，而後收入《周易探源》，抑或是寫定後直接放入《周易探源》？已難查證辨明。
〔註37〕 此為寫作時間，實際發表時間為 1982 年。
〔註38〕 《華南師院學報》，社會科學版，1982 年，第 4 期。

| | |
|---|---|
| 《周易類釋》 | 遺稿，至遲 1966 年初稿已完成。 |
| 《周易釋例》 | 至遲 1967 年初稿已完成，今不得見。 |
| 《周易通論》 | 該書名首見 1967 年寫給郭沫若的書信，今不得見。 |
| 《周易通義》 | 1981 年 9 月出版。 |
| 《周易通義簡編》 | 為遺稿，至今未曾公開出版。 |
| 《周易選釋》 | |
| 《周易選》 | |
| 《周易五書》（《周易章句》、《周易異文校勘》、《周易句讀考異》、《周易書目》、《周易通檢》） | |
| 《周易新解》 | |
| 《周易新解舉例》 | |
| 《周易韻讀》 | |
| 《周易要略》 | |
| 《周易批判》 | |
| 《周易今證》 | |
| 《周易要略》 | |

## 壹、《易》類著作

### 一、單篇論文

#### 1.〈易傳探源〉

　　是李鏡池所有論著中，完成最早的一篇作品。全篇以《易傳》為研究範圍，針對《易傳》的作者與各篇寫作年代做出論述，並得出以下的結論。

（1）孔子沒有寫作《易傳》。

（2）〈彖傳〉、〈象傳〉寫作年代約在秦漢之際，作者當是齊魯之地的儒生。

（3）〈繫辭〉、〈文言〉的寫定年代應當在史遷之後，昭、宣之間。既彙集前人解經的殘篇斷簡，又加以作者新著的材料。

（4）〈說卦〉、〈序卦〉、〈雜卦〉是《易傳》七篇中最晚的作品。在昭宣後。

　　〈易傳探源〉在處理《易傳》的成書年代的問題時，分析比較了當中的思想，也歸納出《易傳》注經的體例。當中的說法未必盡數合理，對於孔子與《易傳》的關係，在 1973 年，開始有大量文物出土之後，也證實了還有商榷甚至修正的必要。

　　但是單就李鏡池本身的易學進程來看，本篇是重要的。因為李鏡池之後所有論及與《易傳》有關的篇章，若不是沿襲此篇說法，就是再加以闡述發揮。

　　而且李鏡池對《易傳》的看法，跟其他古史派學者是共同共通的。這也是古史辨派的易學特色所在。可以說，確實的研讀、分析本篇，應該就可以掌握、了解古史辨派易學的基本觀念。並且，可以循此觀念進一步去審視古史辨學者對「經、傳分治」的看法及其實踐。

## 2.〈左國中易筮的研究〉

　　這篇討論了《左傳》、《國語》中有關《周易》筮占的記載。認為《左》、《國》所引的《周易》原文，是現所能見到時代最早，關于《周易》筮占的記載。想了解《周易》一書最初的性質、在社會上的地位，就必須要研究這幾十條文字記載。並循此脈絡做出結論：

　　（1）《周易》在春秋時代，只是眾多占書中的一種，但是它比較著名。其後因為用法簡便且頗為靈驗，又帶有哲理色彩，因此逐漸受到看重。〔註39〕

　　（2）想從《左傳》、《國語》中求占筮的原則，是不可能的事情。因為時代古遠且又看不出箇中存在著一致的標準。但也因這樣，可以判定，春秋時所用的占法未必是原始的占法。只能存而不論。唯一可確定的，是春秋時代確曾用《周易》來筮占。

　　（3）筮占的方法雖推敲不出，但筮占的原則就很明確了。必須從求占者其人其位，以及其時其事加以推求對照，與占辭是否相合，然後才能論定吉凶。

　　（4）《左傳》、《國語》中所提及的卦象，完全為〈說卦〉、〈雜卦〉所採

---

〔註39〕筆者以為：簡便、靈驗是《周易》能廣為流行的充分條件，但非必要條件。換言之，並非因為謀及神靈有用，古人才看重《周易》。能讓《周易》廣為流傳並成為五經之首的關鍵原因，是當中的哲學思想，逐漸成為古人的生活指導，並內化於民族性格之中。

　　取並再加以擴充。

## 3.〈周易筮辭考〉

　　筆者認為，本篇是李鏡池所有著作中，最重要的一個單篇。當中很仔細的針對卦爻辭的內外緣問題，做出根源性的說明。掌握〈易傳探源〉，有助於了解李鏡池對《易傳》的看法及評價。掌握〈周易筮辭考〉不但有助我們掌握李鏡池的經典觀，同時在檢視《周易通義》一書時，也能快速進入狀況，理解李鏡池對某些卦的獨特解釋。該篇字數頗為可觀，並做出以下的結論：

（1）《周易》是卜筮之書。

（2）卦爻辭是編纂而成的。編纂年代，應當在西周初葉。〔註40〕大部分是直接編錄舊有的筮辭，小部份是編纂者的著作。前者的資料來源是在西周之前。至於編纂而成的證據，是卦爻辭中有散體的筮辭與韻文的詩歌，如非有意的編纂，不會有兩種體製不同的文字。

（3）卦爻辭記敘之例，可大別為二類。一類是一次筮占的紀錄，屬於卜史著辭的慣例。另一類則是幾次占筮的合併，為不同時不同事的占筮記錄。

（4）卦爻辭中有時使用了假借字，必須使用六書的假借法來注解，否則不易解通。同時，卦爻辭偶有比興式的詩歌，解釋時最好以「詩歌的眼光」來看待。

（5）卦名有三種樣式，而卦名與卦爻辭之間的關聯，則有六種關係。

（6）初始之時，周易用蓍就夠了，卦畫符號還未發明。蓍筮的結果，以文字記錄下來，但文辭散漫。由蓍變筮，由蓍辭變筮辭，是周易的第一次變遷。

（7）漢儒獨重卦爻，以天地人三才，陰陽、剛柔、仁義的概念來解說卦爻，是周易的第二次變遷。又由於蓍草的功用漸漸低落，且又煩難而不易得，逐漸興起以金錢為占的方法，是周易第三次變遷。

（8）卦畫符號的構成，是歷史的偶然。卦爻就只是一種符號，與卦爻辭的內容沒有關係。之所以卦畫會與卦爻辭聯繫在一塊，單純僅是卦爻辭的編纂者，想用一種有系統的符號來歸聚卦爻辭。因此，除了編目的功能外，卦畫符號原本並沒有任何占筮上的意義。

---

〔註40〕此說後改定為西周晚期。此處僅客觀介紹，詳細論辯留待下章。

（9）原始的周易中，沒有「九」、「六」二字。應當是戰國末年或者秦漢間的儒生爲了便于應用，因此插入「九」、「六」二字。創作的人物，當是作〈象傳〉或〈文言〉一類的儒生。

（10）秦火前後，卦爻辭都有亡逸散失，現存的卦、爻辭，是有佚文錯簡的，並不完全。

（11）根據「西伯拘羑里，演周易」的傳說，可以確定今本《易經》一定跟周民族有關係。不論作卦、重卦之人是誰？必定是周民族的一份子，創作與流傳的地點也在周民族活動的範圍。

### 4.〈古代的物占〉

本篇是李鏡池針對古代的各種占卜，做出介紹。並解釋這些占卜的演算方式、興起、流傳的概況。如果與〈周易筮辭考〉一文中，所討論的占卜主題相比較，本篇較爲詳盡。尤其《周易通義》當中，有不少以雜占解釋卦爻辭的篇幅，若能先行研讀本篇，將有助於掌握對《周易通義》的理解。本篇有以下的結論：

（1）雜占是筮占之外的其他各種占問方法。而且，不僅方式上不同，連初始的起源都不一樣。蓍龜是先有疑難，求教於「神物」如蓍龜，以謀解決。雜占是因事物有著特殊的顯現，因而起了推究未來吉凶的念頭。一種是人爲，一種是天啓。

（2）雜占中最重要的一類，是夢占。其餘的稱爲物占，種類較廣，謠占也是其中一種。

（3）物占之"物"，有兩種：一爲常物，一爲"怪"物或神物。〔註41〕

（4）卦爻辭中也有不少關於物占的話，這是《周易》全書中易難解釋，附會最多的地方。

（5）卦爻辭中與物占相關的材料，分爲兩類。第一類是，因在日常生活上偶然發生的現象，用來推占未來的吉凶的。第二類是，因所見聞之事物而占有吉凶的。

（6）周易》卦爻辭中所以有物占，源自於古人的習慣，如《左傳》中，卜和筮常同時舉行，無非是取其協襲之意。卜筮若能與物象或者夢境相符，則行事必因雙重之指兆而信心堅決。這是卦爻辭中會有物

---

〔註41〕此處與上文說法不一，但本節只以客觀介紹爲要，詳細論述分析則留待下章。

占存在的原因。

5.〈周易筮辭續考〉

本篇討論的重點，在周易筮辭的類別與其構成時代。下篇「丙」類與〈古代的物占〉一文頗有雷同。

(1) 卜辭的類別為二，一為卜吉凶的貞兆之辭，一為記事實的敘事之辭。周易筮辭亦同。貞兆術語雖或相似，而大較則不同。同時，卜辭貞兆的次序，是很規則的，先貞後兆，少有例外。周易筮辭的貞兆次序極不規則。

(2) 卜辭中貞兆之辭，可分兩類：(一) 卜時的兆示，又可分兩類：一為單記吉凶，不繫事實的。二為與貞事同記的貞兆之辭。(二) 事後的紀錄

(3) 占筮的範圍，和卜辭相近；但它所反映的社會生活，比卜辭的時代古遠。而所記故事則又後於卜辭。思想意識則推遲的更晚，約當在西周末年。

(4) 卦爻辭中的貞兆之辭，依照記事種類來看，以戰爭、祭祀、商旅的為多，反映出周民族早期的社會生活。當中最早的事故是太王去邠遷岐，王季伐西落鬼戎的故事。

(5) 周易筮辭的組織可以歸納為三類：象占卜辭、敘事之辭、貞兆之辭。

(6) 卜辭句式，可分七類；周易內容，可分三種。卜辭的句法與用詞，頗有法則。周易三種筮辭的配合，似無次序。卜辭的文句較長；周易的文句簡短。卜辭是純粹紀事的散文，可說是中國散體的紀事文的創始之作。周易參用詩體的韻文。卜辭的文辭參差；周易卦內的組織，頗為整齊。

6.〈周易卦名考釋〉

本篇雖是針對卦名來做研究，但很罕見的是從《易傳》入手。當中分析了《易傳》的爻位說與陰陽剛柔等觀念。尤其重要的，在李鏡池整個的易學論著中，本篇首先觸及到了卦號符號、卦名以及卦爻辭三者的關聯，甚至是實際的注解，在某個程度上，可視為經說邁向經注的一大步。

(1)〈象傳〉解釋卦與卦辭，共有「以"爻位"釋卦、以"取象"釋卦、直釋卦義、對卦辭的直釋以及哲理的引伸」這五種方式。並可再簡約成卦象、卦德、爻位三種。

（2）〈象傳〉對於卦的解釋，有兩種觀點：一是直接解釋卦象的，且多以八卦的象來做爲基礎。二是從卦象引申出來的義理，我們叫它做“卦德”。卦象，是卦本來的意義；卦德，是人看了這個卦而覺悟出來的人生哲理。

（3）〈說卦傳〉、〈雜卦傳〉是將〈象傳〉、〈彖傳〉的說法加以整理，歸納成系統化的記載。但對於卦德則無所著墨。

（4）八卦最初產生的時候，每卦等於一種符號，儘管並非文字，但卻可以視其爲「先文字時期的表憶符號。」八卦或許是周民族最早的文字符號。後來與殷民族接觸，才改用殷民族那一套文字符號，而保留自己的那一套在周易。

（5）《易》本來只有卦畫而無卦名。卦名是由於卦畫之難畫而易訛，而且也難稱謂，不能不另給它一個文字的名目。這名目如同圖書的目錄編碼，目錄與圖書之間，不必然有意義上的關聯。即使是有關係，也是偶然的。

（6）六十四卦之中的一小部份，是原來就有卦名的。八卦創始在先，代表八種物象。由八卦而變爲六十四卦，有六十四卦而後繫辭，這個演進的過程，是有先後的。在八卦成立的時候，已經有乾坤等名。卦畫作三畫，如文字之形。

## 7.〈周易校釋〉

本篇當是《周易通義》一書的前身，此時李鏡池尚未援引唯物史觀與辯證法來注解周易，在注解方式上，也較近於聞一多的《周易義證類纂》。本書並未完整注解六十四卦卦爻辭，僅挑出當中二百一十九條文字，爲之作注。

在書前的敘論，他提及「遊學北平，曾析《周易》爲類編，其法與聞氏同，所得不多，亦於香港淪陷時散失。既思類編之作，於讀者不便，乃復依原書次序，作《淺釋》一書，以便初學。終以《易》文簡古，疑難尚多，乃先成〈校釋〉一篇，取《孫子》攻堅之法也。」〔註42〕

由此推知，〈周易校釋〉所注解的卦爻辭，是李鏡池認爲，卦爻辭當中較

---

〔註42〕《周易校釋》的敘論，不僅交代了該篇的寫作動機、箇中機緣演變，同時也提及對古來注《易》諸家的看法、《易》學各宗各派的路數與優缺點。對後人掌握李鏡池的經典觀，很有助益。因此以附錄形式，將敘論附於論文末尾，以供參稽。見附錄七。

重要的、可以為研究入門關鍵的篇章。

## 8.〈關於周易的性質和它的哲學思想〉

本篇是第二波學術熱潮中，諸多筆戰文章的其中一篇。以內容觀之，並無多大新意，多數為以前觀點的再論述再發揮。但當中有一值得注意之處，本篇是李鏡池易學著作中，首次提到「馬克思主義」以及「毛主席」的文章。也就在此時，他已經開始發展出有別於其他的古史辨學者的獨特之處了。

## 9.〈關於周易幾條爻辭的再解釋〉──答劉蕙孫同志

本篇是〈關於周易的性質和它的哲學思想〉一文刊登後，劉蕙蓀提出不同見解，李鏡池所寫的答辯。在他的著作之中，本篇不算重要。然而篇末有段話：「易書雖多，各家易說實在沒有很多可以供我們研究易經之用的。與其『信古』，不如『疑古』和『稽古』。劉同志似乎偏重信古一面，我則主張稽古，尋求古經真象，然後給以適當的評價。」〔註43〕很可以提供我們了解，李鏡池對古代多如牛毛的各類易學著作有何看法。

## 10.〈周易的編纂和編者的思想〉

本篇雖然仍是舊觀點的再發揮。但觀念更細緻成熟，使用文字也更簡練。同時他也論及了當時，也就是第二波研究熱潮時期的治《易》風氣，並針對當時普遍的治《易》方法，提出自己的見解與批評。他提及「此時學者談《易》，用新觀點的多，泥於舊說的少。不夠之處在於，多偏於尋章摘句式的引用和發揮，而沒有就卦、爻辭作系統的研究。」〔註44〕

同時，他正式宣告自己以馬克思主義唯物辨證的方式，來注解卦爻辭。也就是寫作《周易通義》一書。

## 11.〈談易傳大象的體例〉

本篇其實是由〈周易卦名考釋〉的部分內容析出。主要談的是〈象傳〉注解卦辭的方式與體例。無新觀點，但論述語言更清楚扼要。

## 12.〈易傳思想的歷史發展〉

筆者以為，此篇做為李鏡池經說的最終篇，有實質上的重要意義。在李鏡池的學術歷程中，本篇之後，是經注性質的《周易通義》，再無任何經說著作。換言之，本篇可說是李鏡池經說的總結。細觀李鏡池的著作年表，第一

---

〔註43〕《周易探源》，頁 190。
〔註44〕《周易探源》，頁 193。

篇是〈易傳探源〉，最後一篇是本篇〈易傳思想的歷史發展〉。

　　以《易傳》始，以《易傳》終。這點非常有趣，筆者雖不能確知，這是否為李鏡池有意為之的一個安排。但本篇討論的範疇，是《易傳》內部的關於內容的剖析。而第一篇〈易傳探源〉所討論，則相對屬於外緣性的問題。一內一外，相互觀照。固然他在《易傳》這部分的論述，還可以有更多的主題去開發。但此篇寫出之後，李鏡池在《易傳》部分的經說理論，已經具有足夠的籠罩感染力。更精確的協助我們掌握，李鏡池以及古史辨學者們，一貫抱持的「經傳分治」的理論基礎及核心。該篇的結論如下。

> （1）《左傳》提及的易筮共有三類。第一類，以卦爻辭跟卦象作為推斷吉凶的根據。第二類，以道德觀來判斷吉凶。當中包含了二個原則：「易不可以占險」以及「求問之人必須有德」。所帶來的影響，是開啓了引申解釋卦爻辭的自由空間。第三類，廢除卜筮的儀式，直引易文。

> （2）從思想脈絡與歷史發展的角度來看，《易傳》對卦爻辭的注解並不符合訓詁上的義界。與其說是注經之作，無寧說是讀經心得更為恰當。

> （3）〈彖傳〉在《易傳》裡，是最有代表性的作品，它綜合了由陰陽家的陰陽說所發展出來的剛柔說，道家的宇宙觀，和儒家的政治思想、行為修養思想來說解周易。

> （4）〈彖傳〉以天道說明人道，反映在政治思想。以剛柔結合陰陽，發揮為"爻位"說。從作者的目的說，他要通過周易的陰陽、剛柔、天地、日月的變化統一的道理來發揮儒家的等級社會倫理思想。這是社會進到地主所有制，封建社會為維護統治階級利益的理論。

> （5）大象傳是焚書坑儒之後，儒生們關於《易經》的讀書心得體會的筆記，是讀《易》心得體會這類著作中，最有代表性的一種。小象可能作於漢初，是在叔孫通和魯諸生及他的弟子共定朝儀之後，為維護封建統治而作。作者或者是魯諸生。象傳的編成也出於他們之手。

13.〈論《周易》的著作年代——答郭沫若同志〉

　　本篇為李鏡池寫給郭沫若的回信。此次的書信往返，當是起因於李鏡池完成《周易類釋》後，寄給郭沫若審閱。而郭沫若在 1966 年回覆，信中對於《周易》的著作年代與李鏡池看法不同，因此，1967 年，李鏡池再度提筆，

信中針對郭沫若爲證成己說所提出的證據、對李鏡池的質疑這兩部分，提出說明。在結論上，仍是堅持卦爻辭完成於西周晚年。在論述行文方面，由於是針對郭沫若所言加以辯駁，以問答的方式進行書寫，因此文氣上較不連貫。

　　然而本篇仍有值得注意之處。信中簡述了卦爻辭的組織體例。這部分，可幫助我們略窺今已亡逸散失的《周易釋例》之內容。該段針對卦爻辭的組織要點做出以下幾點結論。

（1）組織的第一要點是按事類編排。大多數卦講一類事或一件事。分別有農業卦、行旅（商旅）專卦、戰爭軍事卦、婚姻卦以及家庭卦。

（2）事類不一，內容較雜，用形式聯繫。如〈屯〉講各種困難之事，〈訟〉生產鬥爭、階級鬥爭和貴族內部矛盾鬥爭的事。

（3）內容較雜，用對立意義，用對立的組卦，講對立和對立轉變之理。有三對組卦："泰"與"否"，"損"與"益"，"既濟"與"未濟"。

（4）標題法。有「從內容標題」，「用爻辭的多見詞標題，這多見詞和卦的內容無關，只取形式聯繫」。或者「用多見詞標題，這多見詞和內容意義相應，形式和內容統一。」

## 二、專　書

　　李鏡池現存的易類著作有兩本。一是《周易探源》，一是《周易通義》。前者是概論性質，收錄上文所介紹的十二篇文章與一封書信。內容上，是對《周易》經、傳的分析論述。後者則是實際去注解經文，是易學觀的實踐。經說與經注，理論與實踐相輔相成，撐起李鏡池易學的天與地，經說是有主題的結構性存在，經注則是架構嚴謹的系統性展現，彼此觀照互添血肉。

### 1.《周易探源》

　　《周易探源》收錄了李鏡池由一九三〇年至一九六二年之間，所有論述《周易》的單篇論文。一九六三年編輯成集，一九六五年書成，打了紙型未曾印行。一九七八年就舊型付印出版。一九八二年改正初版排印錯誤後重印。本論文參考版本爲一九九一年出版。

　　內容上，已如本節頁十八至頁二四所列舉，此處不再贅述。而該書的書序，提出了研究《周易》的二個重要通孔，並且後來也確實在《周易通義》中，看到李鏡池的實踐。

（1）易保存了一些古代史料，要以社會發展史觀點來研究。

（2）卦、爻辭有它的系統組織，要全面比較分析，才得其眞義。

## 2. 《周易通義》

《周易通義》在李鏡池生前並未印行。李鏡池於一九七五年過世，《周易通義》則是在 1981 年出版。實際上，《周易通義》的部分內容，當來自 1949 年所寫的〈周易校釋〉。

要指出的是，〈周易校釋〉雖篇幅較小，但是六十四卦都已注解。爲何間隔十三年之後，再度注解《易經》？是因爲受到當時的學術論戰的啓發，或者是四九年之後，他在寫作其他論文的過程中，對《易經》產生了新的理解與體認，因此有重新注解《易經》之舉？可惜這個問題，除非求證於本人，否則很難獲知實情。

李鏡池開始寫作《周易通義》的時間不會晚於 1962 年。在〈周易的編纂和作者的思想〉與〈談易傳大象的體例〉二篇文章中，他都提到了自己正在進行《周易通義》的寫作。

《周易通義》究竟何時完成初稿已難考證，但是，文化大革命開始於 1966 年，在華南師範大學，也就是改制前的華南師院的校方記錄曾經提到：「一九六六年開始的“文化大革命”，教育戰線是其摧殘破壞的“重災區”，華南師院更是首當其衝。」身處於這個“重災區”，如果當時《周易通義》尚未完成，李鏡池能否有餘力來完成，是個非常大的疑問。

筆者相信，在文革之前，李鏡池應該已經至少完成了《周易通義》的初稿，或者因爲大環境的動盪，而擱置了出書印行的計畫。

等到李鏡池過世，隔年文化大革命結束，整個學術圈休養生息幾年之後，由同樣任教於華南師範大學的曹礎基先生整理了《周易通義》，然後附梓印行。

## 貳、遺 稿

李鏡池的著作中，未曾刊行的遺書、遺稿，經由池田知久訪談李氏遺族，共有十五種。由於筆者不能得見全部遺稿，因此對遺稿的介紹，此處暫且從略。只將遺稿中，書名見於他處的《周易類釋》與《周易選釋》加以簡介。

## 一、《周易類釋》

《周易類釋》一名，首見於郭沫若一九六六年寫給李鏡池的信。當中提

及「大著《周易類釋》原稿接到,已經讀了一遍。《科學思維‧科學知識》一節,寫得好。你在《易經》範圍內,可以說把辯證法的萌芽寫活了。」〔註45〕

這段話讓我們確定了,《周易類釋》是經注類的著作,但並非注解《易傳》,仍是注經之作。同時,它與《周易通義》的體例不同,並非逐卦、逐條的加以注解,而是爬梳卦爻辭中所反映的當代生活、思想,予以勾勒後條綱挈領的分門別類。體制上,近似於聞一多的《周易義證類纂》。

## 二、《周易選釋》

本篇文章雖未刊行,但《華南師院學報》仍將該篇的前言,以〈《周易》簡論〉的名稱,刊登於該學報 1980 年第四期。學報序言提到:「本刊選載的是《周易選釋》中的前言.文中對玄妙難讀的《周易》作了全面、通俗的介紹和評論,指出讀《周易》的途徑和方法.這對我們研究《周易》是有幫助和啓發的。」

由此段簡介可看出,本書應該是融合了經說與經注,欲以一種雅俗共賞的方式,推廣介紹《周易》一書。

## 三、〈周易筮辭句讀考異〉

《周易校釋》第七條,注解〈坤〉卦辭,討論斷句問題時,曾提及「拙編〈周易筮辭句讀考異〉稿本於坤卦卦辭後半之句讀,凡得七說。」〔註46〕然不論是《周易探源》或者《十家論易》所收錄的李鏡池著作,均未見此篇。然而筆者相信,《周易通義》對卦爻辭的斷句、異文輯錄,可以提供我們一個窺見〈周易筮辭句讀考異〉內容的空間。

## 四、《周易釋例》

此書之名僅見於〈論《周易》的著作年代──答郭沫若同志〉一文,該封書信在論述卦爻辭體例的一段,提到了「《周易》是有組織體系的著作。古今說《易》者還沒有注意到此點,但此點不明,對卦爻辭就很難理解,理解了也不一定對。它的組織法頗多,不能詳談,只略說幾點。余詳拙作《周易釋例》,《釋例》也未必能窮其全部,不過得其大概。」〔註47〕

---

〔註45〕《十家論易》,頁 79。李鏡池的回信則寫於 1967 年,信中曰:「拙作《周易類釋》稿蒙於百忙中審閱指正,謹申謝意。」,見〈論《周易》的著作年代──答郭沫若同志〉,《十家論易》,頁 477。
〔註46〕《嶺南學報》第 9 卷,第 2 期,頁 54。
〔註47〕《十家論易》,頁 481。

　　然從李鏡池這段話中，可推敲出本書主旨，當是針對卦爻辭的組織體例、寫作手法等，論述分析，做出歸納性的結論。

## 參、有目無文的作品

### 一、《周易通論》

　　1967 年，李鏡池在〈《周易》的著作年代－答郭沫若同志〉一文中，提及「拙作《周易通論》有"考年代"一章，定爲著於西周末年。從政治社會背景，從思想發展，以及從文學形式各方面看，我以爲可以這樣推定。」〔註48〕

　　然此書名稱，並不見於李鏡池遺族所提供的十五種遺書之中。因此，在未及求證李氏遺族的情況下，筆者決定暫且將此書歸類爲「有目無文」的作品。

　　由於《周易探源》早在 1963 年編輯成集，1965 年打了紙型未曾印行。然而筆者認爲，1967 年的《周易通論》跟《周易探源》一書的關係，不會僅是增補發揮而已。因爲《周易探源》收錄單篇論文，各篇主題及內容亦略有重複，顯見不是有系統的，各自瓜分《周易》經傳的主題，論述之後再集結成書的作品。

　　筆者推測，應該是 1965 年之後，因爲文化大革命的影響，《周易探源》的出版受到延宕，李鏡池便將各篇打散，重新的將經說理論，以主題的方式，寫成一本有系統的、全面介紹《周易》經傳，討論諸多相關概念的一木經說理論著作。至於何以湮滅不見其書？在無法求證於李氏後人的情況下，筆者只能推測，《周易通論》一書，恐怕在十年文革期間，遭受毀損以致亡逸不可復得。

## 肆、書信類

### 一、與顧頡剛先生討論易傳著作時代書

　　該信寫於 1930 年 3 月 13 日，標題爲〈論《易傳》著作時代書〉。顧頡剛的回信寫於 1930 年 3 月 21 日，標題爲〈論易經的比較研究及象傳與象傳的關係書〉。之後李鏡池於 3 月 24 日寫了答書。這三封書信，均收入《古史辨》第三冊。

---

〔註48〕《十家論易》，頁 494。

就在得著顧頡剛的提點之後，時隔多月後，李鏡池完成了他學術生命中，第一篇作品〈易傳探源〉。筆者以爲，顧頡剛對李鏡池在治經態度以及方法上的影響爲何，這三封書信提供了很好的解答。因此以附錄的形式，置放於論文篇末，以供參稽。〔註49〕

## 二、論《周易》的著作年代——答郭沫若同志

此次魚雁往返的機緣，是因爲李鏡池將所著《周易類釋》寄送給郭沫若。1966年，郭沫若修書一封，寫下了讀後的心得感想。由於信中對李鏡池所論定《周易》成書時間，有所質疑，因此李鏡池於1967年，再度回信並做出答辯。

換言之，從這二封信足以看出，李鏡池對郭沫若的推崇，新書一成，隨即送交審閱，敬重程度，可見一般。而當郭沫若有所質疑時，李鏡池亦竟能成書萬餘字予以答辯。若我們將此封書信與「〈關於周易幾條爻辭的再解釋〉——答劉蕙孫同志」一文來做比較，更可看出李鏡池對郭沫若的不同一般。

答覆劉蕙蓀的文章，其實是借由《學術研究》來發聲，並非私人信件。不僅未見情份，更有公然訴諸筆戰的味道。且篇末更直言「劉同志似乎偏重信古一面，我則主張稽古，尋求古經眞象，然後給以適當的評價。」〔註50〕此言不啻直指劉蕙蓀的學術選擇，將無法求得古經眞相，更無法給予經典一個適切的評價。言語雖緩淡平和，然字句卻重如千鈞。〔註51〕

而寫給郭沫若的信，雖仍堅持己見，然遣辭用字上，客氣許多。且該信雖載於1982年的《華南學報》第四期，但爲後事。此信之初，只爲私人信件，純是友朋之間，相互砥礪的論學往返。〔註52〕

依此觀之，李鏡池的專書著作，不論內容是否重複，光僅書名，便有九種。若以今日眼光觀之，九本專書已屬難得可貴，尤其李鏡池所屬的年代，正是近代中國最艱難顚沛的時期。正如他自己所說「國步艱難，民生憔悴。學者方掙扎於飢餓線下，無安心治學之機緣，則成績之少，自意中事」〔註53〕

身處如此艱困的時代，李鏡池仍能有高達九本的專書著作，以及其他五篇非《易》類的作品，著實使人敬佩。

---

〔註49〕 見附錄一。
〔註50〕《周易探源》，頁193。
〔註51〕《周易探源》，頁193。
〔註52〕 書信原文詳見附錄二。此二封書信雖頗有可觀之處，然篇幅甚巨，因此刪去部分內容，僅保留提及李鏡池著作的段落內容。
〔註53〕〈周易校釋·敘論〉，《嶺南學報》第9卷，第2期，頁51。

# 第三節　唯物史觀對李鏡池的影響

前文提到，李鏡池是古史辨派諸位治《易》的學者中，唯一一位有完整經注作品的學者，僅此一項，他的著作就已經極具研究價值。而更引起筆者關注的，則是他所標舉的唯物史觀。因為這正是他異於其他古史辨學者之處，要研究李鏡池的易學，固然必須由他與顧頡剛的關係為起始，但卻不能以此做結，必須以唯物史觀為主要論述，方能透顯其獨特性。

關於《周易通義》書中所蘊含的唯物史觀，乃至於以「唯物史觀」治《易》的優缺點，筆者將在第六章中詳加論述。本節將以唯物史觀為焦點，主要介紹郭沫若的觀點，並上延至恩格斯（1820～1895）。並且羅列介紹《周易通義》當中的唯物史觀。

## 壹、郭沫若的唯物史觀

以郭沫若的學說為介紹重點，原因在於他與李鏡池之間的關係。

在李鏡池選擇以唯物史觀治《易》的過程中，郭沫若扮演了一個很關鍵的角色，由兩人往返的書信可以看出李鏡池對郭沫若的推崇之情。

並且，比較了恩格斯、郭沫若以及李鏡池三人對唯物史觀的看法，會發現，李鏡池的說法完全襲自於郭沫若，毫無斟酌損益之處。而郭沫若卻又與恩格斯有著些許差異。此一差異，根本原因在於恩格斯的著作中，提及原始社會發展的論述中，觸角並未及於中國。

筆者無法推論，若恩格斯曾將上古中國社會列為研究範疇，將如何分類、劃歸中國社會？而郭沫若所分析論述的中國社會發展，又是否符合恩格斯原意？因此，此處暫且以「中國式的唯物史觀」稱呼郭沫若的唯物史觀。

李鏡池在《周易通義》中，高舉恩格斯之名凡八見，然究其內容文理，卻是以郭沫若之說為鵠的。

這當中便產生了一個問題：如果郭沫若與恩格斯相異之處，就學說本身的純粹與演繹而言，郭說是一種移植、一種誤用，而李鏡池卻又全盤的接受了郭沫若的說法。那麼，李鏡池自稱的「根據歷史唯物主義的觀點，把其中所記述的材料、所表述的思想，放到當時的具體歷史條件下去理解和分析。」此一命題是否還能成立，就必須加以探究、釐清。

郭沫若的唯物史觀，主要見於《中國古代社會研究》以及《青銅時代》。尤其《中國古代社會研究》的導論〈中國社會之歷史的發展階段〉一文，很

明確的提出「西周以前，古代中國是原始共產治的氏族社會。西周變為奴隸制度，而春秋以後，則是封建制度」的論述。〔註54〕

　　而他對於《周易》寫作時代等相觀看法，則見於〈《周易》之製作時代〉一文。

　　　《易》之制作是由長期積累所成，其中有西周時代的原始資料，但
　　　也有春秋時代的資料。原始資料積累得多些，故顯得很古。孔子讀
　　　《易》的傳說是有問題的。《周易》的完成應當在春秋末年或戰國初
　　　年。〔註55〕

將郭沫若對《周易》寫作年代的判斷，與他對西周屬於奴隸社會的結論互相結合，便不難理解，何以李鏡池《周易通義》中，處處有奴隸社會的影子。因此，筆者以為，要正確評價以唯物史觀注《易》的優缺點，必須先理解郭沫若所詮釋的西周社會，其發展脈絡是否符合實際情況。下為摩爾根（1818～1881）所劃分的「先史民族進化階段」表。

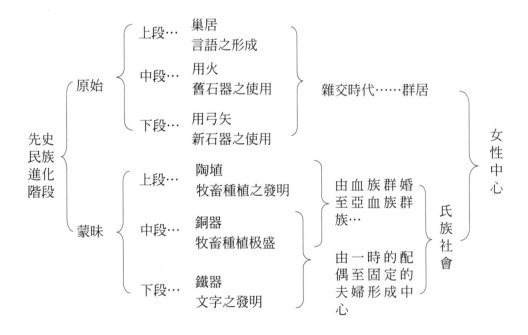

〔註54〕見《中國古代社會研究》，導論〈中國社會之歷史的發展階段〉一文，收入《民國叢書》，第一編，七十六冊。上海市，上海書店，頁24。
〔註55〕恩格斯在《家庭、私有制和國家的起源》中，對先史民族在發展上的分期，是恰與郭沫若相反的。恩格斯以蒙昧時代在先，其後方為野蠻時代。然細究其內容，則是相同的。

《周易》時代該當於蒙昧時代之中下段，鐵器雖無明證，而文字則
確已發明。〔註56〕

根據郭沫若對西周社會的形容，這是一個「穴居野處的習慣還未完全廢掉，
游牧依舊盛行，而後代的絲綿織物還未發達。且人類還在自給時代，工藝活
動是奴隸童僕所為，不為君子（當時的貴族）所掛齒。群婚的遺習無可考見，
惟偶婚的痕跡則儼然存在。母系制度尚有殘存痕跡，但更明顯的，是已向父
系社會制度推移。國家的雛形雖約略具備，但僅是雛形，和氏族社會相隔並
不甚遠。祭祀為國之大事，且當時還有以人獻祭的習慣，人牲的來源則是戰
俘。」〔註57〕

　　上述這些觀點，我們都可以在《周易通義》中發現。筆者以為，正是因
為李鏡池接受了郭沫若所詮釋的西周社會，接受了以唯物史觀注解《易經》
的方式，因此在字義的擷擇上，有了不同其他學者的取捨。

　　至於氏族社會向奴隸社會推移完成的關鍵因素，郭沫若認為是「農業的
發達」所致。

原始氏族社會向奴隸制的推移，當以畜牧的發現為開始，以農業的
發達為完成。……在漁獵的時代，家庭生活以女性為中心，男子只
能有自己的獵具。男子在漁獵中發現的畜牧的手段，照原來的習慣
所畜牧的牛羊也就屬於男子了。〔註58〕

男性擁有牛羊，可說是地位提升的第一步。且因為如此，男性的生活範圍開
始有了固定的需求。

因畜牧發達的結果，產生了草料的恐慌。由草料的恐慌，發生了芻
秣的栽培。由芻秣的栽培，更發明了禾黍的種植。由是而農業便出
現於人類文化的舞台，男子的產業便愈見固定下來了。〔註59〕

郭沫若認為，一旦男子的產業固定了，女子的家庭生產便淪為附庸，而這正
是奴隸制的開始。〔註60〕筆者對此則有不同看法。筆者以為，不論是畜牧或
農耕，男性的勞動力與生產所得，皆大於女性，此一原因才是男性會逐漸取
得社會優勢的關鍵點。並不能片面認定，必須遲至由畜牧生活轉為農業生活，

〔註56〕頁252。
〔註57〕頁233～278。
〔註58〕頁139。
〔註59〕頁139。
〔註60〕頁139、140。

才是女性地位低落的開始。

> 因爲產業發達的結果，私有財產確定下來，在同族中便發生貧富的
> 懸殊，在異族中也生出，搶奪交易的頻繁的事件。……族內的貧人，
> 族外的俘虜，自然而然的便逐漸的淪爲奴隸。〔註61〕

對於奴隸的產生與來源，郭沫若的分析相當正確。但他認爲，當時的社會階級只有兩種：奴隸和貴族。

> 本來當時的階級的構成是分成「君子」和「小人」的，「君子」又叫
> 做「百姓」，便是當時的貴族。「小人」又叫做「民」、「庶民」、「黎
> 民」、「群黎」，實際就是當時的奴隸。〔註62〕

依郭沫若所言，奴隸被賦予的義務，平時是做農夫百工，戰時就當兵當夫。〔註63〕然而細觀卦爻辭中，被郭沫若與李鏡池解爲「俘虜」之「孚」字，共出現 41 次。〔註64〕「僕」字僅出現 1 次。〔註65〕童字則出現四次，〔註66〕而郭沫若所一再提及的「奴隸社會」一詞，「奴」字卻未曾出現過。

筆者以爲，郭沫若太拘泥於「奴隸社會」一詞，又亟想將，「鬥爭」、「階級」、「剝削」等字眼與奴隸社會結合在一起。因此將當時的社會族群，截然切分爲天差地別的「貴族」與「奴隸」。筆者則認爲，宜加入「平民」這一階級。

卦爻辭中，常有描述農耕或畜牧、狩獵的情形。亦有鄉里間聯合抵禦外侮，俘虜了入侵者的篇章。這些事件中的主人翁，若是貴族，何需親力親爲此類勞役之事？若是奴隸，則其所被賦予的義務、所享受的權益，似乎也過於豐厚而不合理。

因此，筆者以爲，奴隸的主要來源，是所俘獲的外族人。少部分，則是貧困無以爲生的本族人以及同族中的罪犯。而平民，當是無法掌握政治權力

---

〔註61〕頁 140。

〔註62〕頁 17、18。

〔註63〕當是「伕」，勞役者。

〔註64〕卦辭 7 次。「有孚」：〈需〉、〈訟〉、〈觀〉、〈損〉、〈坎〉。「孚」：〈革〉、〈夬〉。爻辭34次。比·初六〉、〈大壯·初九〉、〈革·初六〉、〈晉·初六〉、〈姤·初六〉。〈豐·六二〉、〈升·九二〉、〈革·六二〉、〈兌·九二〉、〈益·六三〉、〈革·九三〉、〈泰·九三〉、〈小畜·六四〉、〈隨·九四〉、〈革·九四〉、〈泰·六四〉、〈睽·九四〉、〈解·九四〉，〈小畜·九五〉、〈解·六五〉、〈益·九五〉、〈革·九五〉、〈中孚·九五〉、〈未濟·六五〉、〈革·九五〉、〈隨·九五〉、〈兌·九五〉、〈家人·上九〉、〈井·上六〉、〈未濟·上九〉

〔註65〕〈旅·六二〉。

〔註66〕〈蒙〉、〈蒙·六五〉、〈觀·初六〉、〈旅·六二〉。

的貴族及其後代。由於並非奴隸，因此平時，被允許從事私人的生產活動。而戰時，則是必然的兵員來源，且不能拒絕。與真正的奴隸相較，平民擁有較多的自由與私人的財產，也不會被任意充做祭祀使用的人牲。

## 貳、《周易通義》中的唯物史觀

> 根據唯物主義觀點，歷史中的決定性因素，歸根結蒂是直接生活的生產和再生產。但是，生產本身又有兩種，一方面是生活資料即食物、衣服、住房以及為此所需要的工具的生產。另一方面是人類自身的生產，即種的繁衍。〔註67〕

根據恩格斯所言，決定人類歷史的有利因素，一是人類食衣住行所需的物資，二是人類的家庭結構，包含婚姻與血緣。

> 一定歷史時代和一定地區內的人們生活於其下的社會制度，受著兩種生產的制約：一方面受勞動的發展階段的制約，另一方面受家庭的發展的制約。〔註68〕

綜合以上的觀點，筆者認為，可以將《周易通義》中，提及婚姻、階級鬥爭（奴隸）、生產工具的篇章，視為李鏡池以唯物史觀注《易》的具體實踐。

不可否認的，在人類發展歷史的長河裡，不論是「富貴者畜養奴隸」，或者婚姻制度中的「搶婚、共妻、姊妹同嫁」，以及生產工具的漸趨精良「石器、青銅而鐵」，都是存在過的事實。我們不能僅僅因為注解中出現了上述字眼，就判定這是唯物史觀的展現。

因此，筆者的判別標準，是以「明顯有著其他訓詁證據可供參校，但仍舊主觀選擇，將卦爻辭解釋為符合唯物史觀論點」為依據。

且筆者同時必須指出，「唯物史觀」並非洪水猛獸，以唯物史觀治《易》，容或有著觀念先在所導致的限制與不足處。但是，選擇一個史觀，建構起一個完整的理論體系，成一家之言。這是更值得追求的學術成就與境界。

《周易通義》中的唯物史觀，筆者分為階級鬥爭（奴隸）、婚姻、二項，以圖表加以介紹。〔註69〕至於優缺點，將在第五章、第六章詳加討論。

---

〔註67〕 恩格斯，《家庭、私有制和國家的起源》，台北，谷風出版社。1989年。序言，頁2。
〔註68〕 《家庭、私有制和國家的起源》，頁2。
〔註69〕 未將「生產器具」一項列入，是因為器具材質的判定，有著清楚明確的標準

| 階級鬥爭（奴隸） | |
|---|---|
| 〈訟〉 | 訟：爭訟，鬥爭。內容有生產鬥爭、階級鬥爭、貴族內部鬥爭。總的都是談鬥爭，從內容標題。……這是講鬥爭的專卦。作者從多方面忠實地記錄了西周末年的社會現實，對於社會史的研究，提供了寶貴的史料，也反映了作者對當時社會的認識，是頗有眼光的。〔註70〕 |
| 〈蒙〉 | 以童蒙及瀆犯神靈的蠢事來說明蒙昧之義。貴族役使奴隸，以為無求於奴隸，只是他們養活奴隸，奴隸有求於他。在對奴隸的看法上，也表現了作者的階級局限。〔註71〕 |
| 〈大有〉 | 這是農業專卦之一，主要從豐收中去反映生產鬥爭，同時又涉及到民族鬥爭和階級矛盾。〔註72〕 |
| 〈隨〉 | 前四爻說的都是商旅，主要講商人販賣奴隸，揭示了奴隸的一個重要來源。因為講販賣奴隸，牽連到奴隸的另一來源，所以後兩爻講戰俘。這是插敘法。最後又提到用戰俘作人牲。這些對於當時社會的分析，都有重要意義。〔註73〕 |
| 〈坎〉 | 本卦雖然事類不一，但作者似有意分析和反映社會的變化發展：從古遠的漁獵時代講到農業時代。前三爻講漁獵時代的打魚；四五爻講用酒飯款待戰俘，使之成為奴隸，增加農業勞動力，以及填阱、開田等。這大概是到了奴隸缺乏的奴隸社會末期的事。〔註74〕 |
| 〈噬嗑〉 | 有吃有喝，對貴族當然是「亨」的，但奴隸們在飲食上小犯錯誤就得擔枷入獄。……「利用獄」，是站在奴隸主貴族的立場上說的。……在飲食問題上，一邊是貴族的享樂，一邊是奴隸的受刑。可見階級的壓迫與對立是嚴重存在的。〔註75〕 |
| 〈剝〉 | 這是一個政治卦，著重反映了農民受貴族剝削的情況。〔註76〕 |
| 〈大壯・九四〉 | 奴隸捕獸靠力氣大，貴族捕獸用網。〔註77〕 |
| 〈晉・六三〉 | 說明用奴隸進攻會失敗。〔註78〕 |

可驗證，不必然是唯物史觀的具體展現。

〔註70〕《周易通義》，頁15、17。
〔註71〕《周易通義》，頁11。
〔註72〕《周易通義》，頁32。
〔註73〕《周易通義》，頁38。
〔註74〕《周易通義》，頁60。
〔註75〕《周易通義》，頁44、45。。
〔註76〕《周易通義》，頁48。
〔註77〕《周易通義》，頁68。
〔註78〕《周易通義》，頁70。

| 〈家人〉 | 俘虜變成奴隸之後，也是家庭成員之一。恩格斯說，在羅馬，家庭一詞，當初完全不是用於夫妻及其子女，只是用於奴隸罷了。在這個家庭專卦中，作者談到了各種家庭：有懶的，有勤的；有窮的，有富的；還有幸福之家，又兼及祭家廟和增加家中奴隸諸事。這對於研究古代社會的組成單位是十分寶貴的。〔註79〕 |
|---|---|
| 〈解·六五〉 | 貴族把戰俘綁起來而又解開，大概經過了多方迫誘之後，戰俘表示願意歸順了。所以戰俘就變為奴隸。貴族得了勞動力，當然是吉利的了。〔註80〕 |
| 〈升·九二〉 | 用俘虜作人牲徇祭，是當時戰爭中常有的。〔註81〕 |
| 〈困·九四〉 | 這是刑獄專卦……這爻應與九二爻合看。被朱紱人俘虜之後，割鼻、刖足，成了奴隸……本卦爻辭中的「株木」即鞭扑之類，「困於石」是擔枷示眾，「劓刖即劓荆」。監獄稱「幽谷」，形容黑暗；稱「蒺藜」、「葛藟」、「臲卼」可見森嚴；還有囚車。這些對於了解當時的暴力統治，是很重要的。〔註82〕 |
| 〈井〉 | 卦爻辭主要是反映當時的階級鬥爭。……馬克思說：「正確地認定東方一切現象底基本形式是任於那裡沒有土地私有制之存在。這一點甚至可以作為了解東方世界的真正的關鍵。土地所有權歸國王所有，國王有封邑權，也就有改邑權。「改邑不改井」，表明統治者總還是維護著他們本階級成員的利益的。……這反映了西周末年的階級矛盾，表明作者的一些改良主張〔註83〕 |
| 〈革〉 | 本卦內容主要講戰爭，涉及戰俘，因用俘虜作人牲，又聯繫祭祀。〔註84〕 |
| 〈鼎〉 | 得到了別人的妻和子作家庭奴隸。這很可能是個貴族商人，通過貨幣債務剝削來的。……奴隸偶不小心，把貴族的鼎足弄折了，倒瀉了鼎裡的粥。結果受了大刑，死去活來。反映了貴族對奴隸壓迫的殘暴。……本卦中談到奴隸的一個來源，為別卦所沒有提到的，那就是還不起債的，把妻與子頂債，成了貴族的家庭奴隸。〔註85〕 |
| 〈豐·六二〉 | 大房子用草或草織小席蓋房頂，白天能見到北斗星；行旅中得了怪病；買到了奴隸，但卻是殘廢的。〔註86〕 |

〔註79〕《周易通義》，頁74、75。
〔註80〕《周易通義》，頁80。
〔註81〕《周易通義》，頁92。
〔註82〕《周易通義》，頁92、94～95。
〔註83〕《周易通義》，頁95～97。
〔註84〕《周易通義》，頁99。
〔註85〕《周易通義》，頁99、100。
〔註86〕《周易通義》，頁110。

| 〈旅・九三〉〈旅・九四〉 | 商人到市場去，帶著一筆錢，買了一批奴隸。……商人所到的市場失火，奴隸們乘機跑掉，商人倒霉。〔註87〕 |
|---|---|
| 〈節〉六十 | 屬行為修養之卦。……禮節和節約，是生活作風問題，但它不僅關係到個人生活，而且關係到社會生活。「處在原始社會末期的鄂溫克人，長期以來根據社會生活客觀需要而自然形成的一套行為規範，……這種習慣是代表著全體社會成員的利益，所以大家都必須嚴格地遵守它。奴隸社會的周人，由習慣傳統形成的禮節，當然要求大家遵守。遵守禮節是道德行為。〔註88〕 |

| 家庭生活（婚姻） ||
|---|---|
| 〈屯〉六二 | 為什麼一伙人乘著馬在徘徊呢？這不是搶劫，而是為婚姻而來的。這種婚姻是原始社會中期的對偶婚。恩格斯說：「群婚制是與蒙昧時代相適應的，對偶婚制是與野蠻時代相適應的。」「隨著對偶婚的發生，便開始出現搶劫和購買婦女的現象，這是發生了一個深刻得多的變化的普遍跡象。」據我國東北鄂溫克族在解放前仍盛行的對偶婚，親迎時是舉族都去的，而劫奪婚則一群男子去搶劫女性。兩者之間很容易引起誤會。故有「匪寇，婚媾」之說明。……因為《周易》所記，是奴隸社會情況，在較早階段，當有野蠻期婚俗的遺留。但在《周易》編著時，這種婚俗早就過去了，文獻上很少見，這是從早期筮辭中選錄的。〔註89〕 |
| 〈屯・上六〉 | 寫的是和對偶婚同時的劫奪婚。據恩格斯說：一群男子把一個女子搶回來，輪流和她性交。以後，女子就成為那個最先發起搶奪她的男子的妻子。……本爻說女子被劫，她不願意，大哭大喊，哭得非常悲慘。〔註90〕 |
| 〈屯〉 | 《屯》卦反映了周人早期生活上的困難情況。側重地寫了狩獵與婚姻、家庭中的困難。這是當時生產鬥爭和社會生活的兩個重要方面。〔註91〕 |
| 〈賁〉 | 本卦講的是一個對偶婚迎親的故事。……對偶婚起源於原始社會中期，奴隸社會當仍其遺俗。但歷史文獻已難找到關於它的記載，而《周易》卻有幾處說到：《屯》卦說的是求婚，《睽》卦說的是訂婚，本卦說的是結婚，合起來約略看到對偶婚的圖景。〔註92〕 |

---

〔註87〕《周易通義》，頁112。
〔註88〕《周易通義》，頁118～120。
〔註89〕《周易通義》，頁9。
〔註90〕《周易通義》，頁10。
〔註91〕《周易通義》，頁10。
〔註92〕《周易通義》，頁45、47。

| 〈睽〉 | 載鬼一車：載著一車像鬼一樣奇形怪狀的人。「鬼」是圖騰打扮。每個氏族有自己的圖騰，多以動物為標志。族外婚時，打扮自己的圖騰，以示族別。……這是寫旅人的一場虛驚：旅人在孤單地走路，看見運載著幾條大豬迎面而來，後面還有一輛大車，上面載滿像鬼一般奇形怪狀的人。開始張弓搭箭，要射旅人，後來放手鬆弓了，原來他們開玩笑嚇人。這夥人不是搶劫的。而是以圖騰打扮去訂婚的。〔註93〕 |
|---|---|
| 〈姤〉 | 古文及鄭玄本作遘，與占出外有關。又傳為婚媾之媾，與占婚姻有關。……夢見婚媾而發生角鬥，當是劫奪婚。〔註94〕 |
| 〈歸妹〉 | 這個婚姻專卦說的是姊妹共夫婚俗。這是群婚的遺跡。恩格斯說：「在北美的至少四十個部落中，同長姊結婚的男子有權把她的達到一定年齡的一切姊妹也娶為妻子——這是一整群姊妹共夫的遺風。」《書‧堯典》：「釐降二女于嬀汭，嬪于虞。」堯的二女娥皇、女英共嫁於舜的故事，自是姊妹共夫。到了春秋時代，仍盛行這種婚俗，史家叫「媵」制，但與古代略有不同。《周易》有關的專卦對研究古代的婚俗是很有參考價值的。〔註95〕 |

　　上文的圖表，　共提及26個卦，還不包括零碎篇章的爻辭。若再加進筆者尚未挑檢出有關生產器具的部分，可以推知，《周易通義》一書，的確有相當大的篇幅，展現出唯物史觀所認定的奴隸社會的生活縮影。

　　並且，筆者將所列出的條文，與高亨做一對比，發現二人有著顯著的差異，這些差異，表面上看似為訓詁上的不同選擇，實際則是注經角度不同所導致。

　　唯物史觀對李鏡池的影響之大，由此可以推知。

## 本章小結

　　本章介紹了易學研究的軌跡，說明古史辨派的易學，是連接古代跟現代的重要橋梁。古史辨易學不僅是前有所承，對後世啟發尤大影響深遠。不論是面對經典的態度、學習經典的方法，其精神都延續至今。

　　李鏡池被認為是承繼顧頡剛易學的主要學者。他的師友往來群，前有顧頡剛的提點啟迪，後有郭沫若的相互砥礪，加上第二波熱潮時，他所寫呼應馮友蘭等人的文章，都可以認定：李鏡池就是古史辨派的成員。

〔註93〕《周易通義》，頁77。
〔註94〕《周易通義》，頁87、89。
〔註95〕《周易通義》，頁109。

他的經說理論，與其他古史辨派學者相同的，有下列三點。第一、視經為史的基本態度。第二、對「易歷三聖」的否定。第三、「經傳分治」的研究方式。因著上述三點觀念，所採用的方法，與其他古史辨學者，也是大致相同的。

略有不同處，在於對各篇作者的時代判定上，或稍推遲或稍提前。同時，對《易傳》沒有太情緒性的貶抑，同時也承認《易傳》雖非孔子所寫，但仍舊是儒家作品。不像錢穆等人認為《易傳》是道家作品，他只說「《易傳》中採取揉雜了陰陽家及道家思想」但仍舊是屬於儒家作品，是儒生讀《易》之後的心得記錄。〔註96〕

而屬於李鏡池獨特的，不與任何古史辨學者相同的地方。在於他援引了唯物史觀以及辯證法來注解卦爻辭。此一獨特處，究竟有何學術價值？「以《易》為古史」跟「援引唯物史觀注《易》」，又是否有著邏輯上的關聯？沒有古史辨學者貶抑《易傳》的核心價值為礎石，是否會降低採用唯物史觀的選擇機率，這也是筆者有興趣加以探討的課題。

接下來的章節，將詳細敘述李鏡池的理論，並加以檢視。標舉優點，也嘗試找出不足處。

---

〔註96〕關於此項觀點，筆者並不能認同。將在第四章詳細論述。

# 第三章 李鏡池經說理論述評——《易經》

　　顧頡剛與李鏡池一致認爲，探討《周易》一書的性質，必須經、傳分述。因爲二者本質有極大的差異，卦爻辭是因應卜筮的需要而成書，《易傳》則是古人閱讀卦爻辭之後的心得。如果因爲今本《周易》版本是經傳合一，就認爲經、傳成於一時一地一人之手，則必然導致對書中諸多相互牴觸矛盾之說，產生疑惑而無法做出正確的理解與判斷。因此，本論文分析討論李鏡池的經說理論，也將分爲上下兩章。經自經、傳自傳，務求得出各自眞貌，避免混淆牽扯之弊。本章以《易經》爲論述主題，針對李鏡剖析論斷的成書原因、過程、屬性乃至編纂義例，予以述評。

## 第一節 李鏡池的編纂說

　　李鏡池認爲，卦爻辭是刻意編纂而成的。最直接有力的證據，便是卦爻辭中存在著兩種不同的文體，或說文字書寫風格：「散體的筮辭」與「韻文的詩歌」。他並更進一步判斷：編纂過程中，大部分是收羅、編錄舊有的筮辭，僅有小部份是編纂者的創作。

### 壹、《易經》的性質

　　以《易》爲卜筮之書，並不始於李鏡池或古史辨派其他學者，而是宋代朱熹。《朱子語類》卷六十六，有「卜筮」一節，明言《易》爲卜筮用書。

　　　《易》本爲卜筮而作。古人淳質，初無文義，故畫卦爻以「開物成

務」。故曰：「夫《易》，何爲而作也？夫《易》，開物成務，冒天下

之道，如斯而已。」此《易》之大意如此。（謨）〔註1〕

朱子認爲：聖人若要說理，直接說理即可。不需要紆迴假托於卜筮之中。而所謂的「通天下之志，定天下之業，斷天下之疑」云云，〔註2〕也不過就是專指卜筮的吉凶而言。

　　至於爲何易經的卜筮功用逐漸淡弱，以象數或義理說《易》，反成主流？朱子提出「怕小卻這道理」的看法，並認爲這種治《易》方式將會有「憑虛失實，茫昧臆度」的缺失。〔註3〕

　　古史辨派諸學者識出《易》之本義，因此顧頡剛認爲研究《周易》的目的，在：「於易則破壞其伏羲神農的聖經的地位而建設其卜筮的地位。」〔註4〕並直言「《易》是講陰陽的書」。

　　受到顧頡剛的影響，李鏡池也認爲《易經》確爲卜筮之書，再無疑義。他首先由卦爻辭所提及的「問卜的態度」來舉證。

　　　周易中講到「筮」有兩條：初筮告，再三瀆；瀆則不告。（蒙）。原

　　　筮，原永貞，无咎。（比）……未占，有孚。〔註5〕

這三條文字告誡我們，求問時應該注意的心態與禮節。對于蓍龜，要誠心、要尊重，不該是自身已有信念，而希求蓍龜爲自己背書。若是卜筮的結果與己意不合，便再筮三筮，便屬褻瀆之舉，褻瀆神靈的下場，就是神靈不會告訴你眞正的吉凶。〈曲禮〉的「卜筮不過三。」〈少儀〉的「不貳問。」都是相同的概念。

　　第二個可證明《易》爲卜筮之書的證據，是習見於卦爻辭的「元亨利貞」一詞，李鏡池訓解之後比對發現，此辭句讀應爲「元亨」、「利貞」，尤其「貞」解爲「占」，充分顯示這四個字，是卜筮之書論斷吉凶時，所運用的術語。

　　　元亨貞利」四字是應該分兩讀念的，應該是：元亨，貞利。而不是

　　　元，亨，貞，利。〔註6〕

〔註1〕 黎靖德編，《朱子語類》，台北，文津出版社。1986年，卷六十六，易二，頁
　　　　1620。
〔註2〕 《朱子語類》，卷六十六，易二，頁1624。
〔註3〕 《朱子語類》，卷第七十五，易十一，頁1924。
〔註4〕 《古史辨》，第三冊，自序，頁1。
〔註5〕 《周易探源》，頁20。
〔註6〕 《周易探源》頁29～30。

李鏡池認爲,「元」字是個副詞,可以說「元亨」卻不能,說「元,亨。」「亨」在四個字當中,是唯一一個可以獨立成文有其意義的字。是表示"好"的一種占詞,跟「吉」是同類。而「利貞」一詞是一種占詞,但並不是"德"。利字不能獨立,且貞字必須跟他詞相連結而才成文。在卦爻辭中,「貞」當動詞使用,與他字如「利」相連成文才有意義。

> "利貞"二字可以獨立成爲一種占詞,如蒙大壯等卦辭是。"利貞"並不是甚麼"德"。"利"字不能獨立;"貞"字亦要與他詞相連結而成文;就是"元"字也不過是個副詞,只能說"元亨",不能說"元,亨"。只有"利貞"連文,沒有"利""貞"分立;分開則不能獨立成一種意義:──"利"本來可以說是獨存的,因爲"利"與"无不利"是相對待的;但周易中沒有單用個"利"字。我們只見"利有攸往","利用爲大作","利于不息之貞"等與他詞連結的"利"字的用法。"貞"字更沒有單用的,它也要連結他詞而成義。"貞"字在卦、爻辭中是動詞,不是形容詞。"利貞"聯合起來方有意義;"利""貞"分了家就要飄搖。〔註7〕

依李鏡池的說法,將四字分爲二讀,取消了「元」與「貞」的獨立存在意義,這是值得商榷的。筆者將「元亨利貞」暫且分爲四類,檢視這四類術語出現在《易經》中的比例以及用法。

## (一)元

> 《說文解字》:「元,始也,從一,從兀。」徐鍇《說文繫傳》:「從一,兀聲。」

「元」類字出現共 26 次,「元亨」連用的出現 10 次,「元吉」13 次,「元永貞」2 次,「元夫」1 次。從來沒有「元」字單獨出現在兩個標點符號之間的例子。

因此,李鏡池取消「元」字的獨立意義,筆者可以認同。〔註8〕高亨亦持此說。

〔註7〕《周易探源》,頁30。
〔註8〕《爾雅・釋詁》:「元,首也。」此乃元之本義。戴侗《六書故》、朱駿聲《說文通訓定聲》、徐灝《說文段注箋》、林義光《文源》皆持此說。元字由「首」之本義再引申爲「大」義。《詩・六月》「元戎十乘」,《毛傳》:「元,大也。」《尚書・金縢》「今我即命于元龜」,馬注:「元龜,大龜也。」古籍中頗多此類明證。

## （二）亨

「亨」類字共出現 48 次，「亨」單獨出現 21 次，「元亨」10 次，「光亨」、「維心亨」、「亨利貞」、「用亨於岐山」、「亨小」各 1 次。「小亨」2 次，「亨」字不但單獨出現並且成辭，而且出現的頻率，是「亨」這類術語中最高的。

## （三）利

「利」類字共出現 119 次。「利貞」連用有 22 次，「利永貞」2 次。「利建侯」出現 3 次。「利涉大川」10 次，「不利涉大川」1 次，「利有攸往」12 次，「无攸利」10 次，「无不利」13 次，「不利某某」有 7 次。「利某某」有 41 次，當中唯一有斷句爭議的，是坤卦：「坤：元亨，利牝馬之貞。君子有攸往，先迷後得主利西南得朋，東北喪朋。安貞，吉。」。究竟該是「先迷後得主，利。西南得朋，東北喪朋。」還是「先迷後得主，利西南得朋，東北喪朋。」

其實不論是那一種斷句，利字的解釋都是一樣的。前者解爲「一開始雖迷失路途，但是最後投宿到善良人的家中，結果仍舊是好的。」後者解爲「一開始雖迷失路途，但是最後投宿到善良人的家中。去西南方經商會賺錢，是好的。去東北方則不好。」

如果僅僅因爲這唯一一條，在斷句上上有爭議的文字，就認定「利」可以是一種德行，略顯牽強而缺乏說服力。

## （四）貞

李鏡池花了很大的篇幅解釋「貞」字，這大概是因爲「貞」的解釋，自古拘泥於「正」這個意義，而李鏡池顯然並不能接受，並且「貞」在易經中現了 111 次，數量居所有術語之冠，因此李鏡池一方面針對「貞」的字義做出詮釋，另一方面則將所有的「貞」字做出統計並加以歸納分類。

### 1. 貞的字義

民國之前，貞字最常被解爲「正」義。自從「《左傳‧襄公九年》：「穆姜薨於東宮。」〔註9〕提出四德說之後，元亨利貞四個字，不但變成一個完整有

---

〔註9〕《左傳‧襄公九年》：「穆姜薨於東宮。始往而筮之，遇艮之八。史曰：「是謂艮之隨。隨，其出也。君必速出！」姜曰：「亡！是於《周易》曰：『隨，元、亨、利、貞，無咎。』元，體之長也；亨，嘉之會也；利，義之和也；貞，豆幹也。體仁足以長人，嘉德足以合禮，利物足以和義，貞固足以幹事。然，故不可誣也，是以雖隨無咎。今我婦人而與於亂。固在下位而有不仁，不可謂元。不靖國家，不可謂亨。作而害身，不可謂利。棄位而姣，不可謂貞。

機的名詞，拆解之後亦各有深意，被認定其中蘊含了極爲廣博精深的德行，是人所應該遵循奉行、努力追求的美善之德。

> 《周易正義》：「子夏傳云：『元，始也；亨，通也；利，和也；貞，正也。』言此卦之德，有純陽之性，自然能以陽氣始生萬物，而得元始、亨通，能使物性和諧，各有其利，又能使物堅固貞正，得終。此卦自然令物有此四種，使得其所，故謂之四德。言聖人亦當法此卦，而行善道以長萬物。」

李鏡池對「貞」字的這個解釋完全不能認同。將貞字解爲「正」，首當其衝的，便是在研讀卦爻辭的時候，會發生無法解讀通順的困境。

> "正"一字，是一個絕對的"好"名詞，何以會"正"而致"凶"，"正"而致"厲"致"吝"呢？例如恆六五"貞婦人吉"，自然可以說是"正"婦人或貞潔之婦人則吉了，但爲甚麼要說"貞婦人吉，夫子凶"呢？有了個"貞婦人"豈不是家庭的幸福？爲甚麼"夫子"倒"凶"起來？……小畜上九又有這麼一句，"婦貞厲"；"貞"的婦人則吉，婦人的"貞"反"厲"，這又是怎麼個說法？……所以，若依貞爲正的訓詁，則易文中有"貞"字的地方，便處處解不通。〔註10〕

## 2. 貞的用法

筆者整理出「貞」字共出現 110 次，「貞吉」（含「貞某某吉」）有 35 次，〔註11〕「貞凶」有 10 次。〔註12〕「貞厲」有 8 次。〔註13〕「貞吝」有 4 次。

---

〔註10〕　有四德者，隨而無咎。我皆無之，豈隨也哉？我則取惡，能無咎乎？必死於此，弗得出矣。」
〔註10〕　《周易探源》，頁 29。
〔註11〕　「貞吉」：需九五、比‧六二，‧六四，謙‧六二，豫‧六二，隨初九，臨初九，頤，遯九五，大壯九二，晉‧六二，家人‧六二，蹇，解九二，姤‧初六，升‧六五，旅，未濟九二。「貞吉亨」：否‧初六。「貞吉悔亡」：咸九四，大壯九，未濟九四。「貞吉，悔亡，无不利，无初有終」：巽九五。「貞吉，罔孚，裕，无咎」：晉‧初六。「有孚，光亨，貞吉」：需。「无咎，貞吉，利有攸往」：損上九。「小貞吉，大貞凶」：屯九五。「安貞吉」：坤，訟九四。「居貞吉」：頤‧六五。革‧上六。「貞丈人吉，无咎」：師。「貞大人吉，无咎」：困。「貞婦人吉，夫子凶」：恆‧六五「幽人貞吉」：履九二。
〔註12〕　「貞凶」：師‧六五，隨九四，巽上九，中孚上九。「貞凶，悔亡」：節‧上六。「貞凶，无攸利」：恆‧初六。「貞凶，十年勿用，无攸利」：頤‧六三。
〔註13〕　「貞厲」：履九五，大壯九三，晉九四，旅九三。「貞厲，終吉」：訟‧六三。

〔註14〕「利貞」連用出現 22 次。〔註15〕「利某某貞」15 次。〔註16〕「可貞」
3 次，〔註17〕「不可貞」次。〔註18〕「蔑貞」2 次。〔註19〕「貞疾恆不」1 次。
〔註20〕

　　綜上所述，元亨利貞四個字，最古老的字義，元解爲「大」，中性的，不
單獨使用。「亨」解爲「吉或好」，屬於判斷吉凶的術語中，最好最吉利的一
個判辭。利也解爲「好」，但在經文中從未被當成名詞使用。而是用來指稱對
「某某」有好處或者沒有好處。而貞字，就是「占卜」的「占」字，可當動
詞如「貞婦人吉」，也可當名詞，如「利貞」，意思是「好的占卜」。

　　李鏡池對「元亨利貞」的解釋，除了降低了閱讀上的困難。更重要的意
義是，廓清了〈文言〉與經文的關係。將〈文言〉的地位從「經」拉下來，
便等於將《易傳》與經文做了合理的切割。

　　　"元"既與"亨"相連而成文，"利貞"又不能分立而成義，哪裏
　　　去找"四德"？一部周易，劈頭第一句話的句讀尚且這樣胡分硬
　　　斷，其它的附會可想而知。文言傳作者（？）把假聖人的法寶祭起
　　　來一罩，後來的易學家都俯首貼耳的信從，自今日觀之，不禁替他
　　　們可憐。——其實他是上了人的當，襲用左傳穆姜的話。〔註21〕

如此一來，當我們對於經文的理解與《易傳》有所不同時，再不用強爲之辭
的勉力辯護，導致首尾失據的困窘。

---

〔註14〕 「貞厲，无咎」：噬嗑・六五。「征凶，貞厲」：革九三。「婦貞厲」：小畜上九。
「貞吝」：泰・上六，恆九三，解・六三。「厲吉，无咎，貞吝」：晉上九。

〔註15〕 「利貞」：蒙，大壯，明夷・六五，鼎・六五，渙，中孚。「利貞，亨」：離。
「利貞，征凶」：損九二。「吉，利貞」：漸。「亨，利貞」：咸，萃，兌，小過。
「元亨，利貞」：乾，屯，臨，大。「元亨，利貞，无咎」：隨。「元亨，利貞，
悔亡」：革。「元亨，利貞，其匪正有」：无妄。「亨，无咎，貞利」：恆。

〔註16〕 「利艱貞」：大畜九三，明夷。「利艱貞，吉」：噬嗑九四。「利永貞」：坤用・
六。「无咎，利永貞」：艮・初六。「利居貞」：屯初九，隨・六三。「利女貞」：
觀・六二，家人。「利君子貞」：同人。「不利君子貞」：否。「利幽人之貞」：
歸妹九二。「利武人之貞」：巽・初六。「利牝馬之貞」：坤。「利于不息之貞」：
升・上六。

〔註17〕 「可貞」：坤・六三。「可貞，无咎」：无妄九四。「有孚，元吉，无咎，可貞」：
損。

〔註18〕 「不可貞」：蠱九二，節。「不可疾貞」：明夷九三。

〔註19〕 「蔑貞，凶」：剝・初六，・六二。

〔註20〕 「貞疾恆不死」：豫・六五。

〔註21〕 《周易探源》頁 30。

我們用不著費許多話來轉彎抹角地替每條卦、爻辭或全卦以致全部
周易做出個系統一貫的思想來。……幾篇易傳，是戰國、秦、漢人
的思想；象數、納甲、世應、遊魂等是漢代陰陽纖緯家弄的把戲；
王弼易注是老莊者流清談的思想；先天圖後天圖，是道教徒的無聊
玩意兒；程傳、本義是混和三教的新儒家思想。這一切，都不是原
始周易的本來面目。〔註22〕我們對于這些後人的解釋，還之各自的
時代則各存其真；若與周易混，便兩失之。〔註23〕

面對《易傳》之間不同的說法，更容易就事論事，回歸學術本貌。

　　綜言之，李鏡池透過研究「卦爻辭中所論及求問的態度」以及「訓解元
亨利貞」這兩個通孔，確立了《易經》原為卜筮之書的結論。〔註24〕這個結
論，儘管做成於將近半世紀之前，且數十年來，不斷有出土文物推翻舊論證，
造成新議題。然今日觀之，確為不易之論。

## 貳、占卜的源流

　　《周禮・春官・宗伯》第三：「菙氏：掌共燋契，以待卜事。凡卜，
以明火爇燋，遂吹其焌契，以授卜師，遂役之。占人：掌占龜，以
八簭占八頌，以八卦占簭之八故，以視吉凶。凡卜簭，君占體，大
夫占色，史占墨，卜人占坼。凡卜簭，既事，則繫幣以比其命。歲
終，則計其占之中否。」

古代的卜史、卜官每隔一段時間，便會整理卜筮紀錄。把這段時間內，求問
者的身分、求問的方式、顯示出的吉凶預測以及最後事情的結果，做一個完
整詳盡的紀錄。而這些文字記載，便是卦爻辭最初始的材料來源。

　　《周禮》的成書時代雖然晚於《周易》、《左傳》，並非周朝當時的史官所

---

〔註22〕李鏡池認為程、朱之《易》揉雜三教，自有其立論依據。筆者以為主要是受到
　　　　《四庫全書總目・易類・提要》的影響。然李鏡池此處用語其實略有可斟酌之
　　　　處。宋儒的新，是相對先秦儒家的舊，二者的差異，並非單純在治《易》路數
　　　　的差別，而是整體精神的轉化。李鏡池此處說法，容易讓後人以為，「調和象
　　　　數與義理，另創圖書之義」的，是新儒家，視《易》為古史的，是舊儒家。
〔註23〕《周易探源》頁32。
〔註24〕《易》為卜筮之書的結論，雖非李鏡池首創，朱子早已有此結論。然就如筆者
　　　　在第一章所言，朱子先視《易》為卜筮之書，其後仍是自由發揮義理，多有
　　　　闡發。因此，結論雖同，但二位學者在實際注經以及治《易》路數上，是大
　　　　相逕庭的。

記錄的周朝制度禮儀，但這段文字關於卜筮諸事的說明，卻與《左傳》相合。《左傳》常有占問某事時，同時選擇一種以上方式的記載。最有名的，莫過晉獻公欲立驪姬爲夫人一段。

> 《左傳·僖公四年》：「初，晉獻公欲以驪姬爲夫人，卜之，不吉；
> 筮之，吉。公曰：『從筮。』卜人曰：『筮短龜長，不如從長。』」

《周禮》對卜筮諸事的記載既然與《左傳》史事相合，那麼當然便增加了《周禮》對此論述的可信度。

> 卦、爻辭中，很有些不相連屬的詞句，這不相連屬的詞句，我們要
> 把它分別解釋；若硬要把它附會成一種相連貫的意義，那就非大加
> 穿鑿不可。〔註25〕

至於卦爻辭中，時見上下文不相連、難以解釋的情況。李鏡池根據《周禮》這段文字推論「求問時，發生"占得同一種卦"的情況。這些記錄同時並存卻未加以註明，便會產生上下文義不相連，後人不得其所」的困境。換言之，由於求問者、所占之事、所得占卦以及最終靈驗與否之結果，這四者之間有太多的變數存在其中。卜官若只是直接記錄而沒有註明細節，後人閱讀起來，自然會有窒礙難解的情況產生。

而筮占與龜卜之間的關聯，余永梁認爲，商代尚無八卦及筮占法。由龜卜發展至筮占，是一種避難趨易的自然法則。

> 《易》、《河圖》、《洛書》都是漢人的一派話，這個傳說適足以知八
> 卦與龜甲刻辭有相當關係，是傳說者無意留下來的懲識。銅器文字
> 多是作圓筆，甲骨文則爲方筆。因爲契刀能方難圓，所以，八卦的
> ——正是龜甲刻文的標識。周人從文字標識的演進，而有數學的參
> 伍排比，遂成六十四卦，三百八十四爻。〔註26〕

他舉出四條理由作爲證據，筆者將之歸納爲兩條。

其一是，甲骨卜辭中，沒有卜、筮連舉的記錄，而《左傳》卻常有一事多占、卜筮並用的例子。可見筮占流行之世，已有龜卜。而龜卜盛行之時，筮占則尚未成熟。

其二，殷墟出土的甲骨，以獸骨居多，龜甲爲少量。恰正反映出「商代社會尚未完全進步到農業社會，仍處於牧畜時代，因此獸骨是主要的材料。

---

〔註25〕《周易探源》頁21。
〔註26〕《古史辨》，第三冊，頁147、148。

且獸骨較之龜甲，易得且使用率高。而周代已經進步成農業社會，脫離了牧畜時代，獸骨取得不易，且需較長時間等待結果。因此筮占因應時代環境而起，且流傳日廣逐漸取代龜卜。〔註27〕

## 參、作者身分考察

民國以前多認同或者不去推翻「易歷三聖」的說法，李鏡池在〈周易筮辭考〉的「文王演易的傳說的時地背景」這一主題之下，特別提出他自己的看法。

> 八卦之爲六十四卦，是一件似易而實難的發明，發明者一定費一番心思，經過一個長時間的安排，才能構造成這麼一個精巧的"圖案"。……這個發明家，當是在一個特別的環境裏才能想得出來。我們可以不必去相信是文王拘於羑里的大作，但像拘於羑里那樣的一個空閒寂寞的環境，很有發明這種精巧圖案的可能性；……六十四卦的發明者，當是周民族的一個無名作家，或許是一個卜官；他在某一個空閒的時期中，發明出這樣地一個玩意兒。〔註28〕

對於「易歷三聖」的說法，李鏡池是採否定態度的。

> 在我們現在看來，固然是覺得：（一）伏羲是傳說的人物；（二）八卦之作，大概不會費那麼大勁，也沒有那麼大的邏輯頭腦，把天地萬物以及人身融合於八卦之內；（三）八卦的功用，其始當沒有"通神明之德"那麼神妙；說是"類萬物之情"，似乎有點意思，然而至多也只表示了常見的八種事物，所謂乾爲天，坤爲地，震爲雷，巽爲木，坎爲水，離爲火，艮爲山，兌爲澤，如是而已。〔註29〕

> 八卦究竟是誰作的？六十四卦究竟是誰重的？這些問題我們已無從考定。這些傳說的眞實性是很少的，我們寧可懷疑，不敢盲信。伏羲其人的歷史根據等于零，何況這個憑空構造的創作八卦之說。文王雖實有其人，但在重卦說宣傳之始，史遷已致懷疑，其難以置信可知；何況重卦之人，往後還有異說。〔註30〕

---

〔註27〕《〈易〉卦爻辭的時代及其作者〉，收入《古史辨》，第三冊，頁148～149。
〔註28〕《周易探源》頁60～61。
〔註29〕《周易探源》頁58。
〔註30〕《周易探源》頁59。

但是，他雖不相信「易歷三聖」之說，卻也從這些傳說中，做出自己的判斷。

其一，八卦的起源很早。早到不可考，所以先民才託名於伏羲，因為伏羲是先民所知最早的古代君王。

> 八卦的創作，與六十四卦的演成，是經過兩個階段的。不論重卦的是伏羲是文王，總是承認先有八卦，後有卦，不是一個簡短的時間所能夠成功的。這是很合於事物自然進化的則例。從八卦重為六十四卦，雖似乎是很容易，但在文化幼稚的古代是不容易的。那末，我們可以說，創作八卦的是一個人，重卦的又是一個人，雖然我們不知這兩個人是誰。──這所謂"人"，所謂伏羲，應該說是一個時代，指來源很古。〔註31〕

其二，《易經》肯定是周民族的卜筮之書，初始流行的地區在周的岐山地區。初步完成的時間也約莫在文王時期的前後。

> "西伯拘羑里，演周易"，這個傳說透露出六十四卦的完成的時間地點與其作者的環境的消息來。這就是說，文王雖未必重卦，但這個傳說發生的背景與文王是有關係。我們讀周易卦、爻辭，我們看"周易"之命名，知道周易是周民族的筮辭。……周民族的代表人物，再沒有比文王更為有"聖德"的了……而且演卦之事又不應說的太後：所以重卦之人，據情勢說來，放在文王的主名之下是最合適的了。〔註32〕

至於求問者的身分及占問的事情，李鏡池也做出分析，筆者製為一表如下，以利參閱。

〈求問者身份分析表〉

| 求問者 | 原　文　出　處 |
|---|---|
| 君王 | 〈臨・六五〉：「大君之宜，吉。」<br>〈渙・九五〉：「王居无咎。 |
| 侯 | 〈屯・初九〉：「利建侯。」 |
| 大人 | 〈否・六二〉：「大人否亨」<br>〈困〉：「貞大人吉。」 |

---

〔註31〕《周易探源》頁60。
〔註32〕《周易探源》頁60。

| 君子 | 〈否〉：「不利君子貞」<br>〈困〉：「利君子貞。」 |
|---|---|
| 丈人 | 〈師〉：「貞丈人吉。」 |
| 武人 | 〈巽‧初六〉：「利武人之貞。」 |
| 幽人 | 〈履‧九二〉：「幽人貞吉。」<br>〈歸妹‧九二〉：「利幽人之貞。」 |
| 職官 | 〈坤‧六三〉：「或從王事，无成有終。」 |
| 婦女 | 〈觀‧六二〉、〈家人〉：「利女貞。」<br>〈恆‧六五〉、〈坤‧六三〉：「貞婦人吉。」 |
| 小人 | 〈師‧上六〉、〈既濟‧九三〉：「小人勿用。」<br>〈否‧六二〉：「小人吉。」 |
| 丈夫 | 〈恆‧六五〉：「夫子凶。」 |
| 小子 | 〈漸‧初六〉：「小子厲。」 |

　　分析求問者的身分屬性，原本並無實質意義。然筆者以為，李鏡池所以做此分析，或許意在強調，《周易》做為卜筮之用，其普遍性與流傳度更勝龜卜，此正可以與余永梁「筮箸取代龜卜」的論證相互呼應。

# 第二節　《易經》之編纂時代考

　　對於卦爻辭的形成，有了既定的看法之後，李鏡池便開始著手處理「卦爻辭編纂成書年代」的問題。同樣的，由於對「易歷三聖」的說法不以為然，自然他也不能認同，歷來對卦爻辭成書年代的論點。因此，他從卦爻辭本身來尋求證據，發現卦爻辭有很多條文字，似乎是在敘述著某些故事，像是歷史故事的演繹。因此，他從《左傳》中來找幫助。同時又發現，有部分文字，像是歌謠式的誦念，因此他從《詩經》中來求旁證。

## 壹、從「卦爻辭中的故事」來判斷

　　《周易》是筮書，雖然不是一本以記載史事為目的的周代古史，但是因為卦爻辭中有當時人、事、物的相關記載，因此具有史學上的參考價值。又因為參照其他史書彼此相合，更加證成其可信度，則書中所記史事，正好可以提供我們判斷周易成書年代的最有力證據。

> 一部《周易》的關鍵全在卦辭和爻辭上，……我們必須弄清楚了它
> 的著作時代，才可抽出它裡邊的材料（如政治，風俗，思想，語
> 言，……）作為各種的研究。〔註33〕

顧頡剛採用的方法是，將「卦爻辭的故事抽出來，看這裡邊說的故事是
那幾件，從何時起，至何時止，有了這個根據，再試把它的著作時代估計一
下。」〔註34〕

李鏡池循著這樣的思考軌跡，嘗試推論出卦爻辭的編纂時代。此時，考
定卦爻辭的故事便成為首要之務。

不可否認的，古史辨派或說顧頡剛最大的開拓之功，是以「故事」的眼
光，看待《周易》經傳。許多晦暗難解的卦爻辭，在此一方式下，均被一一
析明。「用故事的眼光解釋古史構成的原因。」〔註35〕在此情境下，經典的教
化意義，已遭抹滅。

李鏡池引用了顧頡剛〈周易卦爻辭中的故事〉〔註36〕一文，提出五條史
事記錄與卦爻辭相合的例子。

### 甲、王亥喪牛羊於有易的故事

〈大壯·六五〉：「喪羊於易，无悔。」

〈旅·上九〉：「鳥焚其巢，旅人先笑後號咷，喪牛於易，凶。」

王國維根據甲骨卜辭，研究出商朝有個祖先叫王亥，又從《楚辭》、《山海經》；
《竹書紀年》中發現有關此人的記載。

> 竹書紀年載"殷王子亥賓於有易而淫焉，有易之君緜臣殺而放
> 之"。大荒東經載"有易殺王亥，取僕牛"。天問裏用疑問的話對
> 于王亥（天問作該）的事跡說的更詳細，說他在有扈（有易之誤）
> 過著快活的日子，後來被害。

> 這與周易"旅人先笑後號咷，喪牛於易"的話是相同的。可見周易
> 那兩節爻辭說的是王亥的故事。王國維還說："蓋夏初奚仲作車，
> 或尚以人挽之。至相土作乘馬，王亥作服牛，而車之用益廣。古之
> 有天下者，其先皆有大功德於天下。……然則王亥祀典之隆，亦以

---

〔註33〕顧頡剛，〈周易卦爻辭的故事〉，《古史辨》，第三冊，頁4。
〔註34〕顧頡剛，〈周易卦爻辭的故事〉，《古史辨》，第三冊，頁4。
〔註35〕顧頡剛，《古史辨》，第三冊，自序，頁274。
〔註36〕燕京學報，第六期

其爲制作之聖人，非徒以其爲先祖。”王亥是作服牛的人物，有功
於人，他的事跡爲人所注意，故卦、爻辭作者亦採述之，而且凡兩
見。

儘管王國維的作品，本不在研究《周易》，但顧頡剛卻聰明的將二者做出連結，
適切巧妙的解釋了上引二條爻辭的故事。同時做出結論「卦爻辭與易傳完全
是兩件東西，它們的時代不同，所以它們的思想和故事也都不同，與期貌合
神離的拉攏在一起，還不如讓它們分了家的好。」〔註37〕

## 乙、高宗伐鬼方的故事

〈既濟‧九三〉：「高宗伐鬼方，三年克之。小人勿用。」

〈未濟‧九四〉：「震用伐鬼方，三年有賞於大國。」

〈詩‧商頌‧殷武〉：「昔有成湯，自彼氐羌，莫敢不來享，莫敢不
來王。」

顧頡剛認爲，今本《竹書記年》所記載的「武丁三十二年伐鬼方」，是混合了
《周易》和〈商訟〉的記載杜撰而成。〔註38〕

李鏡池進一步解釋，「鬼方見於卜辭，地望在西北，周人記載他的故事，
是很可能的。」〔註39〕同時約略推算出，「高宗武丁，從帝辛上數，不過六世，
相差不很遠。已公元推算，約當西元前一二九二年，下距商紂之亡，約一百
七十年，時亶父遷岐已三十五年了，高宗伐鬼方，因爲是同盟國的關係，而
且又是一次大戰，它入于周易的紀錄，當無問題。」〔註40〕

他並且做出結論，認爲「古本《紀年》載武乙三十五年周王季伐西落鬼
戎，俘二十翟王。後又克余無之戎，太丁命季歷爲牧師，即指此事。」〔註41〕

## 丙、帝乙歸妹的故事

〈泰‧六五〉：「帝乙歸妹，以祉，元吉。」

〈歸妹‧六五〉：「帝乙歸妹，其君之袂不如其娣之袂良，月幾望，
吉。」

《詩‧大明》：「文王嘉止，大邦有子。大邦有子，俔天之妹。文定

---

〔註37〕〈周易卦爻辭的故事〉，《古史辨》，第三冊，頁9。
〔註38〕〈周易卦爻辭中的故事〉，收入《古史辨》，第三冊，頁10。
〔註39〕〈周易筮辭續考〉，收入《周易探源》，頁94。
〔註40〕〈周易筮辭續考〉，收入《周易探源》，頁94。
〔註41〕〈周易筮辭續考〉，收入《周易探源》，頁94。

厥祥，親迎於渭。」

顧頡剛引《詩・大雅・大明》互為對比，認為帝乙歸妹即文王親迎。並以：「自太王以來，商日受周的壓迫，不得用和親之策，以為緩和之計，像漢之與匈奴一般。」來解釋殷商嫁女的背景原因。而〈歸妹・六五〉則可能是「文王對所娶的嫡夫人不及其媵為滿意。」〔註42〕

　　筆者必須指出：顧頡剛對〈歸妹・六五〉的解釋，容或有詮釋過度的嫌疑，然以史事解《易》，是以深刻的歷史知識為背景，方得有此結論。

## 丁、箕子明夷的故事

　　〈明夷・六五〉：「箕子之明夷，利貞。」

顧頡剛認為：「箕子為殷末的仁人，他不忍見殷之亡，致有"為奴"（論語）及"佯狂"（楚辭）的痛苦。"明夷"是一種成語，其義已不可知。象傳裏把箕子與文王對舉，可見明夷六五說的"箕子"，很早是當作殷之仁人的箕子說的。」〔註43〕

## 戊、康侯用錫馬蕃庶的故事

　　〈晉〉：「康侯用錫馬蕃庶，晝日三接。」

顧頡剛引金文及《尚書・康誥》，認為康侯即衛康叔，康叔受封為康侯，是周代第一個封國。「當是封國之時，王有錫馬，康侯善於畜牧，用以蕃庶。……因文義實不易解，不敢妄為之說。」〔註44〕

　　以上是可以確定的史事紀錄。此外還有幾條是歷來都被認為與周文王有關的卦爻辭。

　　〈升・六四〉：「王用亨于岐山，吉，无咎。」

　　〈隨・上六〉：「居係之，乃從維之，王用享於西山。」

　　〈既濟・九五〉：「東鄰殺牛，不如西鄰之禴祭實受其福。」

顧頡剛認為，雖則這三條未必確為文王之事，但這幾條文字，並非單純論斷吉凶而已。當中有情節起伏，感覺上像是個故事在演繹。他還另外指出卦爻辭中，同樣具有故事性、有情節起伏的卦爻辭。筆者製成一表於下。

---

〔註42〕〈周易卦爻辭的故事〉，《古史辨》，第三冊，頁14。
〔註43〕〈周易卦爻辭的故事〉，《古史辨》，第三冊，頁15。
〔註44〕〈周易卦爻辭的故事〉，《古史辨》，第三冊，頁19。

〈顧頡剛所稱具有故事性之卦爻辭〉

| 〈同人·九三〉 | 伏戎于莽，升其高陵，三歲不興。 |
|---|---|
| 〈坎·上六〉 | 係用徽纏，寘于叢棘，三歲不得，凶。 |
| 〈明夷·九三〉 | 明夷于南狩，得其大首，不可疾貞。 |
| 〈震·六二〉 | 震來厲，億喪貝，躋于九陵，勿逐，七日得。 |
| 〈睽·上九〉 | 睽孤，見豕負塗，載鬼一車；先張其弧，後說之弧。匪寇，婚媾；往遇雨則吉。 |
| 〈訟·上九〉 | 或錫之鞶帶，終朝三褫之。 |
| 〈離·九三〉 | 日昃之離，不鼓缶而歌，則大耋之嗟，凶。 |
| 〈師·六五〉 | 田有禽，利執言，无咎。長子帥師，弟子輿尸，貞凶。 |
| 〈小過·六五〉 | 密雲不雨，自我西郊；公弋取彼在穴。 |
| 〈益·六四〉 | 中行，告公從，利用爲依遷國。 |
| 〈豐·九四〉 | 豐其蔀，日中見斗，遇其夷主，吉。 |
| 〈比·九五〉 | 顯比，王用三驅，失前禽，邑人不誡，吉。 |

　　李鏡池對於顧頡剛的結論：所定卦、爻辭的著作時代，著作人及著作地點。都非常認同。

　　　　它裏邊提起的故事，兩件是商的，三件是商末周初的，我們可以說，
　　　　它的著作時代當在西周的初葉。著作人無考，當出於那時掌卜筮的
　　　　官。著作地點當在西周的都邑中，一來是卜筮之官所在，二來因其
　　　　言"岐山"言"缶"，都是西方的色彩。〔註45〕

李鏡池還提出一個觀念，他認爲，「卦、爻辭的材料，大部分是周民族還在從
游牧到農業時代的紀錄，西周初葉的材料比較的少。從甲骨文卜辭上"黍年"
有年"其雨"等話看，殷民族已進到農業時代。卦、爻辭所說的農業，也還
是開始經營，材料的年代頗早。這是說，卦、爻辭的大部的材料來源是在西
周之前。然而周易之成功爲周易，是經過一次編纂而成的，這編纂的時期當
在西周初葉。」〔註46〕

　　編纂於西周初年的看法，余永梁亦持此說。他的結論主要是以下兩個角

度來支撐。一是「從周民族的歷史，說明周民族的文化，自文王遷豐後，受到商民族的影響日增。」加之以「商代沒有八卦，筮法之興，由于卜法繁難，故改用筮法，以趨簡易。卦、爻辭的句法，是與卜辭相類的。證明周易之作，不會很古。」〔註47〕

二是「從史實上證卦、爻辭爲周初作。」他以社會史的角度提出考察。根據「風俗制度」、「史事」二部分，證成卦爻辭編纂於西周初葉。〔註48〕

然則李鏡池卻在時隔十餘年之後，推翻己說，將編纂時代推遲至西周晚期。立論有二，其一爲：

> 由周易的文辭藝術化到春秋時代卜筮之官卜筮時喜用韻語撰辭，還需一個相當時間的演進。由周易採用古繇辭而編成有系統而略具哲學意味的書，到春秋時代大談哲理，引用易文說理，這中間也需要有一個相當時間的距。這是我們假定周易構成于西周末年的又一種理由。〔註49〕

第二個理由則是經由比對卦爻辭與《詩經》之後，做出的結論。

由於卦爻辭的形式，雜有韻文與格言。卜辭的文字是散文，因此可知，從卜辭到卦爻辭，文學形式已明顯提昇一個進程。再細查《左傳》，會發覺「句必整齊，喜用韻語」是一個卜筮時的普遍現象。換言之，李鏡池認爲，習用散文與喜用韻語之間，必有一個轉變的過渡階段，這就是卦爻辭的編纂時期。

以《詩經》爲例，〈周頌〉是西周初年的作品，或者完全無韻，或部分用韻，要言之，用韻尙不成熟。若卦爻辭編纂寫定於西周初年，卻能有〈明夷·初九〉與〈中孚·九二〉的成熟用韻，似乎論述稍嫌牽強。尤其〈明夷·初九〉與〈小雅·鴻雁〉不僅是辭句相似，連文氣已頗近似。此點更增強李鏡池做此論述的信心。下段中，筆者將詳爲分析。

---

〔註47〕余永梁，〈《易》卦爻辭的時代及其作者〉，收入《古史辨》，第三冊，頁 143～151。

〔註48〕風俗制度包括初民的掠奪婚姻、役使臣妾的奴隸制、以貝爲幣的貨幣制。史實記錄包括「"帝乙歸妹"，爲文王親迎於渭之故事；"享于西山"，爲文王享于岐山故事；"震驚百里"，指文王開國；"東鄰殺牛，不知西鄰之禴祭"，東鄰爲商，西鄰爲周。餘如"大君有命，開國承家"，疑爲周伐商後周公的開國；"不事王侯，高尙其事"，疑爲伯夷叔齊不食周粟的事；"箕子之明夷"，明記箕子之事；"利建侯"，爲周初大封宗族之事。

〔註49〕《周易探源》，頁 144。

## 貳、從《周易》中的比興詩歌來判斷

　　李鏡池認爲《易經》中，有著比、興這兩種創作手法。他則藉此判斷易經的成書年代。

　　　　"比"與"興"這兩種詩體，在詩經中是很多的，說詩的人自會依體解釋。但周易中也有這類的詩歌，却從來沒有人知道，更沒有以說詩之法說易了。現在我們不特從周易中看出詩歌；且可從這些詩歌來推考周易的著作年代。〔註50〕

他舉的例子是（明夷‧初九）：「明夷于飛，垂其翼。君子于行，三日不食。」以及（中孚‧九二）：「鳴鶴在陰，其子和之。我有好爵，吾與爾靡之。」並且分別由韻腳、意義來論述。

### 甲、〈明夷‧初九〉：「明夷于飛，垂其翼。君子于行，三日不食。」

　　　　"翼""食"同在今韻二十四職，古詩以"翼""食"相叶的常見，如唐風鴇羽二章、小雅楚茨一章，信南山三章（《周易探源》）

李鏡池認爲「明夷」是種鳥類。古來對明夷的解釋，他都不能贊同。因此他從《詩經》中來尋求解釋並查出「于飛」在《詩經》中出現八次。〔註51〕

　　黃鳥于飛，集于灌木，其鳴喈喈。（〈周南‧葛覃〉）

　　燕燕于飛，差池其羽。之子于歸，遠送于野。……

　　燕燕于飛，頡之頏之。之子于歸，遠于將之。……

　　燕燕于飛，下上其音。之子于歸，遠送于南。……（〈邶風‧燕燕〉）

　　雄雉于飛，泄泄其羽。我之懷矣，自詒伊阻。……

　　雄雉于飛，下上其音。展矣君子，實勞我心。……（〈邶風‧雄雉〉）

　　倉庚于飛，熠燿其羽。之子于歸，皇駁其馬。……（〈豳風‧東山〉）

　　鴻雁于飛，肅肅其羽。之子于征，劬勞于野。……

　　鴻雁于飛，集于中澤。之子于垣，百堵皆作。……

　　鴻雁于飛，哀鳴嗷嗷。維此哲人，謂我劬勞。……（〈小雅‧鴻雁〉）

　　鴛鴦于飛，畢之羅之。……

---

〔註50〕《周易探源》，頁38。

〔註51〕應是9次，但李鏡池所未列出之〈魯頌‧有駜〉：「振振鷺，鷺于飛。鼓咽咽，醉言歸。于胥樂兮。」與〈周頌振鷺〉是相同的一種禽鳥"鷺"，並不妨礙判斷。今補充於此。正文不再引列。

> 鴛鴦在梁，戢其左翼。……（〈小雅·鴛鴦〉）
>
> 鳳皇于飛，翽翽其羽，亦集爰止。……（〈大雅·卷阿〉）
>
> 振鷺于飛，于彼西雝。我客戾止，亦有斯容。……（〈周頌·振鷺〉）

《詩經》這九個例子，「于飛」之上皆爲鳥名。黃鳥，燕，雉，倉庚，鴻雁，鴛鴦，鳳皇，鷺，都是禽鳥。可見「于飛」二字，是指鳥飛翔。

其次，鳥類必須有翅膀有羽翼才能飛翔，也因此，描述鳥類飛翔，必然常常說到鳥的"羽"、"翼"，而上述例子當中，確實也出現了「差池其羽」、「泄泄其羽」、「熠燿其羽」、「肅肅其羽」、「翽翽其羽」、「戢其左翼」等文字，更證明了這一類的語句，都是在形容鳥類飛翔時的種種姿態。

> 由以上的種種比較，我們可以下個結論：（1）"明夷于飛，垂其翼"，
> 是指鳥說的。（2）明夷初九爻辭，是一首起興式的詩歌。〔註52〕

## 乙、〈中孚·九二〉

> 鳴鶴在陰，其子和之。我有好爵，吾與爾靡之。

李鏡池是這麼解釋的。

> "和"與"爵""靡"，古音亦相叶的。"爵"，王肅讀爲"呼報
> 反"（釋文引）。"靡"，"亡池反；又亡波反"（據宋本釋文）。
> 顧炎武謂"靡，古音摩，見詩黍離"（易音一）。（《周易探源》）

因著這兩條爻辭，李鏡池提出「有時要以假借來解釋卦爻辭」以及「對於比興式的卦爻辭，要用詩歌的眼光來解讀」。

而且，他認爲，這些少見的使用假借字以及比興手法的卦爻辭，是甲骨卜辭跟詩經之間的過渡文體。

> 在周易之前，有甲骨卜辭，那是一種很簡單的散文。把占卜之事老
> 老實實地記下來，一點也不彫飾。一方面，這是文化開始的現象；
> 一方面是寫作的內容限定了它。但到了詩經時代，文化就進步了，
> 光說這種"韻文"的藝術，就令人驚歎不置。若果你要劃分古代文
> 化的時期，你很可以用這兩種著作來做代表，分爲"卜辭時期"、
> "詩經時期"。但在這兩個時期之間，却成功了一種著作——這就
> 是周易卦、爻辭。〔註53〕

---

〔註52〕《周易探源》頁44
〔註53〕《周易探源》頁47、48。

其他的卦爻辭可以說是集體創作，但這些具有粗淺文學格式的卦爻辭，李鏡池則認爲是一人所做。而且就是編纂卦爻辭的同一人。

> 這個作者，我以爲即編纂卦、爻辭的那一位。這位編纂者，一方面是編集舊有的筮辭，一方面是有意爲文。你看他不用“何咎”（隨九四、睽六五二處用）而用“何其咎”，以與“復自道”做作整齊的句法；“枯楊生稊”與“枯楊生華”互相對照；“艮其背，不獲其身；行其庭，不見其人”；及“女承筐无實，是刲羊无血”，成對偶之文；漸卦諸爻辭，整套爲韻文，而以“鴻漸于”起，簡直就是詩經中的詩歌格式。在以記敘爲主的筮辭中而有這類詩歌句子，我們很可以看出卦、爻辭編纂者的著作痕迹，亦可以看出編纂卦、爻辭時的藝術背景。〔註54〕

同時，由這樣的創作形式，足以推論出，卦爻辭的作者或說編纂者，所處的時代，已經出現甚至普遍存在著，比、興這二種的文學創作手法。李鏡池做出結論：

第一，由卦爻辭中兩種不同的文字「散體的筮辭」與「韻文的詩歌」，可以判斷出周易是編纂而成的。第二，卦爻辭的編纂，大部分是收羅、編錄舊有的筮辭，小部份是編纂者的創作。第三，由這樣的文學形式，看得出編纂的年代應該是在西周晚期。

對李鏡池的結論，筆者則以爲有二處宜再加以說明。首先是編纂的年代，卦爻辭的用韻、格言式的文字，都屬少數。大部分的卦爻辭，仍屬古簡。若僅因少數條文而推遲編纂年代至西周晚期，邏輯上雖無不可，然宜同時承認，卦爻辭在西周晚期編纂成書之前，已初具規模，與今本《周易》內容上相去不遠。若不先承認此一命題，則恐誤導後人，以爲《周易》在西周晚期編纂成書後，方才開始流傳普及。

其次，「初具文學格式」與「編纂者」之間，亦非必然關係。儘管邏輯上有著極大可能，然細究之，仍屬推論之語，並無實際證據可資佐證。換言之，李鏡池在此處的論述，若能斟酌字眼多留空間，當更合宜。

然則，李鏡池針對卦爻辭的內容及轉變，製有一表如下，當中條綱契領、綱舉目清，仍極有參考價值。

---

〔註54〕《周易探源》頁49。

周易的構成及演變表：

| 時代＼類別 | 內　　容 | 形　　式 |
|---|---|---|
| 原始於殷商之際 | 著筮與象占 | 記敍的散文 |
| 構成於西周末年 | 有系統的卦、爻辭。 | 有記敍的散文，亦有美化的韻文。 |
| 演變　第一期春秋時代 | 甲、卦、爻辭象位的解釋；<br>乙、卦、爻辭哲理的演繹；<br>丙、參用他種數術及繇辭； | 丁、筮占時用整齊韻語作繇辭；<br>戊、占時以周易卦、爻辭爲主要根據，其他占書及繇辭亦參用。 |
| 演變　第二期戰國、秦、漢 | 甲、周易被尊爲儒家經典；<br>乙、十翼次第寫成；<br>丙、仿作有易林、太玄； | 丁、易傳有散文亦有韻文；<br>戊、易書仿作，用整齊韻語。 |

# 第三節　卦象無義論之商榷與檢討

## 壹、卦象起源說

　　李鏡池在討論卦畫如何形成之前，先處理了「卦與著的關係及其發生先後」的問題，再接著帶出他的結論。

　　　　卦爻不過是一種記號，它的有無，在原始的著筮是無關重要的。

〔註55〕

他以《易傳》爲例，認爲從易傳就看得出卦爻符號並不那麼重要。

　　　　《繫辭傳》：「探賾索隱，鉤深致遠，以定天下之吉凶，成天下之亹
　　　　亹者，莫大乎著龜。」「是故著之德圓而神；卦之德方以知。」孔疏：
　　　　「神以知來，是來无方也。知以藏往，是往有常也。物既有常，猶
　　　　方之有止。數无恒體，猶圓之不窮。故著之變通則无窮，神之象也。
　　　　卦列爻分有定體，知之象也。知可以識前言往行；神可以逆知將來
　　　　之事。

著圓卦方，著神卦知，很明顯的，其中已經有了高下的區分了。著被視爲「神
物」，比「卦」還重要。

　　　　從詩經、尚書、左傳、國語諸書視之，卜筮對舉，著與龜是一樣地

靈神；却沒有人說到「卦」是怎樣的重要。據我想，卦爻不過是一
種記號，它的有無，在原始的著筮是無關重要的。筮辭本來是否像
現在的樣子一條一條繫在各卦各爻之下，這是很可疑的。依我推思，
它一定不是這麼整齊的東西。筮辭之來源，當是用著草占的結果。
周民族之用著，正如殷民族之用龜，楚民族之用瓊茅與筳篿。所用
的占具雖不同，而視這占具為神聖則一樣。〔註56〕

關於著卦先後的問題，孔疏認為，是先有卦後有著的。

《易傳・說卦正義》：「先儒皆以繫辭論用著之法云「四營而成易，
十有八變而成卦」者，謂用著三扐而布一爻，則十有八變為六爻也。
用著在六爻之後；非三畫之時。蓋伏犧之初，直仰觀俯察，用陰陽
兩爻而畫八卦，後因而重之為六十四卦，然後天地變化、人事吉凶
莫不周備緼在爻卦之中矣。……著是數也。傳稱「物生而後有象，
象而後有滋，滋而後有數」；然則數從象生，故可用數求象。

可是《易傳》並無這樣的說法。

〈說卦傳〉：「昔者聖人作易也：幽贊於神明而生著；參天兩地而倚
數；觀變於陰陽而立卦；發揮於剛柔而生爻。」

單由〈說卦傳〉這段文字看來，卦似乎出於著。歐陽修在《易童子問・卷三》
引用這節文字之後也是說：「則卦又出於著矣。」卦是否源自於著、或者誰先
誰後，暫且不論。然則易傳對於著非常敬重，則是確定的。

因此他做出結論，

周易之占筮，其始也如龜卜筮占，沒有其他的神靈的東西為之輔佐；
換言之，用著就夠了，卦畫恐怕還未發明。用著以筮的結果，就記
錄下來，其辭也如甲骨卜辭的散漫；那時候還沒有那有系統有組織
的整齊的六十四卦三百八十四爻為之分組排佈。〔註57〕

周易的占筮，原始是使用「著」，當時卦畫符號還未發明。由單純的著的筮辭
變成六十四卦卦爻辭，這是周易的演進。至於後世的象數易、義理易，乃至
於江湖術士的金錢卦，這些都是後出，並不見於原始筮占。

李鏡池認為卦名是後起的名目，這些名目與卦畫符號之間，沒有任何有
意義的關聯。

---

〔註56〕《周易探源》頁62～63。
〔註57〕《周易探源》頁63。

六十四卦，並沒有名目的。若果它有名目，它不應該"乾"是單名，
"小畜"是兩字，而"習坎"又把它砍頭，"履虎尾"又拖著尾巴。
由各卦的命名看來，可見為的是貪圖方便起見，乃省稱為一字兩字
的名目。這些名目，完全與作符號用的卦畫沒有干連的。說卦畫有
意義的，當是後起的附會。〔註58〕

沒有關聯的卦名與卦畫，為何會被配在一起？李鏡池認為是編纂成書的實際
需要所致，同時也因為這樣，更可以強化《周易》是經過編纂而成的這個論
述。

卦畫既與卦、爻辭沒有干連，為甚麼它會聯在一塊呢？這個是編纂
散漫的筮辭為整套的周易的人所用的一個方法。編纂者大概發生一
個"因往知來"的思想，所以想把以前所有的筮辭歸聚起；但是歸
聚起來而沒有一個系統還是不成，所以他就用了這套圖案來分配上
去，彷彿後人編纂字典用子丑寅卯等干支字母一樣。易之著筮，猶
如後世之籤占筮辭等于籤詩。籤詩以數目字排列，數目字與籤詩沒
有必然的次序，也沒有意義的連繫。〔註59〕

李鏡池舉出論語為例，論語的篇章，很明顯是後人所加。孔門弟子在記錄師
長言行的當下，恐怕並未先訂出標目或者決定宗旨，只是很單純的紀錄師說。
他並認為，越古老的典籍，就越不太可能成書之始就有篇章名目。

這樣的看法配合他所舉例證，是非常正確的。就以《論語》跟《韓非子》
對照來看，不是一人所寫、非有意創作，而是經過編纂之後才成書的，在成
書之初就有章節標目的可能性就越低，如《論語》。但如果是作者有意著書立
言，有一個中心思想存在的情況之下，成書甚至創作之始就有章標目的可能
性就越高，如《韓非子》。

然而，《易經》成書的原因與《論語》不同，是否能等同視之，是必須商
権的。

筆者以為，將卦象符號理解成「編纂者為了編目之用，且卦象符號不具
有實質意義」的論點，肇因於李鏡池將《周易》視為古史，當中記錄了上古
勞動人民的生產活動。加上他援引了唯物史觀注解《周易》，若不先去除卦象
符號與卜筮之間的實質關聯，此一論點很難圓滿無礙。然則此一觀點是有瑕

---

〔註58〕《周易探源》頁63。
〔註59〕《周易探源》頁64。

疵的，筆者將在下文詳加論述。

## 貳、卦象符號無義論

李鏡池認爲，「八卦」符號是有意義的。

> 大概八卦最初產生的時候，每卦等於一種符號，其用處比甲骨文、
> 金文這一個體系的文字符號的某一字還大。八卦，可說是另一體系
> 的文字，或者是先文字時其產生的輔助記憶的 "表憶符號"
> （memonic）。〔註60〕

這些有意義的符號，可以稱之爲「表意符號」或說是不成熟的文字。

> 八卦或許是周民族最早的文字符號。後來與殷民族接觸，才改用殷
> 民族那一套文字符號，而保留自己的那一套在周易。八卦是八個符
> 號，太簡單了，不能不用一個符號代表多個事物與意義。但八卦是
> 近於文字的符號八卦，變爲六十四卦，是否能夠由兩個符號併合而
> 成爲一個新意義，像六書中的會意？這話便很難說。〔註61〕

完整的卦爻辭形式，包含了卦名、卦畫符號以及卦爻辭。現在，李鏡池已經
判定，在這個組合中，三者是出自於歷史偶然的結合。這個論述是否成立，
必須實際去檢視卦爻辭，如果眞的在卦爻辭中，沒有任何卦象或爻位的說法，
這個論述就可以成立

> 由著的筮辭，分配在六十四卦三百八十四爻之下而成爲卦辭爻辭，這
> 是周易的第一次變遷；由卦爻用作符號編纂筮辭爲卦、爻辭之後，到
> 漢儒看重了卦爻，以天地人三才，陰陽剛柔仁義的大道理說卦爻，這
> 是周易的第二次變遷；由卦爻的推重，著草的功用漸漸低落，且又煩
> 難而不易得，乃有以金錢爲占的代興，這是周易第三次變遷。〔註62〕

至於卦爻符號如何構成，李鏡池認爲純屬偶然。

> 卦畫符號被他認爲不具實質意義。不只如此，連卦名，李鏡池也認
> 爲是後起的名目，這些名目與卦號之間，沒有任何有意義的關聯。

沒有關聯的卦名與卦畫，爲何會被配在一起？他認爲是周易的編纂者有著一
個「鑑往知來」的中心思想，因此想以一套較爲有系統的符號來幫卦爻辭加

---

〔註60〕《周易探源》頁262。
〔註61〕《周易探源》頁277。
〔註62〕《周易探源》頁63。

以編目。

李鏡池的說法，是有很大問題的。首先是他自己也察覺的「用九」、「用六」二條爻辭無法妥當安置。

## 參、卦象符號無義論之商榷

李鏡池的對卦爻符號如何形成的結論，最直接要面對的質疑，就是沒法解釋「用九」、「用六」的存在意義。他自己也察覺到此點，也試圖提出解釋。

> 乾之「用九」，坤之「用六」，這「九」「六」明明是指陽爻陰爻說的，可見陽爻陰爻本來就有意義，並不是光是一種符號。〔註63〕

李鏡池提出下列二點來疏通他所面對的困境。

第一，「用九」、「用六」在卦爻跟卦爻符號搭配的當時，根本是不存在的。這是他的主論述。他以《左傳》、《國語》爲例。

> 我們在左傳國語裏所見到的占法，只見到某卦「之」某卦的話，如：「陳侯使筮之，遇觀之否，曰，是謂'觀國之光，利用賓于王'。」（莊二十二年傳）「畢萬筮仕於晉，遇屯之比。」（閔元年傳）「吾聞晉之筮之也，遇乾之否。」（周語下）統觀左國所載的筮辭，全沒有「九」、「六」的說法。他不說，並不是他知而不用，實在他那時候還沒有這種名詞。若果有的話，爲甚麼講筮占的地方近二十條，沒有一處應用這些話？比方說，觀之六四，或屯之初九，豈不比說觀之否，屯之比爲明白嗎？〔註64〕

同時，借由《左傳·昭公二十九年》：「蔡墨……對曰：『……周易有之，在乾☰之姤☴曰：『潛龍，勿用。』……其夬☱曰：『亢龍，有悔。』其坤☷曰：『見羣龍，無首，吉。』」的這段文字，他做出結論：

> 這是占得完全相反的卦的一種變占之例。但這裏並沒有說「用九」；而且「用九」的「九」，與「初九」「九二」等「九」字之用以指示陽爻的意義是不一樣的；乾之坤，是乾變爲坤，與「凡筮得陽爻者皆用九而不用七，蓋諸卦百九十二陽爻之通例」（朱子本義）的話也不相同。〔註65〕

---

〔註63〕《周易探源》頁64。
〔註64〕《周易探源》頁65。
〔註65〕《周易探源》頁65～66。

也就是李鏡池認為，「九」「六」二字，在原始的周易是沒有的；它的插入，當在戰國末，秦漢間，為的是便于應用；創作的人物，當是作易〈象傳〉、〈文言〉等儒生。

第二，「用九（上六）」是「上九（上六）」爻辭的一部分。他引王弼注「用九」曰：「九，天之德也。能用天德，乃見羣龍之義焉。夫以剛健而居人之首，則物之所不與也。以柔順而為不正，則佞邪之道也。故乾吉在『无首』，坤『利』在永貞矣。」為例加以闡述論說。

> 其意蓋以為「見羣龍无首吉」即上九之爻辭。後儒如王安石及都潔合「用九」、「上九」為一節，即主張此說的。項安世云：「連『亢龍』章讀之，則義明矣。」（周易玩辭卷一）毛奇齡謂：「此亦上九爻辭。」
> （仲氏易卷一）〔註66〕

這個解釋是有問題的。王弼對「用九」之「九」的解釋，用來支持上文中「用九之九與初九之九，意旨不同」是可以的。用在此處則是曲解。

同此，研究《周易》並不能置卦象於不論。

> 畫卦是文字未有以前之符號。……推而廣之，更為一切之符號，觀〈說卦傳〉所記可知也。……要在未有文字之先，古人必以卦爻為一切思想符號之用。……《周易》是有文字以後之記載，其用卦為符號者，猶今日卷冊之標記，無他義也。其所以用卦者，或古時有用卦為符號之記載，取以為據，特不可考耳。〔註67〕

《周易古史觀》是最典型，取消卦象符號意義的代表著作。此處以該書為檢討範本，藉此帶出結論，力陳卦象為一實質的正面存在。

該書認為在文字產生之後，不再被當成記錄工具的卦象符號便淪為卷冊篇次的標目，置放於《周易》六十四條史事記錄之上，猶如今日書籍中的「第一章、第一節」，跟內容無涉，也不具有實質意義。至於以卦象符號來做標目之用的理由，則巧妙的推說「或許是古時候有這種『用卦為符號』的記載，《周易》便也依循沿用，實無其他道理」。

歷來研究《周易》，最常遭遇的難題便是「卦象」跟「卦名」以及「卦名」跟「卦爻辭」彼此如何相配？由於今所見之六十四卦皆有其特定卦象，若不先清楚交代卦爻符號的意義，便會面臨到：即使卦名跟卦爻辭所陳述的事實

---

〔註66〕《周易探源》頁66。
〔註67〕胡樸安，《周易古史觀·卦爻說》，上海，上海古籍出版社，1986年，頁6～7。

極為相配，卻因不知卦象與所屬卦名之間的關係，進而無法解釋何以此種卦象符號要置放在某一條史實的文字記錄之上？讓「視《周易》為古史」的理論增加不可解釋的變數。因此《周易古史觀》直接賦予六十四個卦象符號有「標出篇章先後次序」的功用性目的。將卦象符號的意義取消掉，並將之歸於「或古時有用卦為符號之記載」故「取以為據」而沿用之，並說其當初使用原因「特不可考」。

這種結論巧妙的避開「卦象」與「卦爻辭所記錄之史實」二者如何相配的問題。一旦卦象符號不具有任何意義時，便只要討論卦名和卦爻辭的內容如何相配即可。《周易古史觀》據〈序卦〉所言，將六十四卦的卦爻辭內容設定為各有主題意義的歷史記載。至此《周易》儼然是一本上古史書，而非今所謂聖人設教之儒家經典。

以「古史」的角度來看《周易》，固然開前人未有之先河，另闢研究方向，其研究結論亦屬學術上的大成就。但取消卦象符號的意義，卻實屬不妥。一般而言，使用符號作為卦爻辭的標目，該符號可以僅是為了鮮明該條卦爻辭而存在，如同今日的☆號△號，並無標明先後的必然要求。但是因為《周易古史觀》中認定：乾卦、坤卦是緒論，既濟、未濟兩卦是餘論。自屯卦至離卦，為艸昧時代至殷末之史。自咸卦至小過卦，為周初文、武、成時代之史。每一條卦爻辭都被清楚而明白的標出了時間先後，絲毫沒有錯置的餘地。因此，置放於卦爻辭之上的符號，便一定得具有標明先後次序的功能性。以下根據使用上的習慣和實際需要來說明卦象符號意義的確不宜取消。

在文字產生之前，以簡易的符號來記錄所發生的事情確為存在之事實。然而，既然已經訴諸於文字，將史實以卦爻辭的形式記錄下來，則何以不直接使用文字清楚的標明其篇次先後，而以不易辨識的符號置放於文字記錄之上，徒增混亂困擾？

又，當表情達意功能遠勝於符號的文字產生之後，符號就必須要具備更強的功能性才不至遭到淘汰。比如說：該符號的形體簡單而易於記憶，如此便更容易被大眾接受、使用。換言之，卦象符號如果只是為讓人們分清楚卦爻辭的先後次序，則此符號必須簡單明瞭易於辨認，否則直接以文字標示即可。

因此，六十四個以「標明卦爻辭先後次序」為存在目的的卦象符號，必以「簡明且易於辨識」為原則。即使古今對於符號是否易於辨識的標準不必然相同，但至少，當我們檢視這六十四個符號時，一定可以很明顯的看出其

中有次序上的關係。

　　但檢查今本《周易》的卦象符號，卻很難看出其中有任何次序上的關連。今暫時擱置「卦名」與「卦爻辭」不論，將六十四個卦象符號做另外一種排列，便會發現今本《周易》中，卦象符號的先後次序並不能滿足「卷冊標目」的需要。

　　舉例來說，六十四卦三百八十四爻，是由「—」跟「--」所組合變化而成的。暫且規定「—」爲定數，「--」爲變數。六個爻的爻位變化一律由下至上爲優先順序。則「—」代表第一，以下依序是：六個爻位中，「五個—，一個--」、「四個—，二個--」、「三個—，三個--」、「二個—，四個--」、「一個—，五個--」、第六十四個是「●」。這樣的排列次序，較之於今本《周易》的卦象排列次序，是更符合實際需要的。

　　因此，今本《周易》中，六十四個不符合「簡明易於辨識」原則，難以讓人分辨其先後次序，徒增閱讀困擾的符號，從使用需求上來考慮，是不可能以其爲卷冊標目法的。

　　準此，筆者以爲李鏡池「卦象無義論」的結論，必須有所修正，方合於學術事實。

# 第四節　卦名的樣式與體例

## 壹、卦名樣式分析

　　李鏡池歸納卦名樣式共有三種。

　　　卦名有三種樣式：1. 單詞獨立的——如乾、坤、屯、蒙、小畜、大有之類。2. 連於他文的——如“履虎尾”，“否之匪人”，“同人于野”，“艮其背”是。“觀”與“中孚”則爲連文中之獨立的。
　　　3. 省稱的——如“坎”，本爲“習坎”，省稱“坎”。（“无妄”，象傳謂“物與无妄”，似亦因省稱而有脫文。）〔註68〕

他同時舉了高亨的說法，高亨將卦名與卦形（卦畫）的關係分爲：「外形與卦名有關者」與「內形與卦名有關者」兩項。並且認爲卦名爲後人所加。

　　　周易六十四卦，卦各有名，先有卦名乎？先有筮辭乎？吾不敢直言

---

〔註68〕《周易探源》頁 278。

也。但古人著書，率不名篇，篇名大都爲後人所追題，如書與詩皆
是也。周易之卦名，猶書詩之篇名，疑筮辭在先，卦名在後，其初
僅有六十四卦形以爲別，而無六十四卦名以爲稱。依筮辭而題卦名，
亦後人之所爲也。〔註69〕

對於高亨的說法，李鏡池並不是全盤接受的。高亨「增加了履、否、同人、
大有、艮、中孚六個卦名，而刪"習坎"爲坎，以爲習字衍文」的結論，李
鏡池是不能認同的。以下根據《周易通義》的說法，與高說進行比較分析。

## 未標注卦名原因比較表

| 李鏡池 | 高　亨 |
|---|---|
| 〔履〕〔註70〕履虎尾，不咥人。亨。 | |
| 〔履〕：標題，原經文無，因涉下文重，故省。 | 履字當重。《履》，履虎尾者，上《履》字乃卦名，下履字乃卦辭，此全書之通例也。 |
| 〔否〕。否之匪人。不利君子貞。大往小來。 | |
| 〔否〕：標題。原經文無，因涉下文重，故省。 | 否字當重。 |
| 〔同人〕。同人于野。亨。 | |
| 〔同人〕：原經文省。 | 同人二字當重。。 |
| 〔艮〕。艮其背不獲其身，行其庭不見其人。 | |
| 艮（根去聲）：從匕目，集中視力，有所注意的意思。內容講注意保護身體。沒有標題，因避免重複而省。 | 艮字當重。 |
| 〔大有〕。元亨。 | |
| 沒有提及「避免重複而省」。 | 大有二字疑當重。 |
| 〔中孚〕。豚魚吉。利涉大川。利貞。 | |
| 沒有提及「避免重複而省」。 | 故余以爲初文當作"中孚：中孚，豚魚吉"。上中孚二字乃卦名，下中孚二字乃卦辭。……後人因取卦辭之首中孚以爲卦名，而轉寫脫去，此卦之所以得名遂亦湮晦矣。 |

李鏡池與高亨不同之處在於，高亨認爲是無意間脫漏的字，李鏡池卻認
爲那是爲了避免重複而刻意省寫省稱。

---

〔註69〕《周易古經今注》頁24。
〔註70〕字體較大的標楷體，表示今本《周易》無此字。下皆同。

卦名之設，原爲稱謂方便起見，如果卦辭開端已經具備，一望而知，
不必另標名目。卦名取其簡便，一字不夠，截取二字，不必用他的
全句。〔註71〕

二者雖然同樣是缺乏證據的理校，但是高亨卻選擇了「增字改經」的危險方
式，這是不可取的。

## 貳、卦名與卦爻辭的關係

在〈周易卦名考釋〉一文中，李鏡池將卦名與卦爻辭的關係分爲六類敘
述。

（1）卦名與卦、爻辭意義上全有關係的。（2）大部分言一事，只有
小部分不同，然而與卦名也有意義的關連的。（3）只小部分或一半
與卦名的意義或字音有關連（4）卦中說的不是一事，因爲卦名有數
義，或以同字或以假借而聚攏在一堆的。（5）卦名與卦、爻辭無關
連的。（6）漸卦是特別的一類，與上面五種都不同。〔註72〕

同時，他還引了高亨的說法。〔註73〕對高亨認爲不可解的幾個卦，李鏡池提
出自己的見解加以分析補充。〔註74〕

---

〔註71〕《周易探源》頁 282。
〔註72〕《周易探源》頁 277。
〔註73〕《周易古經通說》：「一、取筮辭中常見主要之一字以爲卦名。如乾、屯、蒙、
需……四十七卦皆是也。但乾卦辭五爻有龍字，一爻隱龍字，一爻有乾字，
不名之曰龍而名之曰乾，此不可解者也。二、取筮辭中常見主要之兩字，以
爲卦名。如同人、无妄、明夷、歸妹四卦皆是也。三、取筮辭中常見主要之
一字，而外增加一字以爲卦名。如噬嗑取噬字，大壯取壯字，小過取過字皆
是也。四、取筮辭中內容之事物以爲卦名。如大畜，筮辭中有馬有牛有豕，
皆家畜大物也。但小畜筮辭中絕無家畜字樣，何由名爲小畜？此不可知者也。
五、取筮辭中常見之二字，及內容之事物以爲州。如家人未齊兩卦是也。·
六、取筮辭中常見主要之一字及內容之事物而外增一字以爲卦名。如大過既
濟兩卦是也。七、取卦辭首二字以爲卦名。如大有中孚是也。八、卦名與筮
辭無關，莫明所以命名之故者。坤、小畜、泰是也。」
〔註74〕1.乾卦：李鏡池引聞一多的說法，認爲乾的本字是幹，也就是北斗星。乾卦並
非卜筮而是星占，因此卦名取乾，是以內容爲標題。2.坤卦：坤，其字作巛形，
川字也，而義爲坤。卦爻辭講的是在大地上人們的種種活動。也是屬於以內
容爲標題。3.小畜：小畜，爻辭無畜字亦無畜之義，疑"小畜"二字是卦辭本
有，或祇有畜字，因爲下文又有畜，於是加大小二字來做分別。4.泰：李鏡池
以爲，泰、否爲一組對立轉化的卦。否是不好的，相對而言，泰就是好的。
因此，泰之得名，是因爲否而來的。

根據《周易通義》對六十四卦卦名的注解，共出現十四種得名的義例。

（一）從內容標題：乾、坤、觀、大過、隨、離、睽、家人、大畜、大有、訟、小畜、中孚。

（二）從"卦"之二義標題：夬、姤、未濟、既濟

（三）以多見詞標題：蒙、履、蠱、剝、坎、咸、恆、大壯、明夷、損、益、萃、井、兌、豐、鼎、升。

（四）從"卦"之義與多見詞標題：革。

（五）從"卦"之二義與多見詞標題：困。

（六）以「一詞多義，多見詞」標題：比、賁。

（七）從內容及多見詞標題：臨。

（八）以「某一義爲連貫，根據形式連繫標題：屯。

（九）以多見詞及"卦"之義標題：巽〔註75〕

（十）以多見詞及"卦"之二義標題：節、解、无妄、小過。

（十一）從內容及多見詞標題：渙、旅、蹇、震、晉、遯、頤〔註76〕、復、噬嗑、豫、謙、同人〔註77〕、師〔註78〕。

（十二）以對立轉化的兩個概念標題：泰、否。

（十三）沒有標題：艮。

（十四）漸卦。沒有規則可循。

這樣的分類相當蕪雜沒有條理，造成這種困窘的原因在於：「內容指涉」與「多見詞」，其實並不是兩個平列的、對立的概念。以履卦爲例，李鏡池將履卦得名義例歸類爲「以多見詞標題」。然而，在內容指涉上，履卦之履，意爲「踐履」，全卦講的就是行爲修養、踐履的藝術與方式。若要將履卦得名義例劃入「從內容標題」，其實亦無不可。

因此，要解決這個含混不清的糾纏，首先必須釐清分類的依據是否恰當。如何使這樣的分類在解經時變成有意義，將在第四、五章中討論。上文只是先列出李鏡池在〈周易卦名考釋〉的說法。

凡與外在形式有關，屢屢出現在卦爻辭中的，不論內容是否與卦名意義

〔註75〕原文爲「以多見詞巽義作連繫標題。」
〔註76〕原文爲「『頤』是多見詞，同時也與內容有關。」
〔註77〕原文爲「同人又是多見詞，據內容與形式標題。」
〔註78〕原文爲「據內容與形式統一標題。」

相合，均歸類爲「以多見詞標題」。至於如何算多見，筆者以爲次數達三次應可稱爲多見。也就是說，凡是卦名出現在卦爻辭中達三次，均標目爲「以多見詞標題」。其餘諸卦，宜再細查卦名意義與內容是否一致，一字一義者，標目爲「以內容標題」。

## 參、卦爻辭的分類

李鏡池將卦爻辭分爲三類：貞兆之辭、敘事之辭（貞事之辭）與象占之辭。在貞兆之辭的部分，他找出卦爻辭當中有貞兆之辭的條文共 155 條，並根據內容加以分類。歸納爲祭祀 11 條，〔註79〕戰爭 43〔註80〕條，田獵 9 條。〔註81〕商旅 54 條，〔註82〕牧畜 22 條，〔註83〕農業 16 條。〔註84〕

〔註79〕〈益‧六二〉、〈革〉、〈家人‧九五〉、〈萃〉、〈萃‧六二〉、〈升‧九二〉、〈觀〉、〈既濟‧九五〉、〈升‧六四〉、〈隨‧上六〉、〈困‧九二〉、〈困‧九五〉、〈革〉、〈損‧初九〉、〈渙〉、〈小過‧六二〉

〔註80〕〈蒙‧上九〉、〈訟〉、〈師‧初六〉、〈師‧九二〉、〈師‧六三〉、〈師‧六四〉、〈師‧六五〉、〈比〉、〈比‧初六〉、〈比‧初六〉、〈小畜‧六四〉、〈小畜‧九五〉、〈泰‧九三〉、〈泰‧六四〉、〈小畜‧上九〉、〈泰‧初九〉、〈否‧初六〉、〈泰‧上六〉、〈同人‧九四〉、〈同人‧上九〉、〈同人‧初九〉、〈同人‧六二〉、〈同人〉、〈大有‧六五〉、〈謙‧六五〉、〈隨‧九四〉、〈復‧上六〉、〈坎〉、〈離‧上九〉、〈大壯‧初九〉、〈晉‧上九〉、〈家人‧上九〉、〈解‧六三〉、〈損〉、〈益‧九五〉、〈萃‧初六〉、〈革‧六二〉、〈革‧九三〉、〈革‧九四〉、〈革‧九五〉、〈革‧上六〉、〈漸‧九三〉、〈豐‧六二〉、〈豐‧九三〉、〈巽‧初六〉、〈兌‧九五〉、〈中孚‧九五〉、〈既濟‧九三〉、〈未濟‧九四〉、〈未濟‧六五〉、〈未濟‧上九〉

〔註81〕〈屯‧六三〉、〈小過‧六五〉、〈師‧六五〉、〈井‧初六〉、〈比‧九五〉、〈噬嗑‧六三〉、〈噬嗑‧九四〉、〈噬嗑‧六五〉、〈解‧九二〉、〈解‧上六〉、〈旅‧六五〉、〈巽‧六四〉

〔註82〕〈屯〉、〈蒙‧初六〉、〈需〉、〈訟〉、〈小畜‧初九〉、〈履‧初九〉、〈泰〉、〈泰‧九三〉、〈同人〉、〈大有‧九二〉、〈謙‧初六〉、〈隨‧初九〉、〈蠱〉、〈賁〉、〈復〉卦爻辭〈无妄〉、〈无妄‧初九〉、〈大畜〉、〈大畜‧九三〉、〈頤‧六五〉、〈頤‧上九〉、〈大過〉、〈大過‧九四〉、〈大過‧上六〉、〈坎〉、〈咸‧九三〉、〈恒〉、〈遯〉、〈明夷‧初九〉、〈明夷‧六二〉、〈蹇‧初六〉、〈蹇‧九三〉、〈蹇‧六四〉、〈蹇‧九五〉、〈蹇‧上六〉、〈解〉、〈損〉、〈損‧六三〉、〈損‧上九〉、〈益〉、〈夬〉、〈夬‧初九〉、〈夬‧九三〉、〈夬‧九三〉、〈夬‧九四〉、〈鼎‧初六〉、〈鼎‧九三〉、〈豐‧初九〉、〈旅〉、〈旅‧六二〉、〈旅‧九三〉、〈旅‧九四〉、〈旅‧上九〉、〈大壯‧六五〉、〈巽〉、〈渙〉、〈節‧九五〉、〈中孚〉、〈小過‧九四〉

〔註83〕〈坤〉、〈否‧九五〉、〈賁‧上九〉、〈大畜‧九三〉、〈大畜‧六四〉、〈大畜‧六五〉、〈離〉、〈遯‧六二〈革〉、〈大壯‧九三〉、〈大壯‧九四〉、〈大壯‧六五〉、

在分析卦爻辭中「敘事之辭」這部分時，他則將內容歸納為十二類。書寫的形式則有三種：

（甲）象占之辭，例如：乾卦"初九，潛龍"，"九二，見龍在田"。

（乙）敘事之辭，例如：乾卦"九三，君子終日乾乾，夕過若"。（丙）

貞兆之辭，例如：乾卦卦辭"乾，元亨，利貞"。這三類，不一定

每卦每爻都有，或有甲無乙，或有乙無丙。其次序，大致是先甲，

次乙，次丙；也有先丙而後甲乙的。〔註85〕

他舉出了三個卦作為例子。

〈卦爻辭三種書寫形式舉例〉

| 卦 | （甲）象占之辭 | （乙）敘事之辭 | （丙）貞兆之辭 |
|---|---|---|---|
| 〈乾〉 | | | 元亨。利貞。 |
| 初九 | 潛龍。 | | 勿用。 |
| 九二 | 見龍在田。 | 利見大人。 | |
| 九三 | | 君子終日乾乾，夕惕若！ | 厲。无咎。 |
| 九四 | | 或躍在淵。 | 无咎。 |
| 九五 | 飛龍在天。 | 利見大人。 | |
| 上九 | 亢龍。 | | 有悔。 |
| 用九 | 見羣龍无首。 | | 吉。 |

| 〈大過〉 | 棟橈。 | 利有攸往。 | 亨。 |
|---|---|---|---|
| 初六 | | 藉用白茅。 | 无咎。 |
| 九二 | 枯楊生稊， | 老夫得其女妻。 | 无不利。 |
| 九三 | 棟橈。 | | 凶。 |

---

〈大壯・上六〉、〈晉〉、〈睽・初九〉、〈中孚・六四〉、〈睽・上九〉、〈夬・九四〉、〈姤・初六〉、〈歸妹・上六〉、〈旅・上九〉、〈渙・初六〉、〈中孚・上九〉、〈既濟・初九〉、〈未濟・九二〉

〔註84〕〈坤・六四〉、〈坤・六五〉、〈蒙・初六〉、〈蒙・九二〉、〈蒙・六四〉、〈蒙・六五〉、〈蒙・上九〉、〈小畜〉、〈小畜・上九〉、〈大有〉、〈大有・九四〉、〈賁・六五〉、〈剝・上九〉、〈无妄・六二〉、〈大畜〉、〈頤・六二〉、〈頤・六五〉、〈坎・九五〉、〈恆・初六〉、〈姤・九五〉、〈井〉

〔註85〕《周易探源》頁108。

| 九四 | 棟隆。 | | 吉,有它。吝。 |
|---|---|---|---|
| 九五 | 枯楊生華, | 老婦得其士夫。 | 无咎。无譽。 |
| 上六 | | 過涉,滅頂。 | 凶。无咎。 |

| 〈大壯〉 | | | 利貞。 |
|---|---|---|---|
| 初九 | | 壯于趾。征凶。有孚。 | |
| 九二 | | | 貞吉。 |
| 九三 | (3)羝羊觸藩。羸其角。 | (1)小人用壯,君子用罔。 | (2)貞厲。 |
| 九四 | (3)藩決不羸。 | (4)壯于大輿之輹。 | (1)貞吉。(2)悔亡。 |
| 六五 | | 喪羊于易。 | 无悔。 |
| 上六 | 羝羊觸藩,不能退,不能遂。 | | 无攸利,艱則吉。 |

（注）附加（1）（2）等數字,表明原文並非順敍,其先後是照數字排列。

李鏡池此處使用的術語有些混亂。他原本是將貞兆跟敍事以及象占平列爲三個大類來區分卦爻辭。暫且不論這樣的分類是否妥當、舉的例子是否解讀正確？但他既然已經將平列出三個類別,卻爲何又將貞兆與象占下拉至敍事之辭的標目之下？同時,下文提及「象占」一詞時,又說這是古代的雜占,是他自己將雜占取名象占。

> 漢書藝文志數術略,分數術爲六種:一、天文,二、曆譜,三、五行,四、著龜,五、雜占,六、形法。……漢志說:「雜占者,紀百事之象,候善惡之徵。易曰:"占事知來。"眾占非一,而夢爲大,故周有其官,而詩載熊羆虺蛇,眾魚旐旟之夢,著明大人之占,以考吉凶。蓋參卜筮。」〔註86〕……雜占是以物象來候善惡之徵的數術。我另給它一個名稱叫做"象占"。象占非一,以夢占爲重要。夢占也是根據夢裏的物向來占候的。雜占,夢占,古人是與卜筮相互參究的。〔註87〕

但這樣一來,先是名目不清,加上內容又偶有解讀疏誤之處,若不細加查辨,很容易就陷入泥淖,讓人無法釐清李鏡池的觀念。

---

〔註86〕《二十五史》,頁 1975～1977。
〔註87〕《周易探源》頁 110～111。

《周易通義》一書中，「象占」一詞出現多達十七次。內容指涉包括了星占、夢占、鳥占、蛇占以及謠占。

> 照我看，周易卦、爻辭中是雜有物象占語的。“象占”一詞，是我新定的，意思是指所有物象之變化或顯現，人們見了，以為跟他有密切關係，因而探究神旨，推斷吉凶的一種占驗。這物象也包括天文星象及人事之變化在內，其範圍比漢志之雜占為廣。雜占以夢占為主，我改用“象占”一詞，或“物象之占”（我曾擬用“物占”，今改用“象占”）。〔註88〕

「雜占」一詞，其實更能明白指出，是各種的占問吉凶之法。改稱「象占」似乎並無絕對必要。但由於李鏡池認為卦爻辭中，屢見借用物象來表達吉凶的篇章，讓後人能從象徵中，領會作者（編者）的意涵並藉此推論吉凶，因此將雜占改稱象占。

筆者以為，「貞兆之辭」、「敘事之辭」與「象占之辭」，這三個術語，原本就非同一層次上的形容詞。使用術語之初，宜先加說明，這種分類，既不是完全根據內容，亦非根據書寫形式，而是整體分析了卦爻辭之後，將組成卦爻辭的元素，大別為三類。至於李鏡池在「敘事之辭」的標目之下，再度使用「貞兆之辭」、「敘事之辭」與「象占之辭」，認為這是根據書寫形式所區分出的三類。則更印證筆者所言，這三個術語，難以絕對區分。

# 本章小結

李鏡池做出的結論，包括了：《周易》是卜筮之書。卦爻辭是編纂而成的。同時他也指出，今本《易經》一定跟周民族有關係。不論作卦、重卦之人是誰？必定是周民族的一份子，創作與流傳的地點也在周民族活動的範圍。

至於編纂年代，雖則他修訂說法，由西周初葉推遲至西周晚期。然筆者以為，前說較佳，後說的證據似乎稍嫌薄弱。卦爻辭的來源，則大部分是直接編錄舊有的筮辭，小部份是編纂者的著作。前者的資料來源是在西周之前。至於編纂而成的證據。是卦爻辭中有散體的筮辭與韻文的詩歌，如非有意的編纂，不會有兩種體製不同的文字。

對於上述卦爻辭的起源問題，筆者以為李說相當精闢，縱以李氏未及得

---

〔註88〕《周易探源》頁123。

見之新出土文物檢驗，亦未必能更勝其說。〔註89〕

　　同時，對卦爻辭的歸納分析，筆者亦以為極具參考價值。如，「卦名有三種樣式，而卦名與卦爻辭之間的關聯，則有六種關係。六十四卦之中的一小部份，是原來就有卦名的。八卦創始在先，代表八種物象。由八卦而變為六十四卦，有六十四卦而後繫辭，這個演進的過程，是有先後的。在八卦成立的時候，已經有乾坤等名。卦畫作三畫，如文字之形。」以及「歸納周易筮辭的組織為三類：象占之辭、敘事之辭、貞兆之辭。」「卦爻辭中的貞兆之辭，依照記事種類來看，以戰爭、祭祀、商旅的為多，反映出周民族早期的社會生活。當中最早的故事是太王去邠遷岐，王季伐西方鬼戎的故事。」又曰「卦爻辭中有時使用了假借字，必須使用六書的假借法來注解，否則不易解通。同時，卦爻辭偶有比興式的詩歌，解釋時最好以“詩歌的眼光”來看待。」等結論，都提供了研讀《易經》時，極佳的通孔。

　　然取消卦象的存在意義，否定卦畫符號在卜筮中的角色與功能，則是筆者以為不可，且必須揚棄的觀念。

　　這種以為「八卦最初產生的時候，每卦等於一種符號，儘管並非文字，但卻可以視其為「先文字時期的表憶符號。八卦或許是周民族最早的文字符號。後來與殷民族接觸，才改用殷民族那一套文字符號，而保留自己的那一套在周易。」的論述，筆者亦覺推論太過，容或是在「無法提出卦象無義論的有利證據」的情況之下，改以此迂迴態度，以旁說蔓衍，意圖遮掩焦點。

　　且他認為，原始的《周易》中，沒有「九」、「六」二字。應當是戰國末年或者秦漢間的儒生為了便于應用，因此插入「九」、「六」二字。創作的人物，當是作〈象傳〉或〈文言〉一類的儒生。然而此類論述，若以新出土文物審視，並不合於事實原貌。

　　要言之，李鏡池關於《易經》的理論性論述，雖僅有取消卦號符號一項，難讓筆者認同。然此項論點，關係到《周易》初始的形成。淡化甚至取消了卦象的意義，也讓漢儒最精彩的象數說，淪為詮釋過度的美麗錯誤，不論在易學史上或者在讀者情感上，都予人既深且長的打擊。此點謬誤，筆者以為不可為其隱晦，必須指明並給予適切的批判與評論

---

〔註89〕李鏡池製有〈周易演變表〉一圖，以附錄形式置放於篇末，以供參考。詳見
　　　　附錄八。

# 第四章　李鏡池經說理論述評──《易傳》

## 前　言

　　對《易傳》跟《易經》的差異，李鏡池講得很明確：

> 易傳是儒家對易經研究的論文集。其內容有注釋，有綜合研究，有
> 引申發揮。……易傳是儒家研究易經的論文集，著作時期，約從公
> 元前四世紀到前二世紀。它的性質是儒家借易經的外殼發揮他們的
> 宇宙哲學和人生哲學。前者是奴隸社會後期的數術書，後者是封建
> 社會初期的哲學書。〔註1〕

因著這樣的認知，李鏡池透過 1.釐清《易傳》的作者。2.判斷《易傳》的時代。3.分析《易傳》中的哲學思想，包括分析同一組吉凶術語的不同指涉。利用這三種方式，清楚明白的切割了傳與經的關係。

## 第一節　聖人之作與儒家經典的雙重否定

### 壹、孔子與《易傳》的關係

　　自從孔穎達《周易正義·序·第六·論夫子十翼》中正式提出孔子做《易傳》的說法之後，千百年來，此說幾成定論。連歐陽修《易童子問》中雖有疑議，也只是懷疑〈繫辭〉以下非孔子所做，對〈彖〉、〈象〉是不敢質疑的。

> 童子問曰：「繫辭非聖人之作手？」，曰：何獨繫辭焉？文言、說卦
> 而下，皆非聖人之作；而眾說淆亂，亦非一人之言也。昔之學易者，

---

〔註1〕《周易探源》頁171。

> 雜取以資其講說，而說非一家，是以或同或異，或是或非。其擇而
> 不精，至使害經而惑世也。〔註2〕

歐陽修的懷疑，肇因於《易傳》本身說法的自相矛盾。

> 〈文言〉曰：「元者，善之長也；亨者，嘉之會也；利者，義之和也；
> 貞者，事之幹也。"是謂乾之四德。」又曰：「乾元者，始而亨者也；
> 利貞者，性情也。」則又非四德矣。〔註3〕

〈文言〉對所謂的四德說，有互相矛盾之處。而「八卦」的起源，《易傳》中
也出現了三種不同的論述。〈繫辭〉本身就有二種完全牴觸的解釋。

> 〈繫辭〉曰：「河出圖，洛出書，聖人則之。」所謂圖者，八卦之文
> 也，神馬負之，自河而出，以授於伏羲者也。蓋八卦者，非人之所
> 爲，是天之所降也。又曰：「包羲氏之王天下也，仰則觀象於天，俯
> 則觀法於地，觀鳥獸之文與地之宜，近取諸身，遠取諸物，於是始
> 作八卦。」然則八卦者，是人之所爲也，河圖不與焉。〔註4〕

究竟八卦是「天之所降」還是「人之所爲」，〈繫辭〉說法反覆。〈說卦〉的說
法則益增混亂。

> 斯二說者已不能相容矣，而〈說卦〉又曰：「昔者聖人之作易也，幽
> 贊於神明而生蓍，參天兩地而倚數，觀變於陰陽而立卦。」則卦又
> 出於蓍矣。八卦之說如是，是果何從而出也？〔註5〕

對這種矛盾之處，歐陽修給了一個「謂此三說出於一人乎，則殆非人情也。」
的結論。同時，針對這種說法不一的情況，連帶的讓歐陽修對作者的身分、
水準產生懷疑。

> 人情常患自是其偏見，而立言之士莫不自信，其欲以垂乎後世，唯
> 恐異說之攻之也；其肯自爲二三之說以相抵牾而疑世，使人不信其
> 書乎？故曰非人情也。凡此五說者，自相乖戾，尚不可以爲一人之
> 說，其可以爲聖人之作乎？……余之所以知繫辭而下非聖人之作
> 者，以其言繁衍叢脞而乖戾也。〔註6〕

---

〔註2〕《易童子問》，收入《歐陽修全集》，卷七十八，北京，中華書局，2001 年，頁
　　　1119。
〔註3〕《易童子問》，頁 1120。。
〔註4〕《易童子問》，頁 1120～1121。
〔註5〕《易童子問》，頁 1121。
〔註6〕《易童子問》，頁 1121、1123。。

一般而言，作者力求思想以及文字的一致，乃是常理。何況是孔子那樣的聖人，出現思想有所變動、前言不對後語的錯漏，機率實在不高。對於〈繫辭〉中出現十九處的「子曰」，他也認為那是指「講師」而非孔子之言，值得注意的是，歐陽修已經認為〈說卦〉、〈雜卦〉是筮人之占書。這其實已經啓了一個開端，把經、傳做一個初步的切割了。

相對於民國以前，「孔子做《易傳》」一說的牢不可破。古史辨學者一出，尤其馮友蘭與錢穆二位，不僅極言孔子與《易傳》無關，後繼者如陳鼓應等，更判定《易傳》乃是道家作品。至此，《易傳》與「儒家經典」正式切分，再無聖人之作與儒家經典的雙重光環。

對此派學者的論述，筆者以為不然。以下詳為言之。

關於孔子跟《易傳》的關係，馮友蘭是從文本當中的思想去做一個釐清。他以「天」為例，比較了《論語》跟〈彖〉、〈象〉的不同。馮說細瑣，筆者先製一簡表，再引馮說於下。

| 《　論　語　》 | 《　易　傳　》 |
|---|---|
| 獲罪於天，無所禱也。（八佾） | 大哉乾元，萬物資始，乃統天。雲行雨施，品物流形。大明終始，六位時成，時乘六龍以御天。乾道變化，各正性命。（乾彖） |
| 予所否者，天厭之！天厭之！（雍也） | 天地以順動，故日月不過而四時不忒。（豫彖） |
| 天生德於予，桓魋其如予何！（述而） | 反復其道，七日來復，天行也；復，其見天地之心乎？（復彖） |
| 吾誰欺，欺天乎？（子罕） | 天地感而萬物化生。（咸彖） |
| 噫！天喪予！天喪予！（先進） | 大哉乾乎，剛健中正，純粹精也；六爻發揮，旁通情也；時乘六龍，以御天也；雲行雨施，天下平也。（文言） |
| 君子有三畏：畏天命，畏大人，畏聖人之言。（季氏） | 天尊地卑，乾坤定矣。……在天成象，在地成形，變化見矣。（繫辭） |
|  | 天行健，君子以自強不息。（乾象） |

《論語》中的「天」，是一個有意志的「主宰之天」，而且還有道德感。但《易傳》裡的天，除了主宰萬物生長之外，還多了一份神秘不可解的氣味。馮友蘭對此下了一個結論：

　　一個人的思想本來可以變動，但一個人決不能同時對于宇宙及人生真持兩種極端相反的見解。如果我們承認論語上的話是孔子所說，

又承認易象、象等是孔子所作，則我們即將孔子陷於一個矛盾的地位。〔註7〕

綜上所言，孔子與《易傳》的關係，似乎可以切割清楚了。但是，爲什麼會有孔子做《易傳》的說法，這樣的說法有無脈絡可循，背後所代表的歷史意義又是什麼？

最早提到或說暗示孔子是《易傳》作者的，是司馬遷：

孔子晚而喜易，序象、繫、象、說卦、文言，讀易韋編三絕。曰：「假我數年，若是，我於易則彬彬矣。」〔註8〕

如果這段話是正確的，也只能證明孔子爲「象、繫、象、說卦、文言」做序，不能就此論斷孔子做了這幾篇易傳。再者，康有爲根本就認定這一段話乃是劉歆竄入假託司馬遷之口。

《隋書經籍志》：「及秦焚書，周易獨以卜筮得存，唯失說卦三篇，後河內女子得之。」隋志之說出於論衡，此必王充曾見武宣前本也。

〈說卦〉：「帝出乎震，齊乎巽，……」與焦京卦氣圖合。蓋宣帝時說易者附之入經，田何丁寬之傳無之也。史遷不知焦京，必無之。此二字（案指說卦）不知何時竄入。至序卦、雜卦，所出尤後，史記不著，蓋出劉歆之所僞，故其辭閃爍隱約；於藝文志著序卦，於儒林傳不著，而以"十篇"二字總括其間。〔註9〕

李鏡池則是認爲：「未必全是出於劉歆的作僞，而是"孔子作十翼"這個傳說正流行而未達到十分確定的階段的時候的現象。」〔註10〕細查這段文字，之前是歷敍孔子「刪詩書，定禮樂」的過程。這段文字之後，則說：「孔子以詩、書、禮、樂教，弟子蓋三千焉。」據此，李鏡池指出：

第一，可見孔子沒有拿易來教；人說孔子以六經教弟子，恐怕在西漢才有這個說法。第二，"孔子晚而喜易"一段文字，插在這裏雖然可以，但與上下文沒有關連，竟成爲一節獨立的文字。故這段文字若不是錯簡，定是後人插入。〔註11〕

康有爲只是懷疑「說卦」二字爲劉歆竄入，李鏡池則更進一步推論：

---

〔註7〕〈孔子在中國歷史中的地位〉，《燕京學報》第二期。
〔註8〕《史記‧孔子世家》
〔註9〕《新學僞經考》。
〔註10〕《周易探源》頁299。
〔註11〕《周易探源》頁299。

康氏懷疑"說卦"二字，據我想，史記不特沒有"說卦"二字，連
"序象、繫、象、說卦、文言"這一句也是宣帝時京房等插入的。

在史遷時，固然有所謂易傳的著作，但他所見尚少。〔註12〕

李鏡池認為，《易傳》此時尚未完全寫成，儘管司馬遷得見〈繫辭〉，只怕也
不是我們今日所見的〈繫辭〉。他的理論根據，在於他考證了《易傳》各篇的
大致成書年代，與作者所處地域位置，做出結論。

〈彖傳〉與〈象傳〉是秦漢年間，齊魯之地的儒者所著之有系統
的、較早期的釋經之作。〈繫辭〉與〈文言〉則是史遷之後，昭宣
之間，一種『收集彙整了前人解經的殘篇斷簡，並加以新著的材
料。』而〈說卦〉、〈序卦〉與〈雜卦〉則時代最晚，在昭宣以後。
〔註13〕

因著這樣的觀點，他對於孔子為何會與易傳有所關連，也提出自己的看法。

孔子作易傳這個傳說的演變，可以說是經過下列四個階段：第一步，
周易由占筮書變為儒家的經典。第二步，有人為易經作傳。第三步，
作傳的漸多，於是有排列次序之必要，於是有孔子"序"易傳的傳
說發生。第四步，說孔子"作"十翼。〔註14〕

那麼，既然《易傳》不是孔子所做，《易傳》的作者又是誰？又是在什麼時代
寫成的？李鏡池則分三組來做討論。

## 貳、《易傳》時代考定

### 一、〈彖傳〉與〈象傳〉

（一）由彖、象解釋卦辭體例的差異判定作者非同一人

李鏡池斷定「彖傳與象傳」不出於一人之手。他是從比較二篇的「思想」
與「釋經」方法的不同作出這樣的結論。

### （一）解經體例的不同

他歸納出五種〈彖傳〉解經的方式。

（1）以"爻位"釋卦，如：

小畜　小畜──柔得位而上下應之，曰小畜。

---

〔註12〕《周易探源》頁299～300。
〔註13〕《周易探源》頁300。
〔註14〕《周易探源》頁300。

履　　履，柔履剛也。

（2）以"取象"釋卦，如：

蒙　　蒙——"山"下有"險"，"險"而"止"，蒙。

訟　　訟——上"剛"下"險"，"險"而"健"，訟。

（3）釋卦義，如：

師　　師，眾也。

離　　離，麗也。日月麗乎天，百穀草木麗乎土。

（4）"卦""辭"直釋，如：

乾　　大哉"乾元"，萬物資始，乃統天。雲行雨施，品物流
　　　　形，大明終始，六位時成，時乘六龍以御天。乾道變化，
　　　　各正性命，保合大和，乃"利貞"。首出庶物，萬國咸
　　　　寧。

比　　"比，吉"也；比，輔也，下順從也。"原筮，元永貞，
　　　　无咎"，以剛中也。"不寧，方來"，上下應也。"後
　　　　夫凶"，其道窮也。

（5）哲理的引申，如：

謙　　……天道虧盈而益謙；地道變盈而流謙；鬼神害盈而福
　　　　謙；人到惡盈而好謙。

豫　　……天地以順動，故日月不過而四時不忒；聖人以順
　　　　動，則刑罰清而民服；豫之時義大矣哉！〔註15〕

〈象傳〉並沒有完全採用這五種方法。李鏡池因此判斷，若是同一作者，應
該注經體例會前後一致。

　　關於此點，筆者以爲過苛了。《周易通義》是李鏡池注解卦爻辭的作品，
寫作於一九六二年之後，當其時，他已經有名的易學學者，但是注經的體例
與用語方面，仍不免有所疏漏。再者，如果性質不同，體例有所差異，也屬
合理。因此，要判定〈彖〉、〈象〉是否不同作者，應由檢視思想爲較適宜的
方式。

---

〔註15〕《周易探源》頁302。

## （二）思想的差異

| 彖　　傳 | 象　　傳 |
|---|---|
| 同人　同人：柔得位得中而應乎乾，曰同人。 | 六二──"同人于宗"，吝道也。 |
| 臨　　…剛中而應，大亨以正，天之道也。 | 九二──"咸臨，吉，无不利"，未順命也。 |
| 大過　"棟橈"，本末弱也。 | 初六──"藉用白茅"，柔在下也。<br>上六──"過涉"之"凶"，不可咎也。 |
| 坎　　"維心亨"，乃以剛中也。 | 九二──"求小得"，未出中也。<br>九五──"坎不盈"，中未大也。 |

根據這些差異，李鏡池認為不可能是同一個作者用兩種口吻在說話。

> 這兩篇傳是兩個人作的，至少是兩個人。一個在前，作了彖傳，解釋六十四卦與其卦辭。"彖"的意思與"象"相同，繫辭傳說："彖者，言乎象者也。"他解經之法，著重於卦的"爻位"之象與卦的"取象"，所以他用了個與"象"字同義的"彖"字。他所以不兼釋爻辭的緣故，或許是以為有這全卦的總解釋就夠了，用不著再去每爻作傳。到了象傳作者出來，看見彖傳只解卦辭，以為是不完之作，於是採用彖傳的方法，把爻辭也解釋了。〔註16〕

至於大象傳跟小象傳是否為同一個作者，他就持保留態度了。

李鏡池對小象傳的評價不高。

> 象傳之解易，雖然模仿了彖傳，但他對於"象"、"位"等，卻沒有彖傳作者高明。他有時候只是"望文生訓"。〔註17〕

筆者整理出李鏡池所舉之例相互比較，以為佐證。

| 爻　　辭 | 象　　傳 |
|---|---|
| 〈師・初六〉：「師出以律，否臧凶。」 | "師出以律"，失律，凶也。 |
| 〈比・初六〉：「有孚，比之，无咎。有孚盈缶，終來有它，吉。」 | 比之初六，有它吉也。 |
| 〈小畜・初九〉：「復自道，何其咎！吉。」 | "復自道"，其義吉也。 |
| 〈小畜・九五〉：「有孚攣如，富以其鄰。」 | "有孚攣如"，不獨富也。 |

---

〔註16〕《周易探源》頁 304。
〔註17〕《周易探源》頁 304。

| 爻　辭 | 象　傳 |
|---|---|
| 〈同人・六二〉:「同人于宗，吝。」 | "同人于宗"，吝道也。 |
| 〈復・六三〉:「頻復，厲，无咎。」 | "頻復"之"厲"，義"无咎"也。 |

　　他的評語是「敷衍字面，多說空話」。下一個例子則說是「強作聰明，斷章取義，違反易旨」。

| 爻　辭 | 象　傳 |
|---|---|
| 〈隨・上六〉:「拘係之，乃從維之，王用享于西山。」 | "拘係之"，上窮也。 |

　　由於李鏡池解「之」為「俘虜」，上六爻辭他解釋為「抓住俘虜之後，馬上用說服或優待來使他們甘心當奴隸。也有個別俘虜被作為人牲，文王戰後用來祭於岐山。」〔註18〕因此〈象傳〉所稱的「"拘係之"，上窮也。」難與下文連貫，鑿成解釋上的突兀與不合理，也因此被李鏡池批評為「強作聰明，斷章取義，違反易旨」。

　　不過李鏡池也不否定〈象傳〉是有優點的，他認為〈象傳〉的長處在政治哲學、人生哲學等哲學思想。在每卦之下闡述了自己的哲學思想，雖然未必與易旨符合，但確實有一個中心思想貫穿其中。

　　關於〈象傳〉所蘊涵的哲學思想，筆者將在下節針對李鏡池的說法詳加分析，此處先處理〈象傳〉的作者問題。

　　因為〈象傳〉中，儒家思想的痕跡非常明顯，因此，往往有學者據此認定，這便是孔子作《易傳》的證明。對此，李鏡池引用崔述的說法加以駁斥。

　　　論語云:"曾子曰:「君子思不出其位。」"〔註19〕今象傳亦載此文。
　　　〔註20〕果傳文在前與，記者固當見之。曾子雖曾述之，不得遂以為
　　　曾子所自言;而傳之名言甚多，曾子亦未必獨節此語而述之。然則
　　　是作傳者往往旁采古人之言以足成之;但取有合卦義，不必皆自己
　　　出。既采曾子之語，必曾子以後之人之所為，非孔子所作也。〔註21〕
由崔述這段話可看出，〈象傳〉既然引了《論語》當中所記載的「曾子之語」，那麼〈象傳〉的寫成年代，至少可以確定在曾子之後。

　　至於作者的身分，李鏡池根據「《左傳》記載韓宣子聘於魯，見易象與魯

---

〔註18〕《周易通義》，頁38。
〔註19〕《論語・憲問》，頁128。
〔註20〕〈艮・大象〉曰:「兼山，艮;君子以思不出其位。」
〔註21〕《洙泗考信錄・卷三》。

春秋（昭二年）」以及「《史記‧儒林傳》所載傳易之人多出於齊魯」這兩條文字，判定：〈象傳〉作者當是齊魯之間的儒生。同時他也指出，正因爲周易在齊魯之間，研究的人之特別多，而孔子又是魯國人，因此〈象傳〉在流傳的過程中，很自然的被附會爲孔子的作品，這不見得只是一種攀附聖人的功利選擇，其中也可看出〈象傳〉流傳的歷史背景。

　　至於〈象傳〉的作者，李鏡池根據〈象傳〉當中隱含的道家思想，認定並非孔子所作。既然跟純粹儒家思想的〈象傳〉有所不同，二傳也不會出自同一人之手。

> 象傳作者並不是純粹的儒家。他可以說「大哉，‘乾元’，萬物資始，乃統天」；「至哉‘坤元’，萬物資生，乃順承天」；「雷雨之動滿盈，天造草昧」；「天地解而雷雨作；雷雨作而百果草木皆甲坼」等「自然主易」的哲學；他可說「天地以順動，故日月不過而四時不忒；聖人以順動，則刑罰清而民服」（豫），迹近「無爲主義」的道家思想。〔註22〕

李鏡池甚至大膽推論，〈象傳〉寫作在孟子之後。又根據〈彖〉、〈象〉注經方式的差異，認爲〈象傳〉是模仿〈象傳〉而來，因此他有個結論：

> 彖象二傳的著作年代，最早不出於戰國末，最遲不到漢宣帝。大概以作於秦漢間爲最可能。秦皇不是推行新政策，焚書坑儒嗎？只有周易以卜筮之書沒有殃及，儒家既把它尊爲“經”典，所以在這獨存而不禁的書上作功夫，把儒家思想附存上去。那時的作品，當不祇這兩傳，不過這是倖存的完整的兩篇。〔註23〕

然而這樣的論述是有問題的。其一，何謂原始儒家？是否可稱「孔子」爲原始儒家？孔門學說，子思子、孟軻、荀卿，其言殊異，然皆稱孔學。且「順」這個概念，並非道家所獨有。孔子自言「六十而耳順」，〔註24〕孟子亦言「順受其正」，〔註25〕若僅因爲〈象傳〉中有一「順」的概念，便認定〈象傳〉含有道家思想，論述上不免有些跳脫，略顯不夠嚴密。

　　其二，近五十年來的出土文物。如河北定縣漢簡中的《論語》、《儒家者言》、

---

〔註22〕《周易探源》，頁310。
〔註23〕《周易探源》，頁310。
〔註24〕《論語‧爲政》，頁16。
〔註25〕《孟子‧盡心》，頁229。

《文子》等，湖南長沙馬王堆漢墓帛書《老子》、《周易》、《黃帝四經》、《五行》、《德聖》、《刑德》等，安徽阜陽雙古堆漢簡中的《詩經》、《易經》等。九○年代，湖北江陵王家台秦簡中的《歸藏》等，湖北荊門郭店楚簡中的《老子》、《太一生水》、《緇衣》、《五行》、《性自命出》、《六德》等早期的道家、儒家文獻。

據郭齊勇（1947～）所言：「六經之學、之教形成與傳授的時間遠比人們估計的要早得多。六經是先秦最基本的教材和普遍知識，"經"並不是一家之言，而是共有資源。戰國早中期，孔子已被尊為聖人。」〔註26〕可見得所謂聖人，未必僅是儒家之聖人，所謂經典，也非單純儒家經典。又曰「最原始的儒、墨、道家的分歧與對立，並不像後世學者所說的那麼嚴重。彼時南北文化的交流互動遠比人們想象的要普遍而深入得多，楚文化中含有大量的中原文化，如齊鄒魯文化的內容。郭店《老子》受到鄒齊學者影響，與稷下學宮有關，因而沒有"絕聖""絕仁棄義"的主張。」

這當中提及一個重點，同時期不同學派的思想，常會不自覺的受到彼此影響，儘管本質尚未有大變化，但用語上，容易有雷同之處。至於文字韻腳的相合，那也僅僅表示，作者所處時代跟地區，是一樣的。但並不能因此判定作者隸屬同一學派。

顧頡剛曾謂「《周易》是講陰陽的書。」〔註27〕但與聖人割裂不等同要劃歸靠攏另一學派。

黃沛榮（1945～）先生指出，孔子與《周易》經傳的關係，可就四端言之：一、作《易》（作卦爻辭）問題，二、學《易》問題，三贊《易》（作傳）問題，四、傳《易》問題。「四者間之關涉，亦頗錯綜。蓋果曾作《易》或傳《易》，自不必討論學《易》問題；然而雖嘗讀《易》，卻未必贊《易》或傳《易》；又或雖未贊《易》，亦可將《易》理傳于門人後學。」〔註28〕

並得出結論說：「首先，無論自任何合理之角度考察，卦爻辭必非孔子作，且無可商討之餘地。其次，孔子時代，《周易》卦爻辭業已流傳，以孔子之好學與博學，研讀《易經》，絕有可能；且從事實論之，孔子即已傳《易》，則其確曾讀《易》，可不待言。唯據帛書《要》云：『夫子老而好《易》。』《史記‧孔子世家》：『孔子晚而喜《易》。』《漢書‧儒林傳》：『孔子晚而好《易》。』故或

---

〔註26〕〈出土簡帛與經學詮釋的範式問題〉。
〔註27〕《讀書筆記》，卷三，頁1168。
〔註28〕黃沛榮：《易學乾坤》，臺灣，大安出版社，1998年，頁157。

未及撰作，僅有心傳。今自《易》傳七種驗之，其內容雖與儒家思想淵源甚深，然究其內容、修辭、句法等方面，頗有戰國以來著作之特色，故絕非孔子所手著。蓋自孔子傳《易》于門人弟子，其初僅口耳相傳，後乃陸續寫定。故《易》傳七篇之內容與孔子之思想有極深厚之關聯性。此種現象，與一般先秦典籍流傳、寫定之過程相近⋯⋯。要之，孔子與《周易》經傳之關係，乃在於其研讀《易經》，吸收並闡揚《易經》義理，而傳于門人後學也。」〔註29〕

與馮、錢等古史辨學者相比，黃沛榮先生的論述，縝密嚴謹，去除武斷之疑慮，保有求真求實之精神，更使人信服。

## 二、〈繫辭傳〉與〈文言傳〉

### （一）〈繫辭〉

李鏡池判斷〈繫辭〉成書年代與作者性質的方式，相當創新。他將〈繫辭〉中提到卦爻辭的篇章挑出來。共 21 處。其中 19 條有「子曰」字樣，另 2 條則無。他認為這 19 條出於一人之手，另 2 條則是另一個作者。吳澄是直接認為這 21 條文字是〈文言〉的錯簡。李鏡池的態度則略帶保留：

> 有"子曰"的十餘條，或許是出於一個作者；無"子曰"的兩條，又出於別個作者。吳澄《易纂言》把這些文字都分割出來置文言傳下，說是文言的錯簡。不知文言本來也是一種搜羅舊說加以編次的易傳，其成書的動因與繫辭同，我擬其本出于一個編者，但因乾坤二卦有完整之解釋，所以分了出來。至於其他不完整的，就隨意放在這"輯佚箱子"裏頭，所以其次序全不依"經文系統"。〔註30〕

卦的順序是確定的，這是李鏡池所稱的「經文系統」。〈繫辭〉中出現的卦爻辭，卻沒有依照六十四卦的先後順序。

那麼，〈繫辭〉大約寫成在哪個時代，他也作了推論。

> 繫辭是叢雜之作，彙輯之書，我們才可以進而分析它的著作年代。
> 然而就因為它叢雜，所以考究它的年代也大不容易。〔註31〕

既然考究年代不容易，李鏡池改由比較〈繫辭〉與〈彖〉、〈象〉對《易經》的評論來縮小〈繫辭〉的寫作時代。

> 當我們讀〈彖〉、〈象〉二傳，只知道周易除卜筮之用以外，原來還

---

〔註29〕《易學乾坤》，頁 210。
〔註30〕《周易探源》頁 311～312。
〔註31〕《周易探源》頁 313。

> 有點倫理教訓、政治哲學的價值。到我們讀繫辭傳時，就不禁驚嘆易道之「神」、「通」、「廣」、「大」了。把易捧的那麼高，恐怕非到了易經坐了六藝第一把交椅之後是辦不到的。這就是說，〈繫辭〉中這些話當產生於漢武之後。〔註32〕

他同時引述了顧頡剛〈周易卦爻辭中的故事〉的論述，認為「繫辭傳後於世本，而是"襲用淮南子之文而後變其議論的中心"而成的。」〔註33〕這是由〈繫辭〉宣傳易的大綱來看出它的時代性。

## （二）文　言

李鏡池認為〈文言〉不是一個人的作品，他比較了〈乾·文言〉、〈坤·文言〉、〈象傳〉跟〈象傳〉，製作了三個表格，並得出結論。

> 〈文言傳〉不是一個人的著作，痕迹很明顯，只要看釋乾一卦而有四說，就可以知道了。〔註34〕

### 〈文言〉所載〈乾〉卦四說比較表

| 第一說 | "初九，潛龍勿用"，何謂也？子曰："龍，德而隱者也。不易乎世，不成乎名，遯世无悶。不見，是而无悶。樂則行之，憂則違之，確乎其不可拔：潛龍也。" |
|---|---|
| 第二說 | "潛龍勿用"，下也。 |
| 第三說 | "潛龍勿用"，陽氣潛藏。 |
| 第四說 | 君子以成德為行，日可見之行也。"潛"之為言也，隱而未見，行而未成，是以君子"弗用"也。 |

〈文言〉之中，對「潛龍」就有四種不同的解釋。可見得今本〈文言〉恐怕也是集體創作，不只一位作者，經過編纂之後而成定本。此外他還跟〈象傳〉、〈象傳〉作了對比，發現〈文言〉襲用的痕跡非常明顯。

| 象　傳 | 文言第二說 | 文言第三說 |
|---|---|---|
| 潛龍勿用，陽在下也。 | 潛龍勿用，下也。 | 潛龍勿用，陽氣潛藏。 |
| 見龍在田，德施普也。 | 見龍在田，時舍也。 | 見龍在田，天下文明。 |
| 終日乾乾，反復道也。 | 終日乾乾，行事也。 | 終日乾乾，與時偕行。 |

---

〔註32〕《周易探源》頁313。
〔註33〕《燕京學報》第六期。
〔註34〕《周易探源》頁316。

這兩說，在意義與句法都很相近，很顯然的，〈乾・文言〉的作者參照了〈彖傳〉，〈彖傳〉也是仿效的對象之一，而且是乾坤兩卦都有襲用模仿之處。

### 〈乾卦〉之文言與彖傳比較表

| 〈乾・文言〉 | 〈彖傳〉 |
|---|---|
| 乾元"者，始而亨者也。 | 大哉乾元，萬物資始，乃統天。 |
| 乾始能以美利利天下；<br>不言所利，大矣哉！<br>大哉乾乎！剛健中正，純粹精也。 | 乾道變化，各正性命，<br>保合大和，乃"利貞"。<br>首出庶物，萬國咸寧。 |
| 雲行雨施，天下平也。 | 雲行雨施，品物流形。 |
| 時乘六龍，以御天也。 | 時乘六龍以御天。 |
| 六爻發揮，旁通情也。 | 大明終始，六位時成； |

### 〈坤卦〉之文言與彖傳比較表

| 〈坤・文言〉 | 〈彖傳〉 |
|---|---|
| 坤其道順乎，承天而時行 | 牝馬地類，行地无疆，柔順利貞。<br>安貞之吉，應地无疆。 |
| 坤至柔而動也剛， | 至哉坤元，萬物資生，乃順承天。 |
| 至靜而德方。 | 坤厚載物，德合无疆。 |
| "後得主"而有常， | 君子攸往，先迷失道，後順得常。 |
| 含萬物而化光。 | 含宏光大，品物咸貞。 |

在跟〈彖傳〉、〈象傳〉比較之後，李鏡池判定：〈文言〉的著作時代晚於〈彖傳〉、〈象傳〉，而且，〈乾・文言〉不成於一人之手。其中「君子以成德為行，日可見之行也。"潛"之為言也，隱而未見，行而未成，是以君子"弗用"也。」這一段的作者，同時也是〈坤・文言〉的作者。

### 三、〈說卦傳〉

李鏡池判斷〈說卦〉的寫作時代不會早於西漢的京房。

> 這三篇之中，說卦或許是較早；然最早也不出於焦京之前。京房卦氣圖與說卦「帝出乎震，齊乎巽，相見乎離，致役乎坤。……震，東方也；……巽，東南也；……離，……南方之卦也………」的說

法合。〔註35〕

但是僅僅如此，是不能證明誰先誰後的。因此李鏡池轉從《史記》去找證據。

> 他們作了〈說卦〉，放在易傳中，又在孔子世家添上「序象、繫、象、說卦、文言」一句，以提高自己學說的價值。那時所已經有的只這五種傳，所傳說的只是孔子"序"傳，還沒有孔子"作"傳的說法。〔註36〕

筆者覺得這樣的推論基礎是很薄弱的。一來沒有證據證明竄入，二來就算是竄入，那也只是說孔子"序"這幾篇，並不是說孔子是這幾篇的作者。不過他接著透過〈彖〉、〈象〉所講的八卦取象與〈說卦〉相比，發現〈彖〉、〈象〉講的簡略，〈說卦〉講的豐富，據此判斷〈說卦〉寫定晚於〈彖〉、〈象〉，則是合理恰當的論述。

並且，在八卦取象這部分的詮釋上，以〈彖〉、〈象〉為基礎，再根據〈說卦〉講到八卦所代表的方位跟京房卦氣圖相合，而認為〈說卦〉的寫成與京房不會相去太遠，是同處一種時代思潮之下的。這部分的論述，筆者相當認同。

> 〈說卦傳〉，它的前三章已經出現在帛書〈繫辭〉中，至少這一部分與〈繫辭〉是同時作品。其餘部分，主要特徵是八卦方位說，秦漢之際所流行的陰陽家方位配四時的說法已可以做為它的根據。這就是說〈說卦傳〉後八章有可能寫於秦漢之際，《史記・孔子世家》既已提到它，那麼最遲也當成篇於武帝時代。〔註37〕

戴璉彰此說，與李鏡池的說法略有不同但更縝密。且亦間接的否定了「孔子世家遭劉歆竄入」的武斷說法

## 四、〈序卦傳〉與〈雜卦傳〉

對〈序卦〉產生懷疑，始自韓康伯。

> 凡序卦所明，非易之縕也。蓋因卦之次，託以明義。……斯蓋守文而不求義，失之遠矣。〔註38〕

李鏡池更進一步由卦名的來歷、演變來說明〈序卦〉之不可信。

---

〔註35〕《周易探源》，頁 320。
〔註36〕《周易探源》，頁 316。
〔註37〕戴璉彰，《易傳之形成及其思想》，台北，文津出版社，1989 年。頁 13、14。
〔註38〕《周易注疏・序卦》。

> 卦名之究竟，我們已無從知道。想當先有其音，後有其字；而音義
> 又幾經變遷，不易稽考了。我們現在沿用著的卦名，是否原始的卦
> 名也很難說。我們明白了卦名之有變更，就可以知道卦名的意義，
> 不一定像序卦傳所說的意義，就可以見到以卦名之義來說明卦之次
> 序的序卦傳是由於後人附會出來的了。〔註39〕

他以坎、无妄爲例，說明卦名有古今變遷的可能，據此推翻了〈序卦〉的說
法。接著再反向申論，做出「若〈序卦〉有錯，就不會是聖人之做」的結論。

韓康伯的懷疑，是懷疑〈序卦傳〉作者的學術能力。並不能用以支持李
鏡池所說「〈說卦〉、〈序卦〉、〈雜卦〉是《易傳》七篇中最晚的作品。在昭宣
後。」的結論。

戴璉彰根據《淮南子·繆稱》：「動而有益，則損隨之。故《易》曰：『剝
之不可遂盡也，故受之以復。』」與今本〈序卦傳〉：「〈剝〉者，剝也。物不
可以終盡剝，窮上反下，故受之以〈復〉。」相比較。認爲在淮南王的時代，
即使還沒有〈序卦傳〉，也已經有了類似的《易》說，甚至有可能就是今本〈序
卦傳〉的藍本。

然而就如上文所言，古史辨派不光以疑古與辨僞爲其思考主軸，否定聖
人也是重要觀點之一。既然並無聖人亦無聖經，則聖人之作便不再是內容上
對錯與否的關鍵保證。準此，「〈序卦〉有錯」此一命題，便不足以作爲"縮
小、窄化"作者身分的證據。

針對〈雜卦〉的問題，李鏡池只寫了一段文字來處理。

> 雜卦之名，漢書不載；東漢諸書也沒有稱引。我疑宣傳孔子作易傳
> "十篇"的劉歆班固之流未必見到它。它是"雜糅眾卦，錯綜其義"
> （韓注語）的一首"六十四卦歌訣"。它不大著重卦義，只是有意
> 把諸卦用韻編成歌訣，當是一種便於記誦的啓蒙書也。它既"錯綜
> 其義"，便於記誦，所以沒有根據序卦的卦序，二傳不出一人之手，
> 於此可見。〔註40〕（《周易探源》）

〈雜卦〉的屬性，是否能如此簡單輕易的以一段文字帶過，是很值得討論的。
同時，由這樣的處理態度，可以窺見李鏡池對《易傳》的態度，是跟面對《易
經》完全不同的。這其實也是古史辨運動中，學者對《周易》經傳的普遍態度。

---

〔註39〕《周易探源》，頁321。
〔註40〕《周易探源》頁323。

　　若以新出土文物來檢驗李鏡池與《易傳》有關的論述，會發現有加以修定的必要。特別是關於《易傳》成書時代的部分。

　　由於李鏡池認爲，孔子沒有寫作《易傳》。〈彖傳〉、〈象傳〉寫作年代約在秦漢之際，作者當是齊魯之地的儒生。〈繫辭〉、〈文言〉的寫定年代應當在史遷之後，昭、宣之間。既彙集前人解經的殘篇斷簡，又加以作者新著的材料。〈說卦〉、〈序卦〉、〈雜卦〉是《易傳》七篇中最晚的作品。在昭宣後。《左傳》、《國語》中所提及的卦象，完全爲〈說卦〉、〈雜卦〉所採取並再加以擴充。

　　但根據馬王堆帛書《周易》，帛書《周易》在經文之後，附有〈繫辭〉，與今本〈繫辭〉相較，雖在章節次序與內容文句略有不同，但差異並不大。根據于豪亮考證，帛書《周易》應是寫於漢文帝初年，〈繫辭〉則應該是戰國晚期的作品。

　　戴璉璋針對《易傳》七篇的時代做出以下的推論。

> 〈彖傳〉、〈象傳〉、〈文言〉與〈繫辭〉四傳在西漢以前已經寫成。……至於〈說卦傳〉，……最遲也當成篇於武帝時代。〈序卦〉、〈雜卦〉兩傳的時代比較難以推斷。……這兩傳或許正如歐陽修所說，是「筮人之占書」，不過其中卦象以及對偶感應的觀念都與其他五傳類似，寫成的時代大概也不會與其他五傳相差太遠。〔註41〕

這樣的論述，由於有著帛書《周易》的支持，較之於李鏡池對《易傳》寫作時代的論斷，更值得參考。


## 第二節　《易傳》哲學思想的歷史淵源

　　《易傳》既與《易經》不同作者，思想上自然有所不同，即使易傳七篇之中，也是或有所承、或另起新意。這些思想並非憑空而來，而是思想發展史上，自身內部的一種成熟的自然演進，從《左傳》而來的痕跡最爲明顯。以下詳爲言之。


### 壹、《左傳》的易筮觀

　　《左傳》中提到易筮共有十九處，李鏡池將它們分爲三大類。每類之下再行舉例。

---

〔註41〕《易傳的形成及其思想》，頁 13、14。

## 一、以卦爻辭跟卦象作爲推斷吉凶的根據。

　　《左傳·莊公二十二年》：「陳厲公，蔡出也，故蔡人殺五父而立之。
生敬仲。其少也，周史有以《周易》見陳侯者，陳侯使筮之，遇觀 ䷓
之否 ䷋，曰：「是謂『觀國之光，利用賓于王。』此其代陳有國乎？
不在此，其在異國；非此其身，在其子孫。光，遠而自他有耀者也。
坤，土也；巽，風也；乾，天也。風爲天於土上，山也。有山之材，
而照之以天光，於是乎居土上，故曰『觀國之光，利用賓于王』。庭
實旅百，奉之以玉帛，天地之美具焉，故曰『利用賓于王』。猶有觀
焉，故曰其在後乎！風行而著於土，故曰其在異國乎！若在異國，必
姜姓也。姜，大嶽之後也。山嶽則配天。物莫能兩大。陳衰，此其昌
乎！」及陳之初亡也，陳桓子始大於齊；其後亡也，成子得政。

不管田（陳）何篡齊是否出於後人的附會，春秋時已經有了易筮這種占筮之
法，是沒有疑問的。同時李鏡池也認爲這一類的例子裡，雖然也有以卦象爲
參驗，但一定與卦爻辭合參，沒有單用卦象顯示吉凶的例子，甚至多數是不
說卦象的。他指出：

　　用來推斷的主要是根據卦爻辭，沒有單據卦象的，而且多數不說卦
象，卦象的一定結合卦爻辭來說。這就是說，易筮一定以卦爻辭來
斷占，卦象只作爲次要的根據，這是一層。另一層，左傳、國語所
載易筮，還沒有爻位說，連"九"、"六"的名目也沒有，只說某
卦"之"（變）某卦，就是占某卦的某一爻。可見如象傳那種以六
爻的位置來解易的是後出之說，不特春秋時沒有，恐怕連戰國也沒
有，因爲在先秦文獻裡找不到。〔註42〕

## 二、以道德觀來判斷吉凶

　　它標誌著周易已從宗教外殼蛻化出來，向著人事行爲倫理道德方面
發展，不受卦爻辭束縛。……卦爻辭不是筮占的絕對標準。就是說，
主要標準是人而不是神。〔註43〕

　　雖然是用易筮占問吉凶，但並不是根據卦爻辭來推斷，而是以「占問之
人的德行、占問之事的邪正」做爲依據的判準。若是德行與事情跟卦爻辭不
相配，就算得到吉兆，也不會有好結果。

---

〔註42〕《周易探源》頁 327。
〔註43〕《周易探源》頁 329。

　　李鏡池對這一類的例子非常的重視，認為這是《周易》發展史上很重要的的一個進程。它的意義在於二方面。

## （一）易不可以占險

　　最典型的例子，便是《左傳·昭公十二年》所記載的「南蒯之將叛也」一例。

> 南蒯之將叛也，……南蒯枚筮之，遇坤䷁之比䷇曰：「黃裳元吉」，以為大吉也。示子服惠伯曰：「即欲有事，何如？」惠伯曰：「吾嘗學此矣，忠信之事則可，不然，必敗。外強內溫，忠也；和以率貞，信也，故曰『黃裳元吉』。黃，中之色也；裳，下之飾也；元，善之長也。中不忠，不得其色；下不共，不得其飾；事不善，不得其極。外內倡和為忠，率事以信為共，供養三德為善，非此三者弗當。且夫《易》不可以占險，將何事也？且可飾乎？中美能黃，上美為元，下美則裳，參成可筮。猶有闕也，筮雖吉，未也。〔註44〕

想做壞事去求問占筮，那是不被允許的。這是對外在行為的要求。此外則是對求問者在品德方面的要求。

## （二）求問之人必須有德

> 《左傳·襄公九年》：「穆姜薨於東宮。始往而筮之，遇艮之八䷳。史曰：『是謂艮之隨䷐。隨，其出也。君必速出！』姜曰：『亡！是於《周易》曰：『隨，元、亨、利、貞，無咎。』元，體之長也；亨，嘉之會也；利，義之和也；貞，事之幹也。體仁足以長人，嘉德足以合禮，利物足以和義，貞固足以幹事。然，故不可誣也，是以雖隨無咎。今我婦人而與於亂。固在下位而有不仁，不可謂元。不靖國家，不可謂亨。作而害身，不可謂利。棄位而姣，不可謂貞。有四德者，隨而無咎。我皆無之，豈隨也哉？我則取惡，能無咎乎？必死於此，弗得出矣。」〔註45〕

> 對於卦的意義，不說卦象而說卦德、卦義。「坤之比」，變為「坤下坎上。」坤，溫順、安貞，坎，險強、和平。故說「外強內溫，忠

---

〔註44〕《春秋左傳正義》，頁792、793。
〔註45〕《春秋左傳正義》，頁526、527。

> 也；和以率貞，信也。」卦德是從卦象發展出來，結合到人的思想
> 行爲以説明卦的性質意義。這也是以人爲主來説卦義的。〔註46〕

德行不好的人去占筮，將得不著眞正的祝福，就算卦爻辭再吉利都屬枉然。
這種要求占問者必須有好德行的觀念，也開啓了引申解釋卦爻辭的自由空間

> 對於卦爻辭的解釋，完全不根據它的原來的意義，而以人倫思想爲
> 基礎作了和原來意義距離很大的引申發揮。把"元亨，利貞，"兩
> 個貞兆詞説成四德，把"黃裳，元吉，"兩語解作三美。〔註47〕

就周易本身説，這種解釋是完全錯誤；但從詮釋學的角度觀察，這種引申發
揮卻達致了《周易》思想的擴展與進步。

> 它是周易思想的擴展，是周易的解放，從神秘的神權思想進到倫常
> 日用、切合實際的革新思想。這種思想是時代發展的反映。……這
> 時人們雖然還沒有打破迷信思想，但重人不重神，的確已經是一種
> 趨向，是時代轉變的革新思想。因此，對於神權時代的產物──占
> 筮工具周易，也作了新的解釋，不照原義而引申發揮，使之切合於
> 人事，把周易作爲行爲修養的教科書。後來説易的就從這方面發展。
> 從思想發展説，這是一大進步。〔註48〕

李鏡池使用「奴隸制」、「封建制」這類名詞，來稱呼春秋戰國時期，筆者以
爲有待商榷。但他針對易筮觀念的發展，所提出的見解及評價，是正確而恰
當的。比起一九三○年代古史辨派諸學者對《易傳》的過度貶抑，李鏡池的看
法，相對理性客觀。

> 要研究易義就得用歷史唯物主義觀點來分析它本來的內容和思想，
> 不能用引申發揮了的新義來當作它的思想，這是違背歷史眞實的。
> 明白了春秋中晚期説易的作出擴展的解釋，使周易從神權迷信解放
> 出來，賦以新義，區分原始的周易和發展了的易説，各給以科學的
> 地位：這才是尊重歷史的正當態度。〔註49〕

卦爻辭是否應該要使用唯物史觀來分析，可以討論。但是把引伸的易義當做
原始的易義，違背歷史事實，則是不能否認的詮釋偏移。

---

〔註46〕《周易探源》頁 329。
〔註47〕《周易探源》頁 329。
〔註48〕《周易探源》頁 329。
〔註49〕《周易探源》頁 330。

### 三、廢除卜筮的儀式，直引易文。

> 《左傳・宣公十二年》：「知莊子曰：「此師殆哉！《周易》有之：在
> 師☷☵之臨☶☷，曰：『師出以律，否臧，凶。』執事順成爲臧，逆爲
> 否。眾散爲弱，川壅爲澤。〔註50〕有律以如己也，故曰律。否臧，
> 且律竭也。盈而以竭，天且不整，所以凶也。不行謂之臨，有帥而
> 不從，臨孰甚焉？此之謂矣。果遇，必敗，窗子尸之，雖免而歸，
> 必有大咎。」〔註51〕

不再進行占筮儀式就直接引用卦爻辭來說明事理。代表了二種現象。一是「周
易已相當普遍的流行」，二是「人們不僅僅以筮書來看它，而且當作可以說明
事理的理論書」。

> 在先，最常引用的是詩、書，而周易爲卜史官所掌，既不流行，
> 也只當爲筮書。現在證引它，可見它在社會上已佔有相當地位，
> 而筮書性質也已變爲理論書了。先秦儒家就用這個觀點看待周
> 易。〔註52〕

換言之，《左傳》中引用卦爻辭的篇章，對李鏡池是很珍貴的。它們展現了《周
易》這本占筮書被使用、被詮釋的歷史軌跡轉變。

## 貳、先秦儒家的易筮觀

上文借由分析《左傳》中對易的使用方式的轉變，說明了《周易》已經
逐漸由占筮書改變爲代有哲學性質的義理書籍。

> 周易是卜筮書，不過從春秋中葉起已經有人作了新解，著重行爲義
> 理，而不重卜筮，適應了時代發展的需要；而它本身的確也有一些
> 相當高度的哲學思想；加上文辭古簡，意義難明，越古簡難解釋，
> 人們就越可以按自己的體會來說解，或借來作自己思想學說的引
> 證。先秦儒家從孔子就徵引易文發揮自己一家的思想。〔註53〕

---

〔註50〕 「眾散爲弱，川壅爲澤。」這二句，便是以卦象來解釋卦義的典型例子。〈師〉
　　　　 坎下坤上，〈臨〉兌下坤上。坎爲眾，今變爲兌，而兌柔弱。故曰「眾散爲弱」。
　　　　 此外，坎亦爲川，今變爲兌，兌又爲澤，故曰「川壅爲澤」。正好解釋了「不
　　　　 守紀律的將軍使部隊力量分散，削弱了戰鬥力，必然導致失敗。
〔註51〕 《春秋左傳正義》，頁 391、392。
〔註52〕 《周易探源》頁 330。
〔註53〕 《周易探源》頁 331、332。

## 一、孔子對《周易》的態度

### （一）不占而已矣

思想是儒家的，引用易文來證明自己所說的道理。

> 《論語・子路篇》：「子曰：『南人有言曰：『人而無恆，不可以作巫醫。』善夫！』『不恆其德，或承之羞。』〔註54〕子曰：『不占而已矣。』」〔註55〕

讀《易》時著重它的義理，有意識地擺開卜筮的束縛。這是孔子提出的讀《易》法。這表明孔子讀《易》，取義而不取其占。

> 這是春秋中後期易學的革新，是重人不重神的時代思想的表現。孔子"不語怪力亂神"，而講究行爲修養，他學易取其義而遺其占是很自然的。子曰："加我數年，五十以學易，可以無大過矣"（述而篇）雖有異文，却很合孔子的學習精神和思想，一直爲儒家所遵守。〔註56〕

李鏡池還將《禮記・經解》與〈繫辭〉做了對比。

### 《禮記・經解》與〈繫辭〉對「易教」看法之對比表

| 《禮記・經解》 | 〈繫辭〉 |
| --- | --- |
| 入其國，其教可知也，其爲人也，……絜靜精微，易教也。……易之失，賊。……絜靜精微而不賊，則深於易者也。 | 夫易、聖人之所以極深而研幾也。唯深也，故能通天下之志；唯幾也，故能成天下之務；唯神也，故不疾而速，不行而至。 |

這兩段話對易的功能的闡述，相似度實在太高。不禁讓人因此推論，儒家這種引申卦爻辭的方式，是造成《易傳》寫作的最直接原因。這也是爲何易傳充滿了儒家的色彩。我們比較一下《周易》跟《禮記》對於「禮」的態度就可窺見一二。

### 《禮記・坊記》與《周易》對「禮」的態度之對比表

| 《禮記・坊記》 | 〈既濟・九五〉 |
| --- | --- |
| 子云：敬則用祭器。故君子不以菲廢禮，不以美沒禮。……故君子苟無禮，雖美不食焉。 | 東鄰殺牛，不如西鄰之禴祭，實受其福。 |

〔註54〕〈恆・九三〉。
〔註55〕《論語・子路篇》。
〔註56〕《周易探源》頁333。

| 《禮記‧表記》 | 〈蒙〉 |
| --- | --- |
| 無辭不相接也，無禮不相見也，欲民之毋相褻也。 | 初筮告，再三瀆，瀆則不告。 |

李鏡池認為這就是最好的明證。人們把自己面對卦爻辭時所產生的心得寫出來，這就是易傳。

> 儒家學習周易的重點在於行為修養上的體會，而排除其占筮。因為到了戰國，地主封建制的趨勢更明朗，人的地位比春秋時代更高了，神的地位更低了。儒家學易自然不重占筮而重義理。荀子的"善為易者不占"一語，不特說明學習重點，也含有表明學習態度的意味。

〔註57〕

李鏡池做出結論：「從思想脈絡與歷史發展的角度來看，《易傳》對卦爻辭的注解並不符合訓詁上的義界。與其說是注經之作，無寧說是讀經心得更為恰當。」

以李鏡池身處時代所能掌握的文獻資料而言，李鏡池對《易傳》的這段評論，不算刻意貶抑。然今日出土文物足以證明，《易傳》與孔子乃至整個儒家系統，是關係密切深厚的。且其中雖有些許離誕之言，但對《易經》的注解，亦確有可觀之處。

# 第三節　易傳的哲學思想──以〈彖〉、〈象〉為例

第二節中，李鏡池分析了先秦時期儒者與非儒者，對於《易經》的態度與詮釋方式。也認為這樣的態度直接影響了《易傳》的作者，反應在《易傳》的內容上。他同時指出：這樣的思想，直接影響〈彖傳〉跟〈象傳〉，而〈彖〉、〈象〉直接影響了〈繫辭〉與〈文言〉，以下詳為言之。

## 壹、〈彖傳〉的哲學思想

李鏡池認為〈彖傳〉、〈象傳〉的寫作時代約在秦火之後到漢初。會造成儒者有意的、大量去研究易經，秦始皇的焚書坑儒，是關鍵性的原因。

> 周易歸入卜筮書類，沒有被禁，傳者不絕。這也可見儒家對於周易還沒有像詩、書那麼重視，人們也不當它是儒家的書。既然不重視，

---

〔註57〕《周易探源》頁335。

當然也不會有人爲它作傳了。但因爲詩、書被燒被禁了，儒家就利
用周易的合法地位，開始研究的多了，也開始有人作易傳了。這是
《易傳》產生的歷史背景。〔註58〕

這樣的推論脈絡是「因爲《周易》原本是卜筮之書，沒有儒家的思想色彩。
但也正因爲是卜筮之書，所以得以倖免於焚書之禍。儒者在儒家經典被燒、
被禁之後，退而求其次的去研究《易經》，再將心得寫下，這便是《易傳》」。

　　關於此點，筆者略有不同看法。根據《左傳》、《國語》中，多處引用《易》
文可推知，做爲卜筮用途的《周易》，較之其他經典，實用性與普及度，更
有勝之。換言之，所以保留《周易》不予焚毀，未必是因爲《周易》尚非儒
家典籍，而是因爲《周易》本身有著極高的實際功能。當然，在《周易》倖
免於焚書之禍後，學者在沒有太多選擇的情況下，投注心力專研《周易》，
影響所及使得易學一枝獨秀，則屬合理推論。但若因此認定，這便是《易傳》
形成的背景原因，則不免有武斷之嫌。

　　《易傳》七篇之中，李鏡池認爲〈象傳〉時代最早也最具有代表性。

〈象傳〉在易傳裡，最有代表性的作品，它綜合了由陰陽家的陰
陽說所發展出來的剛柔說，道家的宇宙觀，和儒家的政治思想、
行爲修養思想來說解周易，而又奠定了後來說易的基礎。〔註59〕

至於〈象傳〉蘊涵的哲學思想及影響，李鏡池做了一個圖表。〔註60〕

## 〈象傳〉哲學思想圖表

---

〔註58〕《周易探源》頁339。
〔註59〕《周易探源》頁339。
〔註60〕《周易探源》頁339。

　　檢視李鏡池的分析，會發現這個圖表在分類與下標部分，不是那麼的恰當。因為，〈彖傳〉中的天道觀，不是虛懸高處的形上理論，是跟人道觀相連結，近而表現在政治思想乃至行為修養。

## 一、以天道說明人道，反映在政治思想。

　　乾、坤二卦的〈彖傳〉，是以天道來說明人道的典型。關於天道的部分，李鏡池詮釋為：

> 有一種乾道超越於天地之上，統治著天地。萬物靠它創始，所以叫做"乾元"；萬物靠它生長，故又叫做"坤元"。這就是道統天，而地承天。……大明（日月）象駕乘著六條龍的車子在天上馳騁。大地在下承順著天體，它是很厚重的物體，萬物都在這裡生長繁殖，生生不已，所以坤的德性是無窮無盡的；地是廣博而弘大的，萬物在地上生長，都各得其所。〔註61〕

關於人道的部分，他的詮釋則是

> 人的性、命，是從變化的乾道中，各人得到自己所應得的那一分。性命雖有不同，但都能得到乾道的"太和"之氣，如能保持這種太和之氣，便可以得到利、貞，也就是利益和中正。人為萬物之靈，人在萬物中居首位，人能保持太和之氣，遵乾道之理來做，則天下可以太平。〔註62〕

| 乾道〔註63〕 | 乾元——具有"創生萬物"的功能 |
| --- | --- |
| | 坤元——句有"涵養萬物"的功能 |

　　李鏡池提出一個看法：認為〈彖傳〉此處可能採用了《老子》的宇宙觀。

> 有物混成，先天地生。寂兮寥兮，獨立不改，周行而不殆，可以為天下母。吾不知其名，字之曰道，強為之名曰大。〔註64〕

筆者將李鏡池的說法整理成一個表格，方便比較。

---

〔註61〕《周易探源》頁 339〜340。
〔註62〕《周易探源》頁 340。
〔註63〕筆者以為，「乾道」宜改稱「天道」，否則，乾道之「乾」與乾元之「乾」要如何清楚區分？
〔註64〕《老子二十五章》。

### 〈彖傳〉與《老子》比較表

| 〈彖傳〉 | 《老子》 |
| --- | --- |
| 乾道的「道」 | 「天法道」的道 |
| 統天 | 先天地生 |
| 萬物資始、萬物資生 | 可以為天下母 |
| 德合無疆 | 獨立而不改，周行而不殆 |
| 太合的「合」 | 萬物負陰而抱陽，冲氣以為和 |
| 太和 | 歸根、復命、抱一、守母、知和 |
| 保合太和 | 夫物芸芸，各歸其根。歸根曰靜，靜曰復命；復命曰常，知常曰明。不知常，妄作、凶。（十六章）<br>知和曰常，知常曰明。益生曰祥，必使氣曰強。（五十五章） |
| 保合太和，乃利貞 | 天下有始，以為天下母。既得其母，以知其子；既知其子，復守其母，沒身不殆。（五十二章） |

　　我以為彖傳"乾"、"坤"二卦的說解是來自老子的，而且要從老子所說的來理解彖傳，才明白這些話的意義。「人法地，地法天，天法道，道法自然。」老子認為人要效法自然之道來行動的。孔子說：「天何言哉？四時行焉，百物生焉，天何言哉？」（論語陽貨篇）也有這種思想，但不明顯。〔註65〕

他的結論是，〈乾·彖傳〉跟〈坤·彖傳〉的思想來自於老子。〔註66〕

　　那麼，這樣的人道觀反映在政治上，又會變成怎樣的思想呢。

### 〈彖傳〉人道觀的政治表現

| 〈謙〉 | 天道虧盈而益謙，地道變盈而流謙，鬼神害盈而福謙，人道惡盈而好謙。謙尊而光，卑而不可踰，君子之終也。 |
| --- | --- |
| 〈豫〉 | 天地以順動，故日月不過而四時不忒。聖人以順動，則刑罰清而民服。 |

---

〔註65〕《周易探源》頁 340～341。

〔註66〕關於李鏡池所稱「要從《老子》所說的來理解〈彖傳〉，才明白這些話的意義。」云云，筆者以為有待商榷。程、朱等學者，明顯未由《老子》入手來研讀〈彖傳〉，然學說精闢，並未有窒礙難明之處。設若真的藉由《老子》思想來研究〈彖傳〉，將〈彖傳〉注解成為富含道家色彩的儒家經典，那也只能說是觀念先在導致結果。實不宜據此論斷〈彖傳〉思想來自《老子》。

| （觀） | 觀天之神道而四時不忒，聖人以神道設教而天下服矣。 |
|---|---|
| （賁） | 柔來而文剛，故亨；分剛上而文柔，故小利有攸往，天文也。文明以止，人文也。觀乎天文以察時變，觀乎人文以化成天下。 |
| （頤） | 天地養萬物，聖人養賢以及萬民。 |
| （離） | 日月麗乎天，百谷草木麗乎土，重明以麗乎正，乃化成天下。 |
| （咸） | 天地感而萬物化生，聖人感人心而天下和平，觀其所感而天地萬物之情可見矣。 |
| （恆） | 天地之道，恆久而不已也。日月得天而能久照，四時變化而能久成，聖人久於其道而天下化成。觀其所恆，而天地萬物之情可見矣。 |
| （歸妹） | 歸妹，天地之大義也，天地不交而萬物不興。歸妹，人之終始也。 |
| （豐） | 日中則昃，月盈則食，天地盈虛，與時消息，而況于人乎？況于鬼神乎？ |
| （節） | 天地節而四時成；節以制度，不傷財，不害民。 |
| 革 | 天地革而四時成。湯武革命，順乎天而應乎人。 |

李鏡池挑出了 12 條有關政治思想的篇章，但他僅注解了〈革‧彖傳〉。

> 湯武革命思想本於孟子，孟子說："賊仁者謂之賊，賊義者謂之殘；殘賊之人謂之一夫。聞誅一夫紂矣，未聞弑君也。"（梁惠王下）孟子從仁義道德說，而彖傳則說湯武革命"順乎天而應乎人"，"應乎人"是孟子所謂"誅一夫"；但這種革命還是上順天道的。這種說法，很可能是在焚書坑儒之後儒家對始皇和秦朝政治提出來的反對意見。〔註67〕

他引了漢儒趙岐《孟子題辭》：「逮至亡秦，焚滅經術，坑戮儒生，孟子徒黨盡矣。」來佐證這個說法，認為孟子喜歡批評時政，他的弟子們承襲師風，必有頗多習於、勇於發表意見，堅持儒家的政治主張的人。在詩、書被禁之後，周易成為了抒發己見的惟一，為了保有這樣的言論自由不被再度剝奪，借用天道說作掩護，實則鼓吹儒家政治思想，這便是〈彖傳〉會以天道觀和人道觀結合的緣故。

## 二、剛柔結合陰陽，發揮為"爻位"說。

李鏡池舉了〈革‧彖傳〉繼續發揮，並與〈兌‧彖傳〉相參照做為佐證。

〈革‧彖傳〉以剛柔的交、感、相應、當位、正中、得位等來解釋

---

〔註67〕《周易探源》頁 342。

卦辭。剛柔是陰陽的德性，也是天道。這是以天道和人道結合來說，
不過用來作說解的理據與天地日月四時變化不同而已。〔註68〕

〈兌・彖傳〉上引革卦彖傳：「天地革而四時成。湯武革命，順乎天
而應乎人」，是從天地說。兌卦彖傳：「剛中而柔外，說以利貞，是
以順乎天而應乎人。說以先民，民忘其勞；說以犯難，民忘其死。」
則從剛柔說。剛柔即在陰陽，也即天道。〔註69〕

他指出：秦國統一天下之後，君主專制、中央集權的封建社會已經建立了，
封建體制已有了一個相當完整的規模。〈彖傳〉的剛柔說、爻位說，恰好反映
了此時的政治體系跟社會倫理意識。

　　他還實際舉三個例子來對比出〈彖傳〉與〈繫辭〉在剛柔說思想的傳承
痕跡。筆者製成表格於下。

### 〈彖傳〉與〈繫辭〉之剛柔說思想比較表

| 〈繫辭〉 | 〈彖傳〉 | 筆者說解 |
|---|---|---|
| 二與四同功而異位，其善不同──二多譽，四多懼，近也。柔之爲道，不利遠者，其要無咎，其用柔中也。三與五同功而異位──三多凶，五多功，貴賤之等也。其柔危，其剛勝邪？ | 剛中有應，行險而順，以此毒天下而民從之，吉又何咎矣？ | 〈師〉，九二爲陽爲剛而居中，餘爻都是陰 |
| | 同人，柔得位得中，而應乎乾，曰同人。同人曰「同人于野，亨。利涉大川。」乾行也。文明以健，中正而應，君子正也。唯君子爲能通天下之志。 | 〈同人〉，六二爲柔而居中，餘爲陽 |
| | 家人，女正位乎內，男正位乎外，男女正，天地之大義也。家人有嚴君焉，父母之謂也。父父、子子、兄兄、弟弟、夫夫、婦婦，而家道正；正家而天下定矣。 | 〈家人〉，二、四爻爲陰，三、五爲陽 |

李鏡池作出結論：

這裡有樸素的辯證思想。陰陽、剛柔、男女、內外等對立而統一；
這裡有天地萬物構成的宇宙觀，天之上有"乾元"乾道來統率，天
之下有地來順承，萬物是依靠著乾道而生長的；這裡又有君臣、父
子、兄弟、夫婦等等級社會倫理。從作者的目的說，他要通過周易
的陰陽、剛柔、天地、日月的變化統一的道理來發揮儒家的等級社

---

〔註68〕《周易探源》頁343。
〔註69〕《周易探源》頁343。

會倫理思想。這是社會進到地主所有制封建社會爲維護統治階級利
益的理論。〔註70〕

他認爲〈象傳〉結合了剛柔說、天道觀、人道觀,彼此間巧妙的連結,互爲
表裡、相互涵攝的解釋《易經》,就思想發展來看,這的確是易學思想一大進
程。

## 貳、〈象傳〉的哲學思想

他有一個假設:「大象是在焚書坑儒之後,儒生研究周易,寫了一些作爲
讀書心得體會的筆記,發揮他們的政治倫理思想。他們仍然堅持儒家的學說,
以與秦皇對抗。大象是讀易心得體會最有代表性的一種。小象可能作於漢初,
是在叔孫通和魯諸生及他的弟子共定朝儀之後,爲維護封建統治而作。作者
或者是魯諸生。象傳的編成也出於他們之手。」〔註71〕

至於大象與小象爲何會放在一起,他認爲是小象傳的作者編定的。

大象本來是讀易的心得體會,而不是解釋易文的。小象則專爲解釋
爻辭而作。小象作者把儒生的讀易心得編集起來放在前,加上卦
"象",因而成爲一部象傳。〔註72〕

孔穎達歸類大象傳有二種詮釋方式,一是取上下兩卦的卦象合起來說解。

凡大象君子所取之義,或取二卦之象而法之者,若"地中有水,師。
君子以容民畜眾"。取卦象包容之義。若履卦象云:"上天下澤,
履。君子以辯上下。"取上下尊卑之義。如此之類,皆取二象,君
子法以爲行也。〔註73〕

第二種是直接解釋卦名的涵意,不討論卦象。

或直取卦名,取其卦義所有,君子法之,須合卦義行事者。若訟卦
云:"君子以作事謀始。"防其所訟之原,不取"天與水違行"之
象。若小畜,"君子以懿文德",不取"風行天上"之象。〔註74〕

李鏡池把這兩種方式稱爲「卦象」與「卦德」。

象傳對於卦的解釋,有兩個觀點:一是卦所以構成的物象,我們叫

---

〔註70〕《周易探源》頁344。
〔註71〕《周易探源》頁344。
〔註72〕《周易探源》頁344。
〔註73〕《周易正義・小畜・象傳》
〔註74〕《周易正義・小畜・象傳》

> 它做「卦象」。一是從卦象引申出來的義理，我們叫它做「卦德」。
> 卦象，是卦本來的意義；卦德，是人看了這個卦而覺悟出來的人生
> 哲理。〔註75〕

這樣的形容詞是有待商榷的，特別是「卦德」這個名詞。〈象傳〉中的剛柔說，如果與爻位說結合在一起，是會有「卦德」這類的概念存在其中，但這卻又不是「直言卦義」。因此筆者比較認同孔穎達的稱呼「取二卦之象而法之」、「直取卦名，取其卦義所有」。

## 一、大象傳

### （一）大象傳的「卦象」解釋法

李鏡池認爲這個卦象解釋法沒有什麼意義，跟下文沒有邏輯性的連貫，不過是以內外兩卦的"象"合成起來說明。

| | | | |
|---|---|---|---|
| 屯 | 雲雷，屯。 | 君子以經綸 | 屯卦，內（下）"震"，外（上）"坎"，"震"爲雷，"坎"爲水，水上升爲雲，(有雲則下雨，說卦的卦象，不說雲而說雨。) 故說"雲、雷、屯。"就是說，"屯"由"震"、"坎"構成的卦。這"雲、雷"只明卦象，和"君子以經綸"沒有必然的聯系。 |
| 蒙 | 山下出迫，蒙。 | 君子以果行育德 | "坎"下"艮"上，"艮"爲山，故說"山下出泉"。這和"果行育德"也沒有關連。 |

　　這是大象傳以卦象解釋卦辭的主要方式。但有時候爲著要連貫，就又不一定用卦象而改說卦德，如：〈乾·象傳〉：「天行健。君子以自強不息。」〈坤·象傳〉：「地勢坤。君子以厚德戴物。」李鏡池就如是解：

> 〈乾〉、〈坤〉兩卦大象兼用卦象和卦德，上下文就連貫起來。但
> 大象大多數說卦象而不說卦德、卦義，象傳則多用剛柔來解釋，
> 間中或說卦德、卦義，只有極少數說卦象。這是象傳和象傳的一
> 個區別。重點在明卦象，故名爲象傳。但大象的卦象，不過注明
> 每一卦由內外兩卦構成，這些卦象和它體會出的政治修養思想卻
> 很少聯系。〔註76〕

由於李鏡池歸納出「大象傳所講的卦象，跟下文所提的政治修養往往很少關係。」因此他做出結論：「象傳不是一人之作，因爲它有兩個系統，一是"君

---

〔註75〕《周易探源》頁344。
〔註76〕《周易探源》頁345。

子以……"以下的政治修養說，一是解釋爻辭的爻位說。大象是秦朝儒生的讀易體會心得，發揮儒家的政治倫理思想；小象是漢初的儒生用象傳的剛柔說解釋爻辭，藉以維護封建統治。象傳由小象作者編成，在政治修養說之上加上卦象的注解，成爲一篇象傳。」〔註77〕

## （二）大象傳的政治思想

李鏡池認爲：大象傳強調德治，孔子強調禮治，而荀子雖容納了法治思想，但荀子仍然主張禮治和人治，人治也就是德治。

> 《論語·爲政》：「道之以政，齊之以刑，民免而无恥；道之以德，
>
> 齊之以禮，有恥而格。」

將人治等同於德治，是有問題的。其次，重視「德、禮」不必然反對「政、刑」，這只是主從關係，存在著輕重的差異而已。不過，李鏡池對孔、荀在這方面的理解錯誤，不代表他對大象傳的理解也有問題。

大象強調德治，又主張省刑罰，省刑罰是德治的具體表現之一。儒家從孔子起，一貫主張德治和禮治並重的。大象強調德治，不說禮治了。……爲什麼不說禮治呢？因爲時代進到封建社會，過去儒家那一套禮治思想已不合時了。時代變了，社會變了，禮治不能不變爲法治。

荀子則是儒家過渡到法家的關鍵人物。他所謂的「禮」已經具有法的意義。他認爲禮的興起，在於"養人之欲，給人之求，"所以要"損有餘，益不足"，這就不能用原來專爲貴族利益而設的禮了。禮是法律的準則，禮也就要由法來體現它養欲、給求的目的。到了荀子的弟子韓非、李斯，就反對這種禮而專任法了。

### （1）大象傳的德治思想

禮治既不合時代需要，寫大象的儒生也不談它了。但德治，他們認爲非常重要。他們強調德治，一則反映出大象的作者的時代比荀子的時代後，捨棄違反時代的禮治；二則說明他們堅持儒家的德治主張，以與秦皇的封建統治相對抗。〔註78〕

| 師 | 君子以容民畜眾。 |
| 比 | 先王以建萬國，親諸侯。 |

〔註77〕《周易探源》頁345。
〔註78〕《周易探源》頁三四六。

| 謙 | 君子以裒多益寡，稱物平施。 |
|---|---|
| 臨 | 君子以教思无窮，容保民無疆。 |
| 剝 | 上以厚下安宅。 |
| 无妄 | 先王以茂對時，育萬物。 |
| 離 | 大人以繼明照於四方。 |
| 漸 | 君子以居賢得善俗。 |
| 節 | 君子以制數度，議德行。 |

此處要說明的是，審視整個中國政治的發展脈絡，不難發現，秦朝的統治方式與政治制度，並不適合用「封建制度」來稱呼。民初尤其是四九年之後留在中國大陸的學者，通常習慣使用「封建」來泛稱民國之前的舊朝代，此處使用「封建」一詞，雖不影響內容上的論述，但若能更斟酌字眼，應該更能有助於我們釐清李鏡池的觀念，避免偶見的瑕疵影響了我們對其易學觀念的掌握。

（2）大象傳的法治思想

不用禮而用法；但用法要平、要寬、要慎。李鏡池認為這是當時時代的反映。

| 噬嗑 | 先王以明罰敕法。 |
|---|---|
| 賁 | 君子以明庶政，无敢折獄。 |
| 解 | 君子以赦過宥罪。 |
| 豐 | 君子以折獄致刑。 |
| 旅 | 君子以明慎用刑，而不留獄。 |
| 中孚 | 君子以議獄緩死。 |

（3）大象傳中「論君子要講究修養」

關於講究修養的，如：

| 乾 | 君子以自強不息。 |
|---|---|
| 坤 | 君子以厚德載物。 |
| 蒙 | 君子以果行育德。 |
| 訟 | 君子以作事謀始。 |
| 咸 | 君子以虛受人。 |
| 大畜 | 君子以多識前言往行，以畜其德。 |

| 順 | 君子以慎言語，節飲食。 |
|---|---|
| 坎 | 君子以常德行，習教事。 |
| 小畜 | 君子以懿文德。 |
| 大壯 | 君子以非禮弗履。 |
| 晉 | 君子以自昭明德。 |
| 家人 | 君子以言有物而行有恆。 |
| 睽 | 君子以同而異。 |
| 蹇 | 君子以反身修德。 |
| 損 | 君子以懲忿窒慾。 |
| 益 | 君子以見善則遷，有過則改。 |
| 升 | 君子以順德，積小以高大。 |
| 震 | 君子以恐懼修省。 |
| 歸妹 | 君子以永終知敝。 |
| 兌 | 君子以朋友講習。 |
| 小過 | 君子以行過乎恭，喪過乎哀，用過乎儉。 |
| 既濟 | 君子以思患而豫防之。 |

李鏡池是這樣說的：

> 坑儒時孟子徒黨受禍最慘，因此我們可以有理由推斷象傳和大象作
> 於焚書坑儒之後，而作者當是孟子一派儒生，借易以發揮儒家哲學，
> 反對始皇的統治。〔註79〕

（4）大象傳中「君子對於出處辭受的態度」。

| 否 | 君子以儉德辟難，不可榮以祿。 |
|---|---|
| 大有 | 君子以遏惡揚善，順天休命。 |
| 恆 | 君子以立不易方。 |
| 遯 | 君子以遠小人，不惡而嚴。 |
| 明夷 | 君子以莅眾，用晦而明。 |
| 困 | 君子以致命遂志。 |

這幾段話被認為是儒者借易來闡發儒家思想的典型例證。當所處的時代

---

〔註79〕《周易探源》頁 346。

屬於君昏臣庸的政治黑暗期，君子的基本態度是「遠小人，不惡而嚴」，並且以「儉德辟難、遯世无悶、用晦而明」的方式來期望達致「順天休命、致命遂志」的目的。外人眼中的君子，有著「獨立而不懼、立不易方、不可榮以祿」的形象。這種思想很明顯是有爲而發的，不完全爲說易。或者說，與其說爲了解《易》而存在，倒不如說是借周易來發表自己的思想較爲確切。

## 二、小象傳

　　李鏡池指出：〈象傳〉解《易》有剛柔說、天道說還有人道說，因此整體而言，學說系統比較詳備而圓通。但小象只有剛柔說，容易流於形式主義，僅僅爲維護統治階級的等級制度千篇一律而強說。到它要強說也沒有可說時，就順著爻辭來敷衍。

> 小象解爻辭，主要是用剛柔說，就爻位來解釋。小象說的剛、柔、
> 上、下、內、外、位、中、時、應、得、當，光、明，志、行，文、
> 正等，在象傳裡都有，可以說小象是繼承象傳這種剛柔、爻位說來
> 解爻辭的。〔註80〕

最常見的例子，就是以二、五爻的「得中與否」跟「當位與否」來詮釋。
　　以「得中」或「當位」來解釋爻辭

| 需六五 | 酒食貞吉，以中正也。 |
| 訟九五 | 訟元吉，以中正也。 |
| 師六五 | 長子帥師，以中行也。 |
| 比九五 | 顯比之吉，位正中也。 |
| 復九二 | 牽復在中，亦不自失也。 |
| 履九二 | 幽人貞吉，中不自亂也。 |
| 履九五 | 夬履貞厲，位正當也。 |
| 泰六五 | 以祉元吉，中以行願以。 |
| 否九五 | 大人之吉，位正當也。 |
| 同人九五 | 同人之先，以中直也。 |
| 大有九二 | 大車以載，中不敗也。 |

　　這一類的解釋讓李鏡池頗不以爲然。他找出小象與爻辭矛盾之處的例

---

〔註80〕《周易探源》頁 350。

子。如〈蠱‧九二〉:「幹母之蠱,不可貞。」明明都說不可占了,小象傳卻說「得中道」。

（2）順文說解:李鏡池說這一類的解釋,「毫無意義之例很不少」。

| 師初六 | 師出以律,失律凶也。 |
| 比初六 | 比之初六,有他吉也。 |
| 復初九 | 復自道,其義吉也。 |
| 同人初九 | 出門同人,又誰咎也? |
| 同人六二 | 同人於宗,吝道也。 |
| 蠱九三 | 幹父之蠱,終无咎也。 |
| 大畜六四 | 六四元吉,有喜也。 |
| 大畜六五 | 六五之吉,有慶也。 |

上面八個例子,李鏡池的批評是「變相抄書」,下面的例子則是「不特曲解,實在是胡說八道」。試將爻辭與小象傳做一對比,看看李氏所言是否為真。

| 爻　辭 | 小　象　傳 |
| --- | --- |
| 觀六二:闚觀,利女貞。 | 闚觀女貞,亦可丑也。 |
| 无妄九五:无妄之疾,勿藥有喜。 | 无妄之藥,不可試也 |
| 鼎九四:鼎折足,覆公餗,其形(刑)渥,凶。 | 覆公餗,信如何也。 |

單就這三個例子來看,李鏡池的批評是有道理的。關於卦爻辭或者〈象傳〉時有押韻的情況,李鏡池認為原因在於便於記誦,間或反映當時的文學發展實際情況。而押韻與否沒有必然性。小象傳就被批評是「硬性押韻,流於形式主義」。至於小象傳的說解文字,也受到批評。

> 說解之文,尤其要力求自然,以達意為主。而象傳往往為著使文辭
> 簡練,把涵義複雜的爻辭,斷章取義,不全面解釋;而又全部作成
> 韻文。這樣作傳,古今罕見。〔註81〕

批評相當嚴厲,卻不過當。但是為何會有這樣的作者寫出這樣作品呢?他也提出假設:

> 我想這一定是那些無聊文人,諂諛儒生,做出來奉獻給統治者看的。
> 因為這種爻位說,目的無非要維護君臣倫理、家族倫理。因此我推

---

〔註81〕《周易探源》頁 352。

想是出於與叔孫通共同朝儀的魯諸生或叔孫通的弟子之手。……大
概這班儒生做了官之後，又寫了這篇易傳以獻媚惠帝。但他們原來
是習禮的，對於易沒什麼研究，故所説很膚淺。不過他們有了地位，
又知世務，合潮流，依附了漢，象傳和大象也就傳開了。〔註82〕

　　分析了《左傳》中，透過易筮所呈現出的三種思想，李鏡池認為，以「道
德觀來判斷吉凶」這一類，影響了〈象傳〉的作者面對占筮的態度，反映在
〈象傳〉的內容上，將天道結合人事，不再虛懸高處，落實在政治的範疇，
就成為教化人倫道德的宣揚品。

　　天道觀跟人道觀，由大象傳承繼，小象傳則繼承了剛柔説。儘管小象傳
説得不夠精采、不甚正確，但〈象傳〉受到〈象傳〉影響的痕跡是很明顯的。

　　至於李鏡池所稱，〈乾‧象傳〉與〈坤‧象傳〉受到老子的影響，筆者以
為，「影響」一詞，可重可輕，就如本章第一節所述，同一時期不同地區，或
者不同時期但同地區的學者與學派，彼此受到影響，是合理且不可也不須避
免的。但若據此引伸過度，認定〈象傳〉為道家作品，筆者就無法認同此一
粗疏論證所引申證成的結論。

## 參、《易傳》的卦名義例觀

　　李鏡池在一九六二年寫了〈周易卦名考釋〉，文末提到正在撰寫《周易通義》
一書。《周易通義》是對卦爻辭的注解，李鏡池注解易經的第一個步驟，就是解
釋卦名得名的原因，對卦名的得名原因以及含意提出自己的看法。〔註83〕在提
出自己看法之前，他先分析了歷來的幾種説法，首先是易傳。

### 一、〈象傳〉的説法

　　他分析了象傳對六十四卦得名的解釋。歸納出象傳對卦得名的原因分別
有：（1）爻位。（2）取象。（3）解釋卦義（4）翻譯卦辭（5）哲理引申這五
種方式。

象傳完全釋卦與卦辭，它的方法有這幾種：（1）以“爻位”釋卦。
如：小畜。小畜──柔得位而下應之，曰小畜。……（2）以“取象”
釋卦。如：蒙。蒙──“山”下有“險”，“險”而“止”，蒙。……

〔註82〕《周易探源》頁352。
〔註83〕主要見於〈周易卦名分析〉以及〈易傳探源〉二篇。

（3）釋卦義。如：師。師，眾也。……（4）"卦" "辭" 直釋。
如：乾。大哉 "乾元"，萬物資始，乃統天。雲行雨施，品物流形，
大明終始，六位時成；時乘六龍，以御天。……（5）哲理的引伸。
如：謙。……天道虧盈而益謙，地道變盈而流謙，鬼神害盈而福謙，
人道惡盈而好謙。〔註84〕

然則這樣的分析，恐怕瑣碎且有模糊地帶。「解釋卦義」跟「卦辭直譯」，本
質上都屬於解釋字詞語句。「哲理的引申」跟其他四類也並不是屬於同一層
次。就算是以爻位釋卦，也可以蘊含哲理的引申。就以李鏡池自己所舉的〈小
畜〉和〈同人〉來看：

〈彖〉曰：小畜，柔得位而上下應之，曰小畜。健而巽，剛中而志
行，乃亨。密雲不雨，尚往也。自我西郊，施未行也。

〈彖〉曰：同人，柔得位得中，而應乎乾，曰同人。同人曰「同人
于野，亨。利涉大川。」乾行也。文明以健，中正而應，君子正也。
唯君子爲能通天下之志。

同樣是「柔得位」，「上下應之」的，取名〈小畜〉；「應乎乾」的，卻叫〈同
人〉。很明顯的，這當中的取捨就已經存在著哲理性的思考。因此，將〈彖傳〉
分析卦名的方式分為三類：（1）爻位。（2）卦象。（3）卦爻辭。應該是比較
恰當的分類。

李鏡池整理出〈彖傳〉對於卦名的解釋的幾個大類。

## 卦名解釋方式分類表

| 純粹以卦象解釋卦義 |
| --- |
| 1. 鼎　鼎，象也。以木巽火（離），烹飪也。 |
| 2. 恆　雷風相與，巽而動。 |
| **卦象混合卦德來解釋卦義** |
| 1. 蒙　山中有險，險而止，蒙。 |
| 2. 訟　上剛（即乾）下險（坎），險而健，訟。 |
| 3. 晉　明出地上（坤下離上），順而麗乎大明。 |
| 4. 明夷　明入地中，明夷。 |
| 5. 睽　睽：火（離）動而上，澤（兌）動而下。 |

---

〔註84〕《周易探源》頁 229～230。

6. 解　解：險（坎）而動（震），動而免乎險，解。

7. 豐　明（離下）以動（震上），故豐。

| 清楚說明卦義 |
| --- |
| 8. 需　需，須也。險（坎）在前也。剛健（乾）而不陷（坎），其義不困窮矣。 |
| 9. 師　師，眾也。 |
| 10. 比　比，輔也。下順從（坎）也。 |
| 11. 剝　剝也。柔變剛也。（剝，坤下艮上，五爻皆柔，上九獨剛。） |
| 12. 大過　大過，大者過也。 |
| 13. 坎　習坎，重險也。 |
| 14. 離　離，麗也。日月麗乎天，百穀草木麗乎土，重明以麗乎正，乃化成天下。 |
| 15. 咸　咸，感也。柔上而下剛，二氣感應以相與，止（艮下）而說（兌上），男下女，是以"亨"。 |
| 16. 恆　恆，久也。剛上而柔下。雷風相與，巽而動，剛柔皆應，恆。 |
| 17. 大壯　大壯，大者壯也。剛以動，故壯。 |
| 18. 晉　晉，進也。明（離上）出地上（坤下），順而麗乎大明。 |
| 19. 蹇　蹇，難也。險（坎上）在前也。見險而能止（艮下），知矣哉！ |
| 20. 夬　夬，決也。剛決柔也（乾下兌上，全卦只上六一爻為柔）。健而說，決而和。 |
| 21. 姤　姤，遇也。柔遇剛也（巽下乾上，全卦一柔在下）。 |
| 22. 萃　萃，聚也。順（坤下）以說（兌上），剛中而應，故聚也。 |
| 23. 艮　艮，止也。時止則止，時行則行，動靜不失其時，其道光明。 |
| 24. 歸妹　歸妹，天地之大義也。天地不交而萬物不興。歸妹，人之終始也。說（兌下）以動（震上），所歸妹也。 |
| 25. 豐　豐，大也。明（離下）以動（震上），故豐。 |
| 26. 兌　兌，說也。剛中而柔外，說以利貞，是以順乎天而應乎人。說以先民，民忘其勞；說以犯難，民忘其死。說之大，民勸矣哉！ |

　　李鏡池的結論是「從卦畫的位置來說明卦義的，是彖傳的特點。」

## 二、〈象傳〉的說法

　　李鏡池認為，他所分析的象傳五種分類方式，除了第三種，其餘四種象傳都採用了。

　　李鏡池對象傳解釋卦名原因的分類，正好可以顯示他對象傳分類的不恰當。卦象是外在清楚可見可辨別的，卦德則是引申的、不明顯的。表面上，

二者一內一外，將六十四卦得名的原因做了簡明的區分。但是，這二者確有同時並存的時候。以李鏡池所舉的八卦為例來檢視：

| 乾 | 天行健。君子以自強不息。 |
|---|---|
| 坤 | 地勢坤。君子以厚德載物。 |
| 震 | 洊雷，震。君子以恐懼脩省。 |
| 巽 | 隨風，巽。君子以申命行事。 |
| 坎 | 水洊至，習坎。君子以常德行，習教事。 |
| 離 | 明兩作，離。大人以繼明照於四方。 |
| 艮 | 兼山，艮。君子以思不出其位。 |
| 兌 | 麗澤，兌。君子以朋友講習。 |

除了「厚德載物」跟「地」搭配，勉強可說是根據自然界大地的特性：「負載萬物、承受萬物，恩德深厚」之外。其他七卦，都是把卦象跟卦德混在一起論述，〔註85〕由「天」引出「自強不息」，由「風」引出「申命行事」，那都是哲理的引申。

李鏡池同時指出，講「卦象」是原始的自然思想，漢易屬之。講「卦德」是春秋時代的易學新發展，魏晉以後義理說易一派屬之。

> 象傳對於每卦都從卦象與卦德兩方面給它做簡單的說明。關於卦象，它採用傳統的說法，沒甚麼新意義。關於卦德，他從卦象與卦辭中每卦找出一個主要的觀念來，然後提出他的人生哲學與政治思想，附在卦象之下。〔註86〕

除了卦象與卦德這兩種方式，還有一種是「取引申義」。他以需卦做例子。

〈需〉：「有孚。光亨。貞吉。利涉大川。」

〈需·大象〉：「雲上於天，需。君子以飲食宴樂。」

「雲上於天」是需卦的卦象，可是跟「君子以飲食宴樂」似乎並沒有意義上的觀連。孔穎達想從二卦合象去解釋，說「雲於天上，欲雨之義。」然而，「欲雨」與「飲食宴樂」的關連，仍然很遠。〈序卦傳〉曰：「物稚不可不養也，故受之以需。需者飲食之道也。」解需為養，意思與飲食有關，但「解需為養」必需要有訓詁上的證據，可是典籍中卻又沒有例證可考。

---

〔註85〕李鏡池認為，乾坤專言卦象，乾坤六子則象德連言。《周易探源》頁229～230。
〔註86〕《周易探源》頁234。

關於這點，李鏡池的看法是：

> 一是或因需六五有「需于飲酒，貞吉」的話，大象作者就"斷章取義"地說「君子以飲食宴樂」。二是取的反訓的辦法，需有所待，滿足所需有叫做需。……需是下雨之象，下雨則潤澤，農業時代，對于雨是急需的。大旱望雲霓而時雨降，則豐收，有年；當他穰穰滿家的時候，豈不是婦子嘻嘻，有飲有食了嗎？〔註87〕

這樣的推論，李鏡池自己也承認有點近於附會。但他強調這樣的論述較之孔穎達或者朱子的說法，略合理些。並做出結論：「大象解需，是不根據卦象也不根據卦德來說的，他用的是一種伸展法，聯想法。」〔註88〕

# 本章小結

李鏡池對《易傳》成書年代的判斷，是筆者以為有待修定斟酌之處。然而其他部分的論述，仍有可觀可取之處。

一、《左傳》提及的易筮共有三類。第一類，以卦爻辭跟卦象作為推斷吉凶的根據。第二類，以道德觀來判斷吉凶。當中包含了二個原則：「易不可以占險」以及「求問之人必須有德」。所帶來的影響，是開啟了引申解釋卦爻辭的自由空間。第三類，廢除卜筮的儀式，直引易文。

二、想從《左傳》、《國語》中求占筮的原則，是不可能的事情。因為時代古遠，且又看不出筮中存在著一致的標準。但筮占的方法雖推敲不出，但筮占的原則就相當明確，包括「易不可占險」以及「求問之人必須有德」這兩項。必須從求占者其人其位，以及其時其事加以推求對照，與占辭是否相合，然後才能論定吉凶。

三、雜占是筮占之外的其他占問方法。不僅方式上不同，連初始的起源都不一樣。蓍龜是先有疑難，求教於「神物」如蓍龜，以謀解決。雜占是因事物有著特殊的顯現，因而起了推究未來吉凶的念頭。一種是人為，一種是天啟。

四、卦爻辭中也有不少關於物占〔註89〕的話，這是《周易》全書中最難

---

〔註87〕《周易探源》頁238。
〔註88〕《周易探源》頁238。
〔註89〕此處的「物占」是李鏡池新創的名辭，實際上是《漢志》的雜占。

解釋，附會最多的地方。卦爻辭中與物占相關的材料，分為兩類。第一類，在日常生活上偶然發生的現象，用來推占未來的吉凶。第二類，因所見聞之事物而占有吉凶的。

五、《周易》卦爻辭中所以有物占，源自於古人的習慣，如《左傳》中，卜和筮常同時舉行，無非是取其協襲之意。卜筮若能與物象或者夢境相符，則行事必因雙重之指兆而信心堅決。這是卦爻辭中會有物占存在的原因。

六、〈彖傳〉對卦與卦辭的解釋，共有「以"爻位"釋卦、以"取象"釋卦、直釋卦義、對卦辭的直釋以及哲理的引伸」這五種方式。並可再簡約成卦象、卦德、爻位三種。

七、〈彖傳〉以天道說明人道，反映在政治思想。以剛柔結合陰陽，發揮為"爻位"說。在《易傳》七篇中，〈彖傳〉是最有代表性的作品，它綜合了由陰陽家的陰陽說所發展出來的剛柔說，道家的宇宙觀，和儒家的政治思想、行為修養思想來說解周易。

八、〈彖傳〉對於卦的解釋，有兩種觀點：一是直接解釋卦象的，且多以八卦的象來做為基礎。二是從卦象引申出來的義理，稱為"卦德"。卦象，是卦本來的意義；卦德，是人看了這個卦而覺悟出來的人生哲理。

九、〈說卦傳〉、〈雜卦傳〉是將〈彖傳〉、〈象傳〉的說法加以整理，歸納成系統化的記載。但對於卦德則無所著墨。

十、大象傳是焚書坑儒之後，儒生們關於《易經》的讀書心得體會的筆記，是讀《易》心得體會這類著作終，最有代表性的一種。小象可能作於漢初，是在叔孫通和魯諸生及他的弟子共定朝儀之後，為維護封建統治而作。作者或者是魯諸生。象傳的編成也出於他們之手。

以上為李鏡池《易傳》理論的概述。他並且針對《易傳》的價值，學術血緣的屬性做出結論：「從思想脈絡與歷史發展的角度來看，《易傳》對卦爻辭的注解並不符合訓詁上的義界。與其說是注經之作，無寧說是讀經心得更為恰當。」

# 第五章　李鏡池《周易通義》的解經方法

　　在李鏡池的觀念裡，《周易》是卜筮之書，同時也是一本古代社會生活史。因此，當他注解《易經》時，就不僅僅是單純的借由訓詁找出字義這麼單純而已，他根本上是嘗試著將《周易》解成一本古代生活紀實，因此在《周易通義》裡，唯物史觀以及辯證法的痕跡處處可見。至於該如何正確的去理解《易經》、注解《易經》，他提出三個大原則。筆者以為，這是李鏡池經注系統的三大支柱。

> 今天我們研究《周易》，首先要把經與傳分開。因為它們是不同時代
> 的作品，不能混為一談。……其次要明白《周易》的組織體例。〔註1〕
> 要明白《周易》的組織體例。因為《周易》的原始材料是舊有的筮
> 辭，一事一占，本來是孤立的，不是相聯系的。經作者編排組織之
> 後，成為有系統的書。但這種系統不是漢人的爻位說，而是我們上
> 面說的各卦的內部組織，卦畫、標題、卦辭、爻辭的特點及互相間
> 的關系，以及貞事辭、貞兆辭、象占辭與非筮辭的區別、聯系。不
> 了解作為占筮參考書的這些特點去讀《周易》，就如墮五里霧中，或
> 跟隨舊注，只看卦名，望文生訓。〔註2〕
> 讀《周易》還有一個基本點，就是要明了《周易》所反映的時代以
> 及它所產生的時代，然後根據歷史唯物主義的觀點，把其中所記述
> 的材料、所表述的思想，放到當時的具體歷史條件下去理解和分析。

---

〔註1〕《周易通義‧前言》頁10。
〔註2〕《周易通義‧前言》頁10。

這三項是李鏡池注解《易經》時，所依循的積極原則。另外還有消極原則，就是不能採取的錯誤進路。

> 在今人的研究中，由於不明《周易》的組織體例，所以往往未能統觀全書，從整體加以解說，而普遍存在尋章摘句、望文生義、孤立零星地進行注釋分析的毛病。有時在解不通、感到前後矛盾的地方，則隨意改易原文。〔註3〕這些都是不可取的。〔註4〕

最終的目的，其實就是要讓《周易》以一種「豐富呈顯了古代生活史料的卜筮書」的風貌出現在眾人面前。換言之，訓詁只是假手段，一字多義時，所選擇用來解釋卦爻辭的那個意義，極可能只是爲了證成原本預設的觀點。就像他將六十四卦分類，分別放入不同生活性質的框架。

# 第一節　解釋卦名與確立卦旨

## 壹、解釋卦名

筆者整理出《周易通義》對六十四卦卦名的義例，共出現十四種術語。分別爲：「從內容標題」、「從"卦"之二義標題」、「以多見詞標題」、「從"卦"之義與多見詞標題」、「從"卦"之二義與多見詞標題」、「以"一詞多義，多見詞"標題」、「從內容及多見詞標題」、「以"某一義爲連貫，根據形式連繫"標題」、「以多見詞及"卦"之義標題」、「以多見詞及"卦"之二義標題」、「從內容及多見詞標題」、「以對立轉化的兩個概念標題」、「沒有標題」、「沒有規則可循」。

但是就如同在第二章第三節〈六十四卦卦名得名原因與卦名樣式〉當中所分析的，「內容」與「多見詞」並不是兩個完全對立的分類範疇，找出卦得名的原因，訓解每一個卦名的字義，確實有助於我們掌握卦爻辭，但是在分類上，宜先說明術語的義涵指涉，在力求術語的正確使用，應該會是比較恰當的方式。

李鏡池所稱的「從內容標題」的「內容」一詞，指的就是卦爻辭所論及的各項事物。比如坤卦，

---

〔註3〕指高亨。
〔註4〕《周易通義・前言》頁10。

坤：《古鉥》作坤，从立，人立地上之意。……坤卦主要講活在大地

上的人的活動，兼及對大地的認識。從內容標題。

坤卦卦爻辭未曾出現一個"坤"字或者"地"字。但它所講述的確實就是人類生活於地面上所從事的各種活動。這就是「從內容標題」最典型的例子。

　　而李鏡池所謂的「多見詞」，應當是他以為可與「內容」一詞相對的，指外在的文字形式的。比如蒙卦，蒙字共出現七次，但他不用「以多見詞標題」稱呼蒙卦，而是說「以多見詞作形式連繫標題」，可見得李鏡池講的「多見詞」是指外在的文字形式。是與「內容」相對，一內一外的。但是儘管我們完全的以李鏡池的注解來檢視他的分類中，與「多見詞」相關的十八個卦，我們就會發現這當中竟然是一片混亂。下製一表以利閱讀。

## 卦名得名義例表一

| 以多見詞標題 | | | |
|---|---|---|---|
| 卦名 | 出現次數 | 有幾種意義 | 原　文 |
| 蒙 | 7 | 3 | 童蒙〔註5〕、發蒙、包蒙、困蒙、擊蒙 |
| 需 | 5 | 1 | 需於郊、需於沙、需於泥、需於血、需於酒食 |
| 履 | 7 | 3 | 履虎尾、素履、履道坦坦、跛能履、履虎尾、履虎尾、視履考祥 |
| 蠱 | 5 | 1 | 幹父之蠱、幹母之蠱、裕父之蠱、裕父之蠱、幹父之蠱 |
| 剝 | 5 | 2 | 剝床以足、剝床以辨、剝之、剝床以膚、小人剝廬 |
| 坎 | 4 | 1 | 習坎、入于坎窞、坎有險、來之坎坎、入于坎窞、坎不盈 |
| 咸 | 5 | 1 | 咸其拇、咸其腓、咸其股、咸其脢、咸其輔，頰，舌。 |
| 恆 | 4 | 1 | 浚恆、不恆其德、恆其德、振恆 |
| 大壯 | 3 | 2 | 壯于趾、小人用壯、壯于大輿之輹。 |
| 明夷 | 5 | 5 | 明夷于飛、明夷、明夷于南狩、獲明夷之心、箕子之明夷 |
| 損 | 5 | 1 | 酌損之、弗損益之、三人行，則損一人、損其疾、弗損益之 |

---

〔註5〕　出現三次。

| 益 | 2 | 1 | 或益之、莫益之 |
|---|---|---|---|
| 萃 | 3 | 1 | 乃亂乃萃、萃如，嗟如、萃有位 |
| 井 | 9 | 3 | 改邑不改井、往來井井、汔至亦未繘井、井泥不食、井谷射鮒、井渫不食、井甃、井洌、井收勿幕 |
| 兌 | 5 | 1 | 和兌、孚兌、來兌、商兌、引兌 |
| 豐 | 4 | 1 | 豐其蔀、豐其沛、豐其蔀、豐其屋 |
| 鼎 | 6 | 1 | 鼎顛趾、鼎有實、鼎耳革、鼎折足、鼎黃耳金鉉、鼎玉鉉 |
| 升 | 4 | 2 | 允升、升虛邑、升階、冥升 |

| 從"卦"之義與多見詞標題 | | | |
|---|---|---|---|
| 卦名 | 出現次數 | 有幾種意義 | 原　文 |
| 革 | 4 | 1 | 鞏用黃牛之革、己日乃革之、革言三就、小人革面……。 |

| 從"卦"之二義與多見詞標題（以多見詞及"卦"之二義標題） | | | |
|---|---|---|---|
| 卦名 | 出現次數 | 有幾種意義 | 原　文 |
| 困 | 6 | 2 | 臀困于株木、困于酒食、困于石、困于金車、困于赤紱、困于葛藟 |
| 節 | 5 | 2 | 苦節不可貞、不節若、安節、甘節、苦節 |
| 解 | 2 | 2 | 解而拇、君子維有解， |
| 无妄 | 4 | 2 | 无妄、无妄之災、无妄之疾、无妄 |
| 小過 | 3 | 2 | 弗過防之、弗過遇之、弗遇過之 |

| 以「一詞多義，多見詞」標題 | | | |
|---|---|---|---|
| 卦名 | 出現次數 | 有幾種意義 | 原　文 |
| 比 | 6 | 3 | 有孚比之、比之自內、比之匪人、外比之、顯比、比之无首 |
| 賁 | 6 | 3 | 賁其趾、賁其須、賁如濡如、賁如皤如、賁于丘園、白賁 |

| 以多見詞及"卦"之義標題 | | | |
|---|---|---|---|
| 卦名 | 出現次數 | 有幾種意義 | 原　文 |
| 巽 | 3 | 1 | 巽在床下、頻巽、巽在床下 |

僅僅比較到這裡，我們不難發現，除了〈解〉卦中"解"字只出現一次。

其餘諸卦，卦名之字出現在卦爻辭中的次數至少三次多達八次。再細查這些卦所論及的內容，沒有不與卦名字義相合的。由此可見，要用「內容」與「形式（多見詞）」將卦名得名義例加以分類，並不是很明智的做法。下面我們再接著來審視與「內容」有關的分類。

## 卦名得名義例表二

| 從內容標題 | | | |
|---|---|---|---|
| 卦名 | 出現次數 | 有幾種意義 | 原　　文 |
| 乾 | 0〔註6〕 | 1 | |
| 坤 | 0 | | |
| 訟 | 3 | 1 | 不克訟、不克訟、訟元吉 |
| 觀 | 6 | 1 | 童觀、窺觀、觀我生、觀國之光、觀我生、觀其生 |
| 大過 | 0〔註7〕 | | |
| 隨 | 2 | 1 | 隨有求得'隨有獲 |
| 離 | 2 | 2 | 黃離、日昃之離 |
| 睽 | 2 | 1 | 睽孤、睽孤 |
| 家人 | 4 | 2 | 閑有家、家人嗃嗃、富家、王假有家 |
| 大畜 | 0 | 0 | |
| 大有 | 0〔註8〕 | | |
| 小畜 | 0 | | |
| 中孚 | 0 | | |

　　觀卦是最明顯與「以多見詞標題」高度雷同的一個卦，觀字出現六次之多。即使是被李鏡池歸類為「以多見詞標題」的諸卦相比，也僅次於蒙、履、井三卦。由此可見，以「內容」跟「多見詞」來分類卦名，必需要有更精細的說解、運用，才不至於有混淆不清的情況。李鏡池自己應該也發現了這個

---

〔註6〕〈乾・九三〉：「君子終日乾乾……。」此處之「乾」明顯與李鏡池所稱，作「幹」解的「乾」字不同義。

〔註7〕〈大過・上六〉：「過涉滅頂，凶。」此處之"過"為渡過，與大"過"所指過度之事不盡相同。

〔註8〕〈大有・九二〉：「大車以載，有所往，无咎。」此處"有"字很明顯不與「大有」之「有」同義。

問題，因此他另有一個名稱是「以內容和多見詞標題」。只可惜這樣的區分，仍舊沒有釐清的幫助。

### 卦名得名義例表三

| 從內容及多見詞標題 | | | |
|---|---|---|---|
| 卦名 | 出現次數 | 有幾種意義 | 原文 |
| 臨 | 6 | 1 | 咸臨、咸臨、甘臨、至臨、知臨、敦臨 |
| 渙 | 5 | 1 | 渙奔其機、渙其躬、渙其群、渙汗其大號、渙其血去逖出 |
| 旅 | 6 | 1 | 旅貞吉、旅瑣瑣、旅即次、旅焚其次、旅于處、旅人先笑後號咷。 |
| 蹇 | 6 | 1 | 往蹇、王臣蹇蹇、往蹇來反、往蹇來連、大蹇朋來、往蹇來碩 |
| 震 | 8 | 1 | 震來虩虩、震來虩虩、震來厲、震蘇蘇、震行无眚、震遂泥、震往來厲、震索索、震不于其躬 |
| 晉 | 4 | 1 | 晉如摧如、晉如愁如、晉如碩鼠、晉其角 |
| 遯 | 5 | 1 | 遯尾、系遯、好遯、嘉遯、肥遯 |
| 頤〔註9〕 | 7 | 1 | 觀頤、觀我朵頤、顛頤、拂頤、顛頤吉、由頤 |
| 復 | 8 | 1 | 反復其道、七日來復、不復遠、休復、頻復、中行獨復、敦復、迷復 |
| 噬嗑 | 4 | 1 | 噬膚滅鼻、噬臘肉、噬乾肺、噬乾肉 |
| 豫 | 4 | 2 | 鳴豫、盱豫、由豫、冥豫 |
| 謙 | 5 | 1 | 謙謙君子、鳴謙、勞謙、撝謙、鳴謙 |
| 同人〔註10〕 | 5〔註11〕 | 1 | 同人于野、同人于門、同人于宗、同人，先號咷而後笑、同人于郊 |
| 師〔註12〕 | 5 | 1 | 師出以律、在師中、師或輿尸、師左次、長子帥師 |
| 歸妹 | 4 | 1 | 歸妹以娣、歸妹以須、歸妹愆期、帝乙歸妹 |

在「以內容及多見詞標題」這一分類下，震卦的震字出現次數多達八次，

---

〔註9〕原文爲「『頤』是多見詞，同時也與內容有關。」
〔註10〕原文爲「同人又是多見詞，據內容與形式標題。」
〔註11〕李鏡池認爲，「同人于野」是卦詞，卦名同人已被省寫了。
〔註12〕原文爲「據內容與形式就 標題。」

六十四卦中僅次於井卦。所以，當我們思考「震卦」究竟該歸類為「內容」還是「多見詞」的時候，其實根本之道是要區分清楚，究竟該用怎樣的術語，正確簡明的將六十四卦的卦名義例安置妥當。

下面繼續將其他組術語的卦做一個整理。

## 卦名得名義例表四

| 從"卦"之二義標題 | | | |
|---|---|---|---|
| 卦名 | 出現次數 | 有幾種意義 | 原　　文 |
| 夬 | 2 | 2 | 君子夬夬、莧陸夬夬 |
| 姤 | 1 | 2 | 姤其角 |
| 未濟 | 1 | 2 | 未濟 |
| 既濟 | 0 | 2 | |
| 以某一義為連貫，根據形式連繫標題 | | | |
| 卦名 | 出現次數 | 有幾種意義 | 原　　文 |
| 屯 | 2 | 1 | 屯如邅如、屯其膏 |
| 以對立轉化的兩個概念標題 | | | |
| 卦名 | 出現次數 | 有幾種意義 | 原　　文 |
| 泰 | 0 | 1 | |
| 否 | 4 | 1 | 否之匪人、小人吉，大人否亨、休否、傾否 |
| 卦名 | | | |
| 卦名 | 出現次數 | 有幾種意義 | 原　　文 |
| 艮 | 7 | 1 | 艮其背、艮其趾、艮其腓、艮其限、艮其身、艮其輔、敦艮 |
| 沒有規則可循 | | | |
| 卦名 | 出現次數 | 有幾種意義 | 原文 |
| 漸 | 6 | 1 | 鴻漸于干、鴻漸于磐、鴻漸于陸、鴻漸于木、鴻漸于陵、鴻漸于逵 |

綜觀李鏡池對卦名得名義例的分類，會發現當中有許多必須調整的細節。對卦名意旨的判斷正確與否，將在第五章詳細論述分析，本節僅處理外部的問題，將不符合李鏡池所下標題的諸卦，重新歸分回適合該卦所屬的標目之下。

## （一）屯　卦

〈屯〉：「元亨，利貞。勿用有攸往。利建侯。」

〈屯・六二〉：「屯如邅如，乘馬班如。匪寇，婚媾。女子貞不字，
十年乃字。」

〈屯・九五〉：「屯其膏。小貞吉，大貞凶。」

李鏡池是這樣解釋的：〔註13〕

屯：難也。卦爻辭講各種難事。……內容不一，以難義爲連貫，根
據形式聯繫標題。

屯如邅（沾）如：屯邅，猶逡巡。欲進不進，有如行路艱難的樣子。

屯其膏：把肥肉儲存起來。屯，借爲囤，積聚也。

李鏡池將屯卦卦義解爲「難」，但是卦爻辭中的二個「屯」字，卻分別是解爲
「逡巡」跟「屯積」，因此，將屯卦歸類在「從內容標題」，是比較合適的歸
類。

## （二）泰與否

〈泰〉：「小往大來。吉亨。」

李鏡池是這樣解釋的：

泰：通，好。全卦內容散雜，事類不一，但以對立轉變的概念作爲
組織聯繫。與《否》卦相對立爲組卦。以對立轉化的兩個概念標題。

〔註14〕

細查泰否兩卦的爻辭，會發現當中有吉有凶，並非泰爻辭一定都好，否爻辭
一定都壞。當中確實充滿吉凶相倚禍福與共的關係。那麼，最能夠有效論斷
泰吉否凶的證據，就在於卦詞的「小往大來」與「大往小來」。因此，不妨將
泰否兩卦，歸類爲「從內容標題」。

## （三）艮　卦

艮（根去聲）：從七目，集中視力，有所注意的意思。內容講注意保
護身體。沒有標題，因避免重複而省。〔註15〕

李鏡池說艮卦沒有標題。是因爲避免重複而省。但是同樣沒有標出卦名的

---

〔註13〕《周易通義》頁 8〜11。
〔註14〕《周易通義》頁 25。
〔註15〕《周易通義》頁 103。

「履、否、同人、大有、中孚這五個卦，李鏡池卻仍舊加以歸類，因此，艮卦理應比照處理，放入「從內容及多見詞標題」。

## （四）漸　卦

漸：借爲，進也。屬寫家庭生活之卦。六爻首句都以「鴻漸于△」起興，因而取「漸」字標題。〔註16〕

卦爻辭中的「鴻」李鏡池解爲水鳥，「鴻漸」指鳥兒前進飛翔。漸卦的卦爻辭很有民歌色彩，也具備了基本的文學書寫素養。鳥兒一路往上飛翔，由水澗、涯岸、陸地、樹木、丘陵與大山。層次分明，錯落有致。很有奮進向上的正面感覺。因此，取名「漸」並非毫無規則可循，相反的，將漸卦放入「從內容標題」才眞是恰當。

分析到此處，不難發現六十四卦的卦名，沒有一個卦是脫離內容的。因此，「從內容標題」這個標目，其實沒有意義。而且，就僅僅在李鏡池所歸類的「從內容標題」諸卦中，卦名之字出現在卦爻辭中的比例，絲毫不低於「以多見詞標題」的諸卦，更可見這樣的分類缺乏實質意義。

然而，將每一卦標明「從某某原因標題」是必要的，在註解易經的步驟中，這是第一個基本的步驟。只是在分類述與使用上，應該要做出以下的調整。

在「從內容標題」的標目之下，保留乾、坤、大過、大畜、大有、小畜、中孚這七個卦。說明它們無法立即判定卦名義例，必須通過「研讀卦爻辭的方式」才能了解該卦得名的原因與卦名意義。往上推論，卦爻辭的編纂者應當也是透過這種方式來擬定卦名。

## 貳、確立卦旨

說明卦名義例之後，下一步驟就是確定每一卦的中心思想及其所指。因爲六十四卦表現出的是當時人們生活概念，內容上包羅萬象，並不是每一個卦都專屬於某一個內容指涉。因此，如果卦的內容很單純，僅指某一種生活方式或形態或專屬某一種性質，李鏡池便會直接給一個「某某」專卦的名稱。如果內容範圍較複雜或者講的是抽象的概念，則沒有這樣的稱謂術語。筆者根據《周易通義》所歸納，製成一表以利參閱。

六十四卦主旨分類表

---

〔註16〕《周易通義》頁105。

| 行旅（商旅）專卦 | 〈需〉、〈隨〉、〈復〉、〈明夷〉、〈睽〉、〈豐〉、〈旅〉 |
|---|---|
| 農業專卦 | 〈蒙〉、〈小畜〉、〈大有〉、〈大畜〉、〈頤〉 |
| 軍事專卦 | 〈師〉、〈同人〉、〈離〉、〈晉〉、〈革〉 |
| 行為修養專卦 | 〈履〉、〈豫〉、〈无妄〉、〈節〉 |
| 政治專卦 | 〈臨〉、〈觀〉、〈剝〉、〈遯〉、〈萃〉 |
| 鬥爭專卦 | 〈訟〉、〈井〉 |
| 素樸辨證觀念 | 〈泰〉、〈否〉。〈損〉、〈益〉。〈既濟〉、〈未濟〉。〈謙〉、〈蹇〉 |
| 婚姻專卦 | 〈賁〉、〈姤〉、〈歸妹〉 |
| 飲食專卦 | 〈噬嗑〉、〈鼎〉。 |
| 描述「生活型態轉變」的專卦 | 〈坎〉、〈大壯〉 |
| 刑獄專卦 | 〈困〉 |
| 禮儀專卦 | 〈中孚〉 |
| 家庭生活專卦 | 〈漸〉、〈家人〉 |
| 自然現象（災害）專卦 | 〈渙〉、〈震〉 |
| 描述「生活或生產活動中諸多困難」的專卦 | 〈屯〉、〈比〉、〈恆〉。 |

要說明的是，對於這些很明確被歸類了性質的卦，李鏡池有時是在注解卦辭時就先開宗明義的說這是某某性質的專卦，有時則是在注解完最後一條爻辭，就全卦做總結時，才加以說明。

# 第二節　象占與筮占

在第二章第四節〈卦爻辭的分類〉中已經提過：李鏡池是以「象占」一詞代替「雜占」，這個「象占」包括了星占、夢占、鳥占、蛇占以及謠占。《周易通義》中，李鏡池對這個術語的使用卻有些混亂而不統一。

照理而論，當某一卦或某一爻被他認為是象占時，應該統一固定說明屬於象占類的某某占。但在《周易通義》裡，有時候他只說這是象占，比如夬卦初九爻辭：「壯于前趾。往，不勝為咎。」注解曰：「這是象占，占行旅。」但有時他卻又直接說是夢占、蛇占。例如剝卦初六：「剝床以足。蔑貞，凶。」注解曰：「『剝床以足』，是夢占詞。」

整理了這些屬於象占的卦之後，筆者認爲，在解釋象占之時，李鏡池最正確也最正統的術語凡例是「某某占，屬象占之一。」接著解釋所象徵之物以及象徵涵意。例如

〈坤・上六〉：「龍戰于野，其血玄黃。」

李鏡池是這樣注解的：

龍戰是蛇孽之占，屬象占之一。龍象徵大人，暗示貴族之間的鬥爭。

〔註17〕

以下將李鏡池所認爲是象占的諸卦列出並略加介紹，至於這樣的區分是否恰當，將在第五章詳細討論。此處只先介紹被李鏡池列爲象占的諸卦爻，並以「稽核其用語是否恰當無誤」爲論述重點。

## 壹、整卦皆爲象占

### 一、〈乾〉

李鏡池接受了聞一多的說法，認爲「乾」本爲「斡」，是北斗星，而龍是龍星。乾卦一整個卦都是星占。〔註18〕

如果卦爻辭沒有經過編纂，那麼同一卦的卦爻辭之間，出現不連貫甚至矛盾的情況，都還可以理解。但是，既然李鏡池認定卦爻辭經過有意的編纂而成書，那麼，同一卦的卦爻辭必然是整體一致的。如果卦講北斗星，爻講龍星，卦自卦，爻自爻，這便不合常理。

但無論如何，李鏡池對乾卦的解釋用語則是最符合正例。

乾卦主要談星占，屬象占之一。乾代表天，但這個天不是指天體，而是有意志的天，表現了古人「天人感應」的迷信思想。其作用在於宣傳以神道設教，要人行爲好。作者寫了貴族內訌的醜惡現象，

---

〔註17〕《周易通義》頁5。

〔註18〕《周易通義・乾》：「潛龍：龍，龍星。《說文》："龍，春分而登天，秋分而潛淵。「潛龍」即秋分的龍星。田：天田，龍星左角的一個星。飛龍在天：指龍星「春分而登天」。……亢龍：聞一多解爲直龍。亢有直義。龍欲曲不欲直。《史記・天官書》：「東宮蒼龍——房、心。心爲明堂，大星天王，前後星子屬。不欲直，直則天王失計。」即曲龍吉，直龍凶；曲龍是正常的，直龍則反常。甲骨文的龍字也畫作卷龍形。……群龍：猶卷龍。卷曲就不見其首。這也是星占。」

並說明天是會勸善懲惡的。〔註19〕

歸類〈乾〉為星占，屬於象占的一種。

## 二、〈咸〉

咸卦除九四非象占，其餘諸爻都被李鏡池解為象占中的夢占。

> 以上三爻所說，傷了拇、腓、股、隨，當屬夢占辭。筮占亦凶，只利
> 於居。受傷難行，故往則吝，有困難。表明筮占與夢占相應。〔註20〕

> 臉部連同舌頭都傷了。以上二爻也是夢占之辭。〔註21〕

但這樣的解釋其實不夠謹慎，並沒有文字證明這是夢境。說夢占太牽強。但是如果因為因為手腳受傷而帶出「利居家不宜外出」的結論，然後稱其為「象徵」，就是可以的了。

因此，筆者還是要強調：李鏡池逕自使用「象占」一詞來取代「雜占」，儘管有其立論考慮，然以詮釋的整體與嚴謹來考量，容或有斟酌修改之空間。若能保留「雜占」之名，將夢占、星占等放入這一標目之下。而「象占」一詞，就以「象徵」代替。「象徵」的彈性空間很大，實際的物象跟抽象的概念都可以囊括其中。李鏡池還另外提出了「象占在《周易》中是很少見的」說法。

> 本卦為《下經》的首卦，與《上經》的首卦《乾》一樣，主要是象
> 占。這在《周易》是很少見的。〔註22〕

言下之意似乎暗示，這樣的情況是周易的編纂者有意為之的。

咸卦值得提出討論的，是形容夢占時的用語。細查李鏡池對九三爻辭的注解，發現他將「咸其拇、咸其腓、。咸其股，執其隨」都形容為「夢占之辭」，而「凶、吝」則是筮占的結果。

按照行文脈絡來看，似乎是先有一個夢占的事實，然後去做筮占的動作。若真是如此，則這個「夢占」並不能與「筮占」劃上等號，也不宜稱為「占」而只是一個徵兆，一個象徵。也就是說，做夢時夢見了身體受傷，醒來後去做筮占，得到的結果是不好的凶兆。

---

〔註19〕《周易通義》頁 1。
〔註20〕《周易通義・咸・九三》，頁 63。
〔註21〕《周易通義・咸・九三》，頁 63。
〔註22〕《周易通義・咸》頁 63。

## 三、〈姤〉〔註23〕

姤卦全卦都被視爲夢占。

〈姤〉：「姤。女壯。勿用取女。」

〈姤・初六〉：「繫于金柅。貞吉。有攸往，見凶。羸豕孚蹢躅。」

〈姤・九二〉：「包有魚。无咎。不利賓。」

〈姤・九三〉：「臀无膚，其行次且。後，无咎。」

〈姤・九四〉：「包无魚。起凶。」

〈姤・九五〉：「以杞包瓜，含章，有隕自天。」

〈姤・上九〉：「姤其角。吝，无咎。」

李鏡池是這樣解釋姤卦的：

這是夢占。夢見女子受傷。筮占結果是不利於娶女。

這是貞事與兩個象占參合，衣服給紡車轉輪的銅把手掛住了。這是夢境，筮占得吉兆。……又見老母豬哺乳，走得很不利落。這是象占。筮占與夢境、豕象三者參對合證，大體相符。

這是夢占：夢見廚房有魚，一般沒什麼問題，但占婚姻之事則不利。

得了噩夢而筮占，見屬而无咎之兆，不算太壞，轉危爲安。

夢見廚房裡無魚，比有魚更壞，筮占得起凶之兆，意謂一動就凶。似亦與婚姻有關。

爻辭說夢見纏著杞樹往上長的弧瓜，很好看。忽然從頭頂上很高的地方掉下一個瓜來。夢占而無貞事，不見好壞。

夢見婚媾而發生角鬥，當是劫奪婚。……卦爻辭以象占爲主，內容比較散雜。但象占與貞事都與婚姻有關。

姤卦的卦爻辭，很難讓人跟夢占連想在一起。李鏡池這樣解說姤卦，卻又沒有提出理論的證據。同時這裡又出現一個新名詞「豕占」，也就是「豬占」。李鏡池認爲初六爻辭中有豕占、夢占與筮占的相結合。

　　六十四卦當中，幾乎全卦都是星占的，是這三個卦。可是這三個卦究竟是不是星占，其實有很大的討論空間。

〔註23〕《周易通義・姤》，頁 87～89。

## 貳、單爻爲象占

### 一、〈坤・上六〉

> 龍戰于野，其血玄黃。

李鏡池是這樣解釋的：

> 龍戰是蛇孽之占，屬象占之一。龍象徵大人，暗示貴族之間的鬥爭。
>
> 〔註24〕

### 二、〈大過・九三〉

> 棟橈。凶。

李鏡池是這樣解釋的：

> 棟梁向下彎曲，易於塌下壓傷人，故凶。這是象占辭。下同。〔註25〕

要提出的是，如果棟樑向下彎曲，有倒塌壓傷人的危險，可以說是象占。那麼九二的「枯楊生稊，老夫得其女妻。」，九五的「枯楊生花，老婦得其士夫。」當然也可以是象占，但他卻只說九五一條是「起興」。似乎標準不一。

同時，我們檢視李鏡池所稱的象占一詞，以及這個名詞所包含的「星占、夢占、鳥占、蛇占、謠占」等內容，會發現，此處的「象占」的「象」應該是象徵，近似於文學上的「比興」。

### 三、〈明夷・初九〉

> 「明夷于飛，垂其翼。君子于行，三日不食。」有攸往，主人有言。

李鏡池是這樣解釋的：

> 爻辭前四句是一首民歌。……引詩（包刮民歌）爲占，叫謠占，屬
> 象占之一。這裡的謠占主要說明行旅之難。〔註26〕

這裡的「謠占」一詞，又是一個缺乏文本證據的推論。明夷卦的句法，確實很有詩經國風的味道。但是，要因此說前四句爻辭是民歌是詩歌，又似乎推論太過了。況且，以民歌來做象徵，暗示某些意義，自古有之。例如《史記》提到灌夫這個人：

> 夫不喜文學，好任俠，已然諾。諸所與交通，無非豪桀大猾。家累
> 數千萬，食客日數十百人。陂池田園，宗族賓客爲權利，橫於潁川。

---

〔註24〕《周易通義・坤》，頁8。
〔註25〕《周易通義・大過》，頁57。
〔註26〕《周易通義・明夷》，頁71。

　　　　潁川兒乃歌之曰：「潁水清，灌氏寧；潁水濁，灌氏族。」〔註27〕

這裡的兒歌，便是一種暗示性的象徵。但是要說前四句爻辭可能是民歌，引
述民歌來論斷吉凶，就稱之爲「謠占」。然則古書中，許有「謠占」的事例但
卻無「謠占」這名詞，自創新詞並不是一個好方法。以「雜占」來稱呼，是
比較妥當的。

四、〈夬・初九〉

　　　　壯于前趾。往，不勝爲咎。

李鏡池是這樣解釋的：

　　　　這是象占，占行旅。說明趾傷了。如果還去就非常不好。〔註28〕

五、〈夬・九三〉

　　　　壯于頄。有凶。君子夬夬獨行，遇雨若濡，有慍。无咎。

李鏡池是這樣解釋的：

　　　　是象占。筮占則凶。這是一件事。另一件是占行旅：君子急速地獨
　　　　個兒在走，遇著下雨，被淋得一身濕，很不高興，但沒事。〔註29〕

六、〈夬・九五〉

　　　　莧陸夬夬中行。无咎。

李鏡池是這樣解釋的：

　　　　《說文》莧部：「山羊細角者，從兔足。」……細角山羊在路中間跳
　　　　得很快很歡，古人以爲怪異，故作象占。〔註30〕

夬卦這三條爻辭顯示出一個問題。如果根據李鏡池的說法，古代有各種占卜
方式，求問之時，常多占並用。同一條卦爻辭中，也會有一次以上的占卜紀
錄。但是，易經是筮蓍之法，跟龜卜不同，跟雜占更不同。卦爻辭所紀錄的，
理當是筮蓍的紀錄，而以其他占卜紀錄爲附載，才是正理常態。

　　　但像〈夬・九三〉的「壯于頄。有凶。」他卻說「壯于頄」是象占，而
「有凶」是筮占（筮占之詞）。接下來的「君子夬夬獨行，遇雨若濡，有慍。
无咎。」則是另一件事情。假設他這樣的解釋是對的。那麼〈夬・九五〉的
「莧陸夬夬中行」他說是象占，則「无咎」應該是筮占才對。上下兩爻的注

---

〔註27〕《史記・魏其武安侯列傳》，頁 1161、1162。
〔註28〕《周易通義・夬》，頁 85～87。
〔註29〕《周易通義・夬》，頁 85～87。
〔註30〕《周易通義・夬》，頁 85～87。

解體例才一致。但他卻沒有說「无咎」是筮占。他把整句話解釋為「細角山羊在路中間跳得很快很歡，古人以為怪異，故作象占。」而「无咎」是這個象占的結論。

這是此處李鏡池的第一個困境，第二個困境是，設若李鏡池對九五爻的詮釋是對的。「莧路夬夬中行」是象占，而「无咎」是吉凶兆辭。那麼，夬卦此條就完全沒有筮著之辭而是雜占之辭，也就是其他占卜方式的紀錄。試問，一本以筮著為演算方法，並且經過有意的編纂而成的書，怎麼會在某條文字裡，竟然沒有筮著的紀載，卻只保留了其他占卜方法的記載？

## 七、〈鼎‧初六〉

鼎顛趾，利出否？得妾以其子。无咎。

李鏡池是這樣解釋的：

鼎折足倒翻。這是象占。腳是走路的，現在有折足之象，故占出門是否有利。〔註31〕

## 八、〈鼎‧九三〉

鼎耳革，其行塞？雉膏不食，方雨虧悔。終吉。

李鏡池是這樣解釋的：

鼎耳壞了。這是象占。是否意味著出門打獵將有阻礙？〔註32〕

若以行文脈絡觀之，是因為鼎有所損壞，疑心接下來的行程將不順遂，因此占筮求問吉凶。但這種象占，其實更適合說是象徵。

## 九、〈剝‧初六〉

剝床以足。蔑貞，凶。

李鏡池是這樣解釋的：

蔑貞：夢占。夢、蔑一聲之轉。……「剝床以足」，是夢占詞。這是說農民被貴族徵調去造車子，夜裡還夢見敲擊時傷及腳部，夢後占筮，得凶兆。

## 十、〈剝‧六二〉

剝床以辨。蔑貞，凶。

李鏡池是這樣解釋的：

〔註31〕《周易通義‧鼎》，頁99。
〔註32〕《周易通義‧鼎》，頁100。

　　　　農民夢見造車時敲擊而傷及膝頭，又占得凶兆。〔註33〕

## 十一、〈剝・六四〉

　　　　剝床以膚。凶。

李鏡池是這樣解釋的：

　　　　農民夢見爲貴族造車時敲擊而傷及腹部，又占得凶兆。

李鏡池詮釋初六爻辭的「夜裡還夢見敲擊時傷及腳部，夢後占筮，得凶兆。」
其實才是他對筮著與雜占眞正區分的看法。在這三句話裡，事情的先後順序
是：人半夜作夢了，夢到自己傷了腳，醒後心裡忐忑因此去占筮，結果占得
的結果確實是凶兆。

　　　　這整條爻辭，屬一事一占，而且是筮占。最後論斷吉凶的方式，是占筮。
這符合我們對卦爻辭的認知及需求。準此，《周易通義》中提出的所謂的象占
（含夢占、鳥占、蛇占、謠占、豕占），並不是跟筮占爲同一個層次的稱謂，
「象占」應是「象徵」，是人們在尋求筮占解答疑惑時，輔助我們了解的各種
方法。而《漢書藝文志》所稱的雜占，那就是跟筮占處於同等位置的一種範
圍很廣的占術。

## 十二、〈離・六二〉

　　　　黃離，元吉。

李鏡池是這樣解釋的：

　　　　黃離：即黃鸝，黃鳥。這是鳥占。離有罹難之意，認爲當有敵人來
　　　　犯，故占，而得元吉之兆。〔註34〕

《周易通義》中有一種很有爭議的解經法，就是同一卦裡的重複出現的某一
個字，有多種不同的字義。此處解釋「黃離」更怪異了，「黃離」合言是「黃
鸝」，拆解了，「離」就是罹難，那麼，拆解之後的「黃」呢？又該如何解釋。

　　　　李鏡池說「離有罹難之意」的這句話，是畫蛇添足的。如果解成「看見
黃鸝鳥，覺得這可能是個徵兆，因此去占了一卦，得到「大吉」的結果。這
樣是通順的。又或者，解釋「黃」爲鳥類，「離」爲罹難，飼養的黃鳥兒突然
死了，覺得這是個徵兆，趕緊去占了一個卦，不過幸好得到的卦象顯示爲大
吉。

　　　　這條爻辭可以是鳥占，但是字義解釋上，需要斟酌。

---

〔註33〕《周易通義・剝》，頁47〜49。
〔註34〕《周易通義・離》，頁60。

### 十三、〈歸妹‧初九〉

歸妹以娣。跛能履。征，吉。

李鏡池是這樣解釋的：

> 姊妹一同嫁給一個丈夫，是群婚制的遺俗。跛而能履，是夢占，當
> 是出嫁時作的夢。「征，吉。」是筮占，說明出門吉利，即指出嫁而
> 言。〔註35〕

### 十四、〈歸妹‧九二〉

眇能視。利幽人之貞。

李鏡池是這樣解釋的：

> 「眇能視」也是夢占。「利幽人之貞」，是筮占，說明利於女子的婚
> 嫁。

### 十五、〈歸妹‧上六〉

女承筐，无實；士刲羊，无血。无攸利。

李鏡池是這樣解釋的：

> 《儀禮》：「婦入三月，然后祭行。」「婦入三月，乃奠菜。」《少年饋
> 食禮》：「主婦設黍稷，祭則司馬刲羊，司士擊豕。」說明婚後三個月，
> 祭祀時主婦參加助祭，奉筐裝著祭品如粢米等進行祭奠；士宰羊獻
> 牲。但現在說女所奉的筐裡沒有東西，士宰羊而沒有血，表明不是眞
> 的，是夢境。這是夢占辭。「无攸利」，筮占兆辭，與惡夢相應。

這三條爻辭的解釋，根本的問題在於無法證明夢占的存在。這與〈剝〉卦的
「蔑」解爲夢，說明「蔑貞」就是「夢占」是不同的，此處完全沒有證據顯
示有做夢的痕跡。

### 十六、〈豐‧六二〉

豐其蔀，日中見斗。往得疑疾。有孚發若。吉。

李鏡池是這樣解釋的：

> 斗：北斗星。大房子用草或草織小席蓋房頂，白天能見到北斗星；
> 行旅中得了怪病；買到了奴隸，但卻是殘廢的。一次星占，兩次事
> 占。再筮占，得吉兆。〔註36〕

---

〔註35〕《周易通義‧歸妹》，頁107～109。
〔註36〕《周易通義‧豐》，頁109～111。

豐卦六二跟九四爻，李鏡池都認為是「星占」。但是〈豐‧九三〉：「豐其沛，日中見沬。折其右肱。无咎。」他卻沒有這樣解釋，應是疏漏。而此處說這是一次星占、兩次事占。再事占。這又是犯了一個用語不清、層次指涉不明的毛病。又，根據《釋文》記載，「日中見斗」孟本做「日中見主」，如果孟本才是對的，那麼此處的星占根本就不成立了。

## 十七、〈豐‧九四〉

> 豐其蔀，日中見斗。遇其夷主。吉。

李鏡池是這樣解釋的：

> 大房子頂上蓋的是草，白天看見亮北斗；旅客遇見經常接待的房東。
>
> 星占、事占，結果都吉利。

此處的星占，筆者認為依舊是個徵兆。在屋子裡抬頭仰望，大白天竟然看見北斗星，這不是常有的事情。心中覺得這是個徵兆，果然出門後，就遇見那位經常經接待自己的房東，也因此當晚的住宿有了著落，果然是個吉兆。

## 十八、〈小過〉

> 小過。亨。利貞。可小事，不可大事。飛鳥遺之音，不宜上，
>
> 宜下。大吉。

李鏡池是這樣解釋的：

> 飛鳥經過，叫聲特別，尚留耳際。這是鳥占。兆示對上級的不利，
>
> 對下級的人才利。〔註37〕

解釋的清楚簡明。

## 十九、〈小過‧初六〉

> 飛鳥以凶。

李鏡池是這樣解釋的：

> 飛鳥經過，帶來了凶兆。這也是鳥占。〔註38〕

上六的「飛鳥離之」，文法語句跟此處「飛鳥以凶」非常相似，跟卦辭的「飛鳥遺之音」更是幾乎雷同。應該也屬於鳥占，但是李鏡池卻沒有這樣歸類。下製一表，將李鏡池所稱的象占表列出來。

---

〔註37〕《周易通義‧小過》，頁124。
〔註38〕《周易通義‧小過》，頁124。

## 六十四卦象占表

| 卦名 | 原文 | 李鏡池用語 | 筆者的補充 |
|---|---|---|---|
| 〈乾・初九〉 | 潛龍。勿用。 | 皆爲星占 | |
| 〈乾・九二〉 | 見龍在田。利見大人。 | | |
| 〈乾・九五〉 | 飛龍在天，利見大人。 | | |
| 〈乾・上九〉 | 亢龍。有悔。 | | |
| 〈乾・用九〉 | 見群龍无首。吉 | | |
| 〈咸・初六〉 | 咸其拇。 | 夢占 | 以「徵兆」或「象徵」稱呼較適宜。 |
| 〈咸・六二〉 | 咸其腓。凶。居，吉。 | | |
| 〈咸・九三〉 | 咸其股，執其隨。往，吝。 | | |
| 〈咸・九五〉 | 咸其脢。无悔。 | | |
| 〈咸・上六〉 | 咸其輔頰舌。 | | |
| 〈姤〉 | 姤。女壯。勿用取女。 | 夢占 | 同〈咸〉諸爻，以「徵兆」或「象徵」稱呼較適宜。 |
| 〈姤・初六〉 | 繫于金柅。貞吉。有攸往，見凶。羸豕孚蹢躅。 | | |
| 〈姤・九二〉 | 包有魚。无咎。不利賓。 | | |
| 〈姤・九三〉 | 臀无膚，其行次且。後，无咎。 | | |
| 〈姤・九四〉 | 包无魚。起凶。 | | |
| 〈姤・九五〉 | 以杞包瓜，含章，有隕自天。 | | |
| 〈姤・上九〉 | 姤其角。吝，无咎。 | | |
| 〈坤・上六〉 | 龍戰于野，其血玄黃。 | 象占 | 直接稱呼「蛇占」或者只稱「雜占」應較適當。 |
| 〈大過・九三〉 | 棟橈。凶。 | 象占 | 稱呼「物占」或「象徵」或「雜占」都比使用「象占」來得恰當。 |
| 〈明夷・初九〉 | 「明夷于飛，垂其翼。君子于行，三日不食。」有攸往，主人有言。 | 謠占 | 使用「雜占」稱呼較宜。 |
| 〈夬・初九〉 | 壯于前趾。往，不勝爲咎。 | 象占 | 用「象徵」或者「徵 |

| | | | |
|---|---|---|---|
| 〈夬·九三〉 | 壯于頄。有凶。君子夬夬獨行，遇雨若濡，有慍。无咎。 | | 兆」較好。 |
| 〈夬·九五〉 | 莧陸夬夬中行。无咎。 | | |
| 〈鼎·初六〉 | 鼎顛趾，利出否？得妾以其子。无咎。 | 象占 | 宜用「象徵」或者「物占」。 |
| 〈鼎·九三〉 | 鼎耳革，其行塞？雉膏不食，方雨虧悔。終吉。 | | |
| 〈剝·初六〉 | 剝床以足。蔑貞，凶。 | | |
| 〈剝·六四〉 | 剝床以辨。蔑貞，凶。 | 夢占 | |
| 〈剝·六四〉 | 剝床以膚。凶。 | | |
| 〈離·六二〉 | 黃離，元吉。 | 鳥占 | |
| 〈歸妹·初九〉 | 歸妹以娣。跛能履。征，吉。 | | |
| 〈歸妹·九二〉 | 眇能視。利幽人之貞。 | 夢占 | 應是「筮占」。 |
| 〈歸妹·九二〉 | 女承筐，无實；士刲羊，无血。无攸利。 | | |
| 〈豐·六二〉 | 豐其蔀，日中見斗。往得疑疾。有孚發若。吉。 | 星占 | 筮占 |
| 〈豐·九四〉 | 豐其蔀，日中見斗。遇其夷主。吉。 | 星占 | |
| 〈小過〉 | 小過。亨。利貞。可小事，不可大事。飛鳥遺之音，不宜上，宜下。大吉。 | 鳥占 | |
| 〈小過·初六〉 | 飛鳥以凶。 | | |

## 第三節　貞兆辭與說明語

「說明語」一詞在《周易通義》中出現了九次。「貞兆辭」為二十七次，「貞兆詞」則為二次。到底李鏡池所謂的「說明語」跟「貞兆辭（貞兆詞）」是指什麼？

> 元亨、利貞：這是兩個貞兆辭。《周易》著筮，和殷人龜卜的卜辭一樣，有一套標誌吉凶休咎的專門術語。卜辭有吉、大吉、弘吉、亡
> 巛、亡戈（灾）、亡戾、弗悔等；《周易》有吉、大吉、亨、元亨、

光亨、小亨、利貞、无咎、无悔、悔、吝、厲、悔亡、凶等。元亨
約同於大吉。元,大也。亨,通也。利貞,利於貞問,即吉。《說文》:
「貞,卜問也。」卜辭、《周易》的「貞」都訓貞卜、卜問。這裡的
「元亨」、「利貞」表明是兩個吉占。〔註39〕

籤辭是全書的主要部分,其中又分為三種:一是貞事辭。……占籤後
把請示的事記下來,作為後來的參考。這些所記的事,就是貞事辭。
二是貞兆辭。這是占籤時所得神靈兆示的記錄,如吉、凶之類。貞兆
辭有時與貞事辭相連,有時是不相連的,甚至有時只有貞兆辭而沒有
貞事辭,這是因為在舊籤辭中,占籤者只記下了貞兆,而作者也連同
有關的記錄編進了《易》文。還有一些是作者利用貞兆辭的形式來判
斷、說明事理的。這些在我們讀《周易》時都必須首先注意。三是象
占辭。……星占、蛇孽之占、鳥占及關於從自然界、日常生活中所見
的異常現象中得到的兆示的記錄都屬於象占辭。〔註40〕

如果根據李鏡池自己的說法,「貞兆辭」就是吉、凶、吝、悔之類的術語。那
麼,我們要問:這類術語不就是在說明禍福吉凶,給人行為進退的依據嗎?
既然如此,「貞兆辭」跟「說明語」應該就是一樣的指涉,何不使用一致的用
語,使整本書更有系統性呢?除非,李鏡池所謂的「說明語」跟「貞兆辭」
有不同的指涉。若是如此,「貞兆辭」已被李鏡池歸類在「籤辭」這一標目之
下,那麼「說明語」呢?屬於籤辭還是非籤辭?以下透過分析《周易通義》
提到這二個術語的原因,來判斷出李鏡池對這二個術語的看法與用法。

筆者將李鏡池所有以「貞兆辭」與「說明語」做註解的原文製成一表。
表格分三段落,首先是出現「貞兆辭」的部分,其次是同時出現「貞兆辭」
與「說明語」,最末是出現「說明語」的篇章。

**「貞兆辭」與「說明語」的使用情況表**

| | | 以下為貞兆辭的部分 | |
|---|---|---|---|
| | 卦爻名 | 原　　文 | 貞兆辭 |
| 1 | 〈臨〉 | 元亨。利貞。至於八月,有凶。 | 元亨<br>利貞 |

---

〔註39〕《周易通義》頁1。
〔註40〕《周易通義・前言》頁7。

| 2 | 〈噬嗑・初九〉 | 履校滅趾。无咎。 | 无咎 |
|---|---|---|---|
| 3 | 〈賁〉 | 亨。小利有攸往。 | 亨 |
| 4 | 〈復・初九〉 | 不遠復。无祇悔。元吉。 | 无祇悔<br>元吉 |
| 5 | 〈解・初六〉 | 无咎。 | 无咎 |
| 6 | 〈大壯・九二〉 | 貞吉。 | 貞吉 |
| 7 | 〈大壯・九四〉 | 貞吉。悔亡。藩決不羸，壯于大輿之輹。 | 貞吉<br>悔亡 |
| 8 | 〈大壯・六五〉 | 喪羊于易。无悔。 | 无悔 |
| 9 | 〈萃〉 | 亨，王假有廟。利見大人。亨，利貞。用大牲吉。利有攸往。 | 亨〔註41〕 |
| 10 | 〈萃・九四〉 | 大吉。无咎。 | 大吉<br>无咎 |
| 11 | 〈萃・九五〉 | 萃有位。无咎。匪孚。元永貞。悔亡。 | 悔亡 |
| 12 | 〈巽・六四〉 | 悔亡。田獲三品。 | 悔亡 |
| 13 | 〈巽・九五〉 | 貞吉。悔亡。无不利。无初有終。先庚三日，後庚三日。吉。 | 貞吉。<br>悔亡。<br>无不利。<br>无初有終。<br>吉。 |
| 14 | 〈否・初六〉 | 拔茅茹，以其彙。貞吉。亨。 | 貞吉<br>亨 |
| 15 | 〈同人・初九〉 | 同人于門。无咎。 | 无咎 |
|  | 〈同人・九四〉 | 乘其墉，弗克攻。吉。 | 吉 |
| 16 | 〈同人・上九〉 | 同人于郊。无悔。 | 无悔〔註42〕 |
| 17 | 〈旅〉 | 小亨。旅貞吉。 | 小亨<br>旅貞吉 |
| 18 | 〈隨〉 | 元亨，利貞，无咎。 | 元亨<br>利貞<br>无咎〔註43〕 |

〔註41〕李鏡池注曰：「卦辭中前一「亨」解享祀，後一「亨」屬貞兆辭。表示吉兆。」
〔註42〕李鏡池注曰：「「无悔」似也是另占的貞兆辭。」
〔註43〕此處李鏡池使用「貞兆詞」，義同。

| 19 | 〈比〉 | 吉。原筮，元永貞。无咎。不寧方來，後夫凶。 | 元永貞<br>无咎〔註44〕 |
| 20 | 〈蒙・六三〉 | 勿用取女，見金夫，不有躬。无攸利 | 无攸利 |
| 21 | 〈蒙・六四〉 | 困蒙。吝。 | 吝 |

| 以下為「既是貞兆辭，也是說明語」的部分 | | |
|---|---|---|
| **卦名** | **原　　文** | **既是貞兆辭<br>也是說明語** |
| 1 〈家人・初九〉 | 閑有家。悔亡。 | 悔亡 |
| 2 〈家人・六二〉 | 无攸遂，在中饋。貞吉。 | 貞吉〔註45〕 |
| 3 〈晉・初六〉 | 晉如摧如，貞吉。罔孚裕。无咎。 | 貞吉<br>无咎〔註46〕 |
| 4 〈晉・上九〉 | 晉其角，維用伐邑。厲，吉；无咎，貞吝。 | 厲<br>吉<br>无咎<br>貞吝 |
| 5 〈比・上六〉 | 比之无首。凶。 | 凶 |
| 6 〈乾・九四〉 | 或躍在淵。无咎。 | 无咎 |

| 以下為「說明語」的部分 | | |
|---|---|---|
| **卦名** | **原　　文** | **說明語** |
| 1 〈臨・初九〉 | 咸臨。貞吉。 | 貞吉 |
| 2 〈比・初六〉 | 有孚，比之。无咎。有孚，盈缶，終來有它，吉。 | 吉 |
| 3 〈坤・六四〉 | 括囊，无咎、无譽。 | 无咎<br>无譽 |

## 壹、用語的一致性

「貞兆辭」與「說明語」在一般使用的經驗裡，就已經很有模糊地帶了。

---

〔註44〕此處李鏡池使用「貞兆」，義同。
〔註45〕李鏡池注曰：「貞吉，吉兆，說明很好。」雖沒有出現「既是貞兆辭也是說明語」一詞，但是意義上完全等同，故筆者將其放入本類中。
〔註46〕此處李鏡池使用「兆辭」，義同。

根據上表可以看出，在諸多被稱爲「貞兆辭」、「說明語」的術語中，「无咎」跟「貞吉」在這三種分類都出現了，同時出現的總次數也多過其他術語。因此下面就以這二個術語爲例加以分析討論。

## 一、无　咎

「无咎」一共出現十次，被歸類爲「貞兆辭」有六次，「說明語」一次。「既是說明語也是貞兆辭」的有三次。這種混亂讓我們根本無從判斷「貞兆辭」根「說明語」的界線在哪裡。

〈同人・初九〉：「同人于門。无咎。」

〈乾・九四〉：「或躍在淵。无咎。」

這兩條爻辭的句式一模一樣。但〈同人〉的「无咎」只能是貞兆辭，〈乾〉的「无咎」就兼具了「貞兆辭」跟「說明語」兩種身分。體例不一，用語混亂可見一般。

## 二、貞　吉

「貞吉」出現了七次。被歸類爲「貞兆辭」有五次，「說明語」一次。「既是說明語也是貞兆辭」的也是一次。

〈臨・初九〉：「咸臨。貞吉。」

〈晉・初六〉：「晉如摧如，貞吉。」

這二條爻辭都是先有一句敘事之辭，然後下接「貞吉」。爲何〈晉〉的「貞吉」就兼具有「貞兆辭」跟「說明語」兩種性質，而〈臨〉的「貞吉」就是單純的說明語？

另外再以〈比・初六〉爲例，詳細說明。

〈比・初六〉：「有孚，比之。无咎。有孚，盈缶，終來有它，吉。」

李鏡池認爲此處的「吉」爲說明語。筆者在本章前言提到，李鏡池稱卦爻辭分筮辭與非筮辭兩類。貞兆辭屬於筮辭，而說明語究竟是何種意涵、屬於何種性質，他則沒有講清楚。如果根據這條注解來看，那李鏡池的「說明語」一詞，只能是「非筮辭」了。

只有非筮辭才是與筮辭可以平列的、同等的一個層次。如果說明語不歸屬於「筮辭」之下，那說明語就只能是非筮辭了。然而在其他的卦爻辭的注解裡，李鏡池卻又使用了「某某，既是貞兆辭，也是說明語」的說法。從用語的混亂，可以看得出來對這二個名詞的內容意義並沒有明確清晰的認知。

## 貳、用語的功能性

〈萃〉共有三條文字出現在此處，卦辭、九四、九五。而六二爻辭的注解雖然沒有說明那一句是「貞兆辭」，但是當中注解的糾纏不清，反而更卻有注於我們掌握李鏡池所理解的「貞兆辭」跟「說明語」。

| 〈萃〉 | 亨，王假有廟。利見大人。亨，利貞。用大牲吉。利有攸往。 |
|---|---|
| 初六 | 有孚不終，乃亂乃萃。若號。一握爲笑，勿恤。往，**无咎**。 |
| 六二 | 引吉。无咎。孚乃利用禴。 |
| 六三 | 萃如嗟如。无攸利。往。无咎，小吝。 |
| 九四 | **大吉。无咎。** |
| 九五 | 萃有位。**无咎**。匪孚。**元永貞。悔亡**。 |
| 上六 | 齎咨涕洟。无咎。 |

標楷體、字體較大的原文，爲李鏡池認定的貞兆辭。先不討論六二爻爻辭。就以其他六條文字來看，「无咎」一詞出現了五次，可是，只有九四的「无咎」被歸類爲「貞兆辭」，其他四處「无咎」都沒有同樣歸類。這是非常不合理的。九四爻與上六爻，同樣都是先一句「敘事之辭」，下接「无咎」作結。句式語法一樣，歸類卻有不同。這是李鏡池的疏漏。

再檢視他對〈萃·六二〉的分析。

> 引吉：永吉，長期吉。同於「永貞吉」、「利永貞」。占有占事的，也有占時的。卜辭有「卜旬」，即卜問一下這一旬是凶是吉。而《周易》有占「七日」的，占問一下這七天是吉是凶。「引吉」就是指較長的一段肘間都吉利。

> 禴（躍）：經傳作礿，祭名。《禮記·王制·祭統》說是春祭；《明堂位》和《周禮·夏官》說是夏祭。《詩·天保》：「禴、祠、烝、嘗，于公先王。」按順序，禴當爲春祭。

> 本爻一是占時，一是占祭祀，貞兆指示春祭要有俘虜作人牲才好。
> 這可與上爻連繫看。〔註47〕

最後一段注解相當重要。李鏡池說一是占時，一是占祭祀。「引吉」當是占時，那麼，「无咎」跟「孚乃利用禴」究竟哪一句是李鏡池所謂的「貞兆指示春祭

---

〔註47〕《周易通義·萃》頁 89～91。

要有俘虜作人牲才好」？

這可以有二種推論。其一，「无咎」跟著上文的「引吉」連讀。那麼，「孚乃利用禴」就是敘事之辭兼具有說明吉凶功能。若如此，李鏡池位何沒有歸類「孚乃利用禴」爲「說明語」？

其二，「无咎」不與「引吉」連讀，而是跟著「孚乃利用禴」。那麼，「无咎」就應該是貞兆辭，而「孚乃利用禴」是敘事之辭。但是李鏡池卻也沒有這樣歸類。

還有第三個問題：若我們同意李鏡池的說法，「引吉」就是永吉，長期吉。那麼「引吉」的意義等同於「利永貞」。應該要歸類爲「貞兆辭」才對，可是也並沒有。

檢視李鏡池〈萃·六二〉所作的注解，筆者認爲可以看出，李鏡池對於「貞兆辭」跟「說明語」的界線，是非常模糊的。根本的原因，就在於這兩個詞語本質上就有重疊之處，並不是全然可以絕對劃分。

再檢視他對〈萃〉卦辭的分析。

> 亨：卦辭中前一「亨」解享祀，後一「亨」屬貞兆辭。表吉兆。
> 〔註48〕

如果根據這條卦辭來看，似乎李鏡池以爲「說明語是說明事情的表達文字，不論及吉凶。而貞兆辭恰恰相反，只表達吉凶禍福的結果，對事情的演變等過程則完全沒有描述」。

檢視分析了所有使用「貞兆辭」跟「說明語」的注解之後，筆者發現，李鏡池在這部分的處理，有相當多的疏漏之處。首先是用語的內容定義不清，其次是體例不一有所錯亂。更詳盡的檢討，將在下章中討論。

## 第四節　另占與附載

解釋了卦名得名義例以及確定每卦的中心主旨後，李鏡池開始注解卦爻辭。尋求字之古義是根本之道。然而，在遍尋訓詁注解卻仍舊對某些卦爻辭無法做出清晰合理論述之後，李鏡池回歸《周易》爲卜筮之書的本質去探討。

他認爲，既然是卜筮之書，則不必然一事一占，在編纂的過程中，亦極有可能會將二次或多次的卜筮紀錄一併留下以供後人多方參考。因此，對於

---

〔註48〕《周易通義·萃》頁 89～91。

上下文意不相連難以通貫說明的卦爻辭，他便以「附載」或「另占」來定位這些卦爻辭，並且提出，「這些卦爻辭不必與上下文」一起連讀的解讀策略。下文詳細列出所有被李鏡池歸類為「附載」或「另占」的原文並分析之。

「附載」與「另占」，其實應該是同一件事情的前後關係。由於《易經》是卜筮之書，古人在編纂的過程中，有時候會保留了不同時期的同一占筮紀錄。某時某人求問婚姻而得到蒙卦，另時另人求問經商，同樣卜得蒙卦。求問的問題、占得的卦以及事後的禍福吉凶，都紀錄了下來。但這個紀錄是散亂的，經過了有意的編纂之後，成為了六十四卦這樣整齊的文字紀錄。而編纂紀錄的過程中，同一卦的不同占問結果同時都被保留了下來。因此造成後人在解讀之時，產生前文不對後語的詮釋困境。

李鏡池使用了「附載」跟「另占」來解決這樣的困境，是聰明的，也可以是合理的。但是，這當中還是有細微之處需要辨明。

某條卦爻辭如果難以解讀通順，我們必須細查原因為何？第一個可能是因為字辭古義湮滅不明，第二個可能是因為諸多古義難以取捨，怎樣說都可以通順，導致學者間各是其是、各非其非。第三個可能是上面所說的「二個占筮紀錄置放在同一條文字之中」。如果只是前面二者，那麼，就不應該以「附載」跟「另占」來處理問題。

關於《周易通義》中，所有以「另占」跟「附載」來注解經文的篇章，本節先不討論屬於前兩種原因的部分。僅先根據李鏡池的注解，判斷這二個名詞之間的關係與從屬問題。至於內容釋義上的分析詳解，將留待下章再行處理。下製一表，將《周易通義》中，使用到這二組術語的篇章統一列出，方便查閱。

「另占」與「附載」的使用情況表

| | 以下為附載的部分 | | |
|---|---|---|---|
| 1 | 卦　　名 | 原　　文 | 附　　載 |
| 2 | 賁 | 亨。小利有攸往。 | 小利有攸往 |
| 3 | 剝 | 不利有攸往。 | 不利有攸往 |
| 4 | 益 | 利有攸往。利涉大川。 | 利有攸往。利涉大川。〔註49〕 |

〔註49〕李鏡池說這二句話是常見的附載辭。

| 5 | 萃 | 亨，王假有廟。利見大人。亨，利貞。用大牲吉。利有攸往。 | 利見大人。<br>利有攸往。〔註50〕 |
|---|---|---|---|
| 6 | 〈困·上六〉 | 困于葛藟、于臲卼，曰動，悔有悔。征，吉。 | 悔有悔。征，吉。 |
| 7 | 巽 | 小亨。利有攸往。利見大人。 | 利有攸往。利見大人。 |
| 8 | 〈小畜·上九〉 | 既雨既處。尙德載。婦貞厲。月幾望，君子征，凶。 | 婦貞厲。<br>君子征，凶。 |
| 9 | 〈履·初九〉 | 素履。往，无咎 | 往，无咎 |
| 10 | 〈泰·初九〉 | 拔茅茹，以其彙。征，吉。 | 征，吉。〔註51〕 |
| 11 | 〈否·初六〉 | 拔茅茹，以其彙。貞吉。亨。 | 貞吉。亨。〔註52〕 |
| 12 | 〈大有·九二〉 | 大車以載。有攸往，无咎。 | 有攸往，无咎。 |
| 13 | 〈謙·初六〉 | 謙謙，君子。用涉大川。吉。 | 用涉大川。吉 |
| 14 | 〈人畜·九三〉 | 良馬逐。利艱貞。曰閑輿衛。利有攸往。 | 利有攸往〔註53〕 |
| 15 | 〈頤·六五〉 | 拂經。居貞吉。不可涉大川。 | 不可涉大川 |
| 16 | 〈坎〉 | 有孚，維心。亨。行有尙。 | 行有尙 |
| 17 | 〈咸〉 | 亨。利貞。取女吉。 | 取女吉 |
| 18 | 〈漸〉 | 女歸吉。利貞。 | 利貞 |
| 19 | 〈屯〉 | 元亨，利貞。勿用有攸往。利建侯。 | 利建侯 |
| 20 | 〈訟〉 | 有孚，窒惕，中吉，終凶。利見大人。不利涉大川。 | 利見大人。不利涉大川。 |
| 以下是「另占附載」 | | | |
| 卦　　名 | | 原　　文 | 另占附載 |
| 21 | 〈隨·六三〉 | 係丈夫，失小子。隨有求得。 | 利居貞 |
| 22 | 〈蠱〉 | 元亨。利涉大川。先甲三日，後甲三日。 | 先甲三日，後甲三日。 |

〔註50〕 注解爲「附載占辭」，義同。
〔註51〕 注解爲「附載占辭」，義同。
〔註52〕 注解爲「附載占辭」，義同。
〔註53〕 共占了四件事，三件與農業有關：一占良馬交配，繁殖馬群；二占旱災而得吉兆；三占每天練習防衛性的車戰，對付敵人，保護莊稼。第四件是占行旅，附載。

| 23 | 賁 | 亨。小利有攸往。 | 小利有攸往 |
|---|---|---|---|
| 24 | 明夷 | 利艱貞。 | 利艱貞 |
| 25 | 〈損・九二〉 | 利貞。征，凶。弗損，益之。 | 利貞。征，凶。 |
| 26 | 同人 | 同人于野。亨。利涉大川。利君子貞。 | 利涉大川。<br>利君子貞。〔註54〕 |
| 27 | 〈无妄〉 | 元亨，利貞。其匪正，有眚。不利有攸往。 | 不利有攸往 |
| 28 | 〈大畜〉 | 利貞。不家食。吉。利涉大川。 | 利涉大川 |
| 29 | 〈頤・上九〉 | 由頤，厲，吉。利涉大川。 | 利涉大川 |
| 30 | 〈大過〉 | 棟橈。利有攸往。亨。 | 利有攸往。亨。 |
| 31 | 〈恆・六五〉 | 恆其德。貞婦人吉，夫子凶。 | 貞婦人吉，夫子凶。 |
| 32 | 〈歸妹〉 | 征，凶。无攸利。 | 征，凶。无攸利。 |
| 33 | 〈革・上六〉 | 君子豹變，小人革面。征凶。居貞吉。 | 居貞吉 |
| 34 | 〈初六〉 | 發蒙，利用刑人，用說桎梏。以往。吝。 | 以往。吝。 |
| 35 | 〈蒙・六三〉 | 勿用取女，見金夫，不有躬。无攸利。 | 无攸利〔註55〕 |
| 36 | 蹇 | 利西南，不利東北。利見大人。貞吉。<br>上六爻同。 | 利見大人。貞吉。〔註56〕 |
| 37 | 〈蹇・上六〉 | 往蹇來碩。吉。利見大人。 | 利見大人〔註57〕 |
| 以下是「另占」 | | | |
| | 卦　名 | 原　文 | 另　占 |
| 38 | 〈蒙・九二〉 | 包蒙。吉，納婦。吉。子克家。 | 兩「吉」字 |
| 39 | 〈萃・六三〉 | 萃如嗟如。无攸利。往。无咎，小吝。 | 无攸利。往。无咎，小吝。 |

〔註54〕注解爲「兩占附載」，義同。雖則和戰爭有關，但不是一個系統，不一定連讀。
〔註55〕注解爲：「『无攸利』屬另占的貞兆辭，附載。」
〔註56〕注解曰：「利見大人與貞吉均爲另占附屬。」字雖不同，意義一致。故此處放入「另占附載」一類。
〔註57〕《周易通義》注〈蹇・上六〉時，並未說明那句是另占附載，但根據卦辭的註解所言，當是「利見大人」一句。

| 40 | 〈蒙・六四〉 | 困蒙。吝。 | 吝〔註58〕 |
|---|---|---|---|
| 41 | 〈蒙・九四〉 | 乘其墉，弗克攻。吉。 | 吉〔註59〕 |
| 42 | 〈同人・上九〉 | 上九　同人于郊。无悔。 | 无悔 |
| 43 | 渙 | 亨。王假有廟。利涉大川。利貞。 | 利涉大川〔註60〕 |
| 44 | 中孚 | 豚魚吉。利涉大川。利貞。 | 利涉大川。利貞。 |
| 45 | 升 | 元亨。利見大人。勿恤。南征吉。 | 利見大人 |
| 46 | 困 | 亨。貞大人吉。无咎。有言不信。 | 貞大人吉 |
| 47 | 初九 | 同人于門。无咎。 | 无咎 |
| 48 | 〈同人・九二〉 | 同人于宗，吝。 | 吝〔註61〕 |

　　對另占與附載的使用，首先必須考慮的，是這兩個術語存在的正當性。

　　某一條文字，除了原本的占筮紀錄外，還另有一條占筮紀錄，將這另占的紀錄放在本占之下，變成同一條文字，這叫「附載」。因此，另占是原因，附載是結果。但是在李鏡池的注解中，這二個名詞卻又不一定同時出現。這是體例上的不統一。

　　其次，既然有「另占」的「另」字，表示必須有一個本占，如果找出另占後，卦爻辭中已然找不到本占，那這個「另占」實在也沒有存在的必要跟正當性了。以下從二方面舉例說明。

## 一、另占不該在本占之前

### （一）〈損・九二〉

　　　　利貞。征，凶。弗損，益之。

李鏡池是這樣注解的。

　　　　跟上爻「酌損之」相反，有時不能減損，而要增益。具體情況不同，

　　　　要分別處理。「利貞。征，凶。」屬另占附載。〔註62〕

照注解所言，則九二爻的另占竟然在正占之前，既如此，為何不說「弗損，益之。」是另占附載呢？此處於體例不合也違反常理。

---

〔註58〕注解曰：「吝：不連上讀，屬另占貞兆辭。」義同。

〔註59〕注解曰：「吉：不連上讀，屬另占貞兆辭。」義同。

〔註60〕只說「利涉大川」是另占，下一句「利貞」卻沒有注解。

〔註61〕《周易通義》注解〈同人・九二〉時，並未說明「吝」的性質。但根據〈同人・初九〉的注解所言，「吝」字是另占的貞兆辭。

〔註62〕《周易通義・損》，頁81。

（二）〈蒙‧九二〉

　　　　包蒙。吉，納婦。吉。子克家。

李鏡池是這樣注解的。

　　　　包蒙：把割了的草包捆起來。

　　　　吉：與上文貞事辭不連讀，屬於另占。兩「吉」字同。

　　　　納婦：正式禮聘的婚娶。

　　　　克家：成立家庭。克，成。

　　　　開荒，從事農業生產，與納婦、成家有關，因此一起說。〔註63〕

這條爻辭的注解更加窒礙不順，「另占」不但在「正占」之前，而且還穿插於「正占」之間，把正占的爻辭割解的支離破碎。這也有違常理。

## 二、明顯為「一事一占」之卦

　　　　〈明夷〉：「利艱貞。」

　　　　〈歸妹〉：「征，凶。无攸利。」

　　　　〈剝〉：「不利有攸往。」

　　　　〈益〉：「利有攸往。利涉大川。」

這四條卦辭，一旦扣除了「另占」的條文，就變成了空的。試想，如果沒有本占的存在，又哪裡有「另占附載」存在的正當性？

　　　　因此，上舉的六個例子，應該可以從這個標目下刪去。


# 本章小結

　　　筆者舉蒙卦為例，說明《周易通義》解經的體例。之不以〈乾〉為例，是因為乾卦被李鏡池認為屬於星占，一來筆者不認同這個看法，二則《周易》是一本占筮之書，所記載的，應當以筮著紀錄為正例。此處不宜以一個星占來舉例說解。而李鏡池在解釋卦爻辭時所用上的術語，通常不必然同時出現在一卦之中，〈蒙〉卦爻辭中所出現的術語為數頗眾，非常適合此處用來總結說明《周易通義》的注經義例。

　　　〈蒙〉：「亨。匪我求童蒙，童蒙求我。初筮告，再三瀆，瀆則不
　　　告。利貞。」

〔註63〕《周易通義‧蒙》，頁十一至頁十一。

〈蒙‧初六〉：「發蒙，利用刑人，用説桎梏。以往。吝。」

〈蒙‧九二〉：「包蒙。吉，納婦。吉。子克家。」

〈蒙‧六三〉：「勿用取女，見金夫，不有躬。无攸利。」

〈蒙‧六四〉：「困蒙。吝。」

〈蒙‧六五〉：「童蒙。吉。」

〈蒙‧上九〉：「擊蒙。不利爲寇，利禦寇。」

李鏡池是這樣解釋蒙卦的。〔註64〕

蒙：从艸从冢，本義是叢生冢上的草木。蒙，高地。高地上草木蒙茸覆蔽，引申爲蒙蔽、蒙昧。以多見詞作形式聯繫標題。

我：貴族自稱。童蒙：蒙昧愚蠢的奴隸。童借爲僮，奴隸。

初筮三句：根據占筮的原則，只占一次，不問第二次。如果占者認爲初筮不準，再次三次地占，便瀆犯了神靈，神靈就不告訴你。

以童蒙及瀆犯神靈的蠢事來説明蒙昧之義。貴族役使奴隸，以爲無求於奴隸，只是他們養活奴隸，奴隸有求於他。在對奴隸的看法上，也表現了作者的階級局限。

發蒙：割草伐木。發，伐。刑人：受刑之人：即奴隸。因爲奴隸主怕奴隸逃亡，加以烙額、割鼻、斷足等刑，所以稱作刑人。説：同脱。以：通如。爲了利用奴隸去墾荒，因此解開他們身上的枷鎖。如果外出，就不吉。這是説行旅，與上述農業生產不同類，屬附載。

包蒙：把割了的草包捆起來。吉：與上文貞事辭不連讀，屬於另占。兩「吉」字同。納婦：正式禮聘的婚娶。克家：成立家庭。克，成。開荒，從事農業生產，與納婦、成家有關，因此一起説。

取女：不是禮聘，而是搶奪女子。取，从手（又）从耳，《説文》：「取，捕取也。」金夫：武夫。《史記‧樂書》：「復亂以飭歸。」正義：「飭歸者，武王伐紂勝，鳴金鐃整武而歸也。以去奏皮鼓，歸奏金鐃者。皮，文也；金，武也。」訓金爲武。古代在鐵發現之前，用銅制的武器最利。《周易》中金字即指銅説，故金訓武。不有躬：喪命。躬，身。

---

〔註64〕《周易通義‧蒙》，頁11～13。

這是説搶婚會遇到武力抵抗，喪了性命。所以是不利的，是蠢事。「无
攸利」屬另占的貞兆辭，附載。

困：借爲捆，與包義近。這是換辭法。吝：不連上讀，屬另占貞兆
辭。童：借爲撞，擊也。撞蒙，砍伐樹木。

擊蒙：意同撞蒙。寇：侵略。作者從農業生產的經驗中，總結出要
反對侵略，抵抗與防禦敵人的主張。因爲敵人搶糧食是個大問題。
這在《頤》卦中説得早清楚。在本爻中，指斥搶掠者是蠢人。

這是第一個講農業的專卦。主要講開荒墾植，也説到和農業有關的
家庭婚事。卦爻辭中以蒙昧和草木蒙茸二義，把有關農業的事巧妙
地編輯起來：先解釋標題的一義，次敘有關農業生產和婚娶，末了
作理論總結，反對侵略，主張防禦。

由蒙卦可以看出《周易通義》的體例：首先是分析卦名的得名義例，大多數
的卦是在解釋卦辭的時候做出說明，蒙卦略有不同，是在解釋完最後一條上
九爻辭之後，爲全卦做總結時說明的。

其次是確立卦旨。然後解釋字義、翻譯爲白話文。有時後還會加上作者
自己的心得與議論。

再進一步，針對爻辭中與上下文句不相連的部分，標明其爲「附載」或
「另占附載」或「另占」。對於說明吉凶的文字，也會使用「貞兆辭」來稱呼。

從蒙卦的注解可以看出《周易通義》注經的慣例與筆法。筆者此處先單
純以訓詁角度檢視，至於這樣的方式恰當否，解經的細膩度如何，則在下章
有有宏觀式的討論。

李鏡池解童爲僮，奴隸的意思。我則是貴族自稱。他的說法，當是從《說
文》而來。

《說文·立部》：「童，男有罪曰奴。奴曰童，女曰妾。」

《說文·戈部》：「我，施身自謂也。」

雖然採用了《說文》的解釋，李鏡池卻又誤用了。

《說文·人部》：「僮，未冠也。」

童有奴隸之義，僮卻沒有。李鏡池先將童解爲僮，才說僮指奴隸。其實多此
一舉。其次，將卦辭解釋爲「奴隸向貴族請求代爲占卜」也並不合理。貴族
不見得懂得占卜之術，奴隸恐怕也難有機會、有資格親近貴族並由貴族代其

占卜。

《經義述聞》：「僮、童古字通，皆昧之義也。」
王念孫的說法比較簡潔有力，既然今所見的卦辭爲「童」，就不需又將「僮」字牽連進來，童解爲昧。那麼，「童蒙」又是什麼呢？李鏡池認爲「蒙」原本指草木，後指高地，又指「高地上草木蒙茸覆蔽」，最後引申爲蒙蔽、蒙昧。這部分恐怕是推論太過了。或許該說，因爲擔心論述不夠強度，反而畫蛇添足的引入不相干的證據。蒙在《說文》裡爲草部，肯定是與草木有關，「蒙，王女也。」據《爾雅·釋草》所言「蒙即唐也，女蘿別名。」跟「高地」實在毫無關係。

不過，儘管李鏡池誤將「高地」牽扯進來，但他最後所採用的引申義「蒙昧、蒙蔽」卻是正確的。所以，「童蒙」一辭，便被李鏡池解釋爲「蒙昧愚蠢的奴隸」。

《群經平議·毛詩二》：「蒙之言蒙茸也，是有糾繚之意。」
《左傳·僖公九年》：「幼童於事多闇昧，是以謂之童蒙焉。」
卦辭的「蒙」解爲蒙昧、愚蠢。初六、九二跟六四的「蒙」解爲草木，六五與上九的「蒙」字被解爲「樹木」，這樣一字三義的解釋，很符合李鏡池提出的「易經一字多義」的情況。

然而，六五的「童蒙」的「童」他就解爲「撞」，「童蒙」則解爲「砍伐樹木」。就算易經確實有一字多義的情況，但這些意義通常有著些許關聯，比如「坎」是小窟窿，引伸之後可以有水井、陷阱的意思，看似沒有關聯的二種解釋，仍舊可以有著合理的聯繫。

然而，「愚昧的奴隸」與「砍伐樹木」彼此卻十分難以找出合理的聯繫。因此，不論是從字義的角度或行文的順暢性來考慮，童蒙都比較應該解釋爲「蒙昧不明」或者「煩惱糾結貌」。

〈蒙·六三〉也是李鏡池在解釋上有待商榷的一條。

《爾雅·釋器》：「銀錫銅鐵皆金也，黃金爲之長。」
《爾雅·釋器》：「金，鐵也。」
《釋名·釋天》：「金，禁也，氣剛毅能禁制物也。」
《釋名·釋天》：「金，禁也，氣剛毅能禁制物也。」
〈姤〉：「繫于金柅。」王弼注曰：「金者，堅剛之物。」

將金夫解成武夫，尚可。但是將「不有躬」解釋爲「失去性命」，再與「武夫」對照參看，就導致了必須硬將「取女」解釋成「掠奪女子」。細查六十四卦，出現「取女」一辭共三處。除了〈蒙‧六五〉，尚有咸、姤二卦卦辭。

〈咸〉：「亨，利貞。取女吉」

〈姤〉：「女壯，勿用取女。」

這二處的「取女」都是指迎娶女子而非掠奪女子。特別是姤卦，「勿用取女」四字與蒙六五爻辭一模一樣，更可以證明蒙六五爻辭的「取女」不該是掠奪女子。

《說文‧又部》：「取，捕獲也。」

李鏡池根據《說文》認定取只能解釋作捕獲，爲了上下行文順暢，只好將「不有躬」解爲「失去性命」。

《說文‧又部》：「取，假藉爲娶。」

《釋文》：「取，本又作娶。」

了解了「取」做「娶」解，整條爻辭的解釋便可以更彈性。「勿用娶女」是表示「不宜與該女子有婚姻的打算。因爲在迎娶的過程中，會遇見拿著武器的人，最後會導致有人失去性命。至於失去性命的，究竟是婚嫁雙方甚至是搶奪者，其實不應硬性侷限。

此處筆者提出與李鏡池不同的字義解釋，目的不在貶抑前賢。而是要借此表示，字義的揀擇，往往是經注立場的呈現。李鏡池將卦爻辭視爲古代生活的記錄，又強調要援引唯物史觀注《易》，因此，訓詁不免淪爲假手段，李鏡池眞正的目的，是要將《易經》注解成一本「古代勞動人民生活史」的史料。至於援引唯物史觀治《易》的得失，筆者將在第六章中，論述其優點與不足處。

# 第六章 《周易通義》治經方法的檢討

　　在第五章中，筆者提到：李鏡池根據每一卦的中心思想，將六十四卦做了一個內容性質上的區分歸類。而這樣的分類，在比較了其他學者的看法之後，筆者發現李鏡池的論點並不悉數正確。本節將詳細論述、分析《周易通義》的說法。

　　分析李鏡池的說法時，筆者主要以郭沫若、聞一多、高亨的論點加以對比。〔註1〕

> 現代對《周易》的研究，比之古代是有很大進步的。以郭沫若為代表，開始了用馬列主義觀點研究《周易》，他所寫《周易的社會背景與精神生活》一文，根據歷史唯物主義的觀點，摘引若干卦爻辭，以分析古代社會，頗著成績。與郭氏一樣能注意社會條件與社會意義進行研究的還有聞一多，他著有《周易義證類纂》。由於作者既「以鉤稽古代社會史料之目的」治《易》，又精於訓詁，雖只解九十事，而精義頗多，且較郭氏為詳。高亨所著《周易古經今注》，在文字訓詁上，費了不少工夫。他繼承了清儒樸學家的傳統而又能超脫了「象數」、「義理」的拘束，因而在辭語訓詁上取得較好成績。〔註2〕

這三位是李鏡池少見的、會提出稱讚的學者。稱讚當中也有批評。因此，筆者將與之對比，從彼此相異之處，看出李鏡池的得與失。三位學者之中，僅高亨寫有完整注解易經的著作，因此將以高亨作為主要比較對象。

---

〔註1〕　高亨是筆者碩士論文的研究對象。但在該篇論文中，並未實際檢視高亨對卦爻辭的注解，此處的討論，當不涉及自我抄襲或沿用等問題。

〔註2〕　《周易通義・前言》，頁9～10。

# 第一節　唯物史觀的過度詮釋

第四章章末，筆者曾略就〈蒙〉來評析李鏡池的經注。發現：李鏡池堅持要援引唯物史觀注解《易經》，其目的在將《易經》注解成一本「古代勞動人民生產活動」的文字記錄。因此，有時訓詁不免流於假手段，李鏡池在撿擇字義時，往往採用那個可以證成己說卻較不符合訓詁義界的解釋。

筆者挑撿出《周易通義》中，因為此一先在觀念所導致的疏漏之處加以分析補證。

## 壹、行旅（商旅）專卦的商榷

### 一、〈隨〉〔註3〕

| 隨 | 元亨，利貞，无咎。 |
|---|---|
| 初九 | 官有渝。貞吉。出門交有功。 |
| 六二 | 係小子，失丈夫。 |
| 六三 | 係丈夫，失小子。隨有求得。利居貞。 |
| 九四 | 隨有獲，貞凶。有孚在道，以明，何咎。 |
| 九五 | 孚于嘉。吉。 |
| 上六 | 拘係之，乃從維之。王用享于西山。 |

李鏡池將「隨」解為相隨，表示商人結伴出門做生意。

> 前四爻說的都是商旅，主要講商人販賣奴隸，揭示了奴隸的一個重要來源。因為講販賣奴隸，牽連到奴隸的另一來源，所以後兩爻講戰俘。這是插敘法。最後又提到用戰俘作人牲。這些對於當時社會的分析，都有重要意義〔註4〕

但是高亨卻認為隨是追逐的意思。

> 《説文》：「隨，從也。」從人之後為隨，引申為逐義。《廣雅釋詁》：「隨，逐也。」〔註5〕

對「隨」字字義的不同解釋，決定了二人對隨卦主旨判定的差異。關鍵在六三「隨有求得」與九四「隨有獲」這二句。

---

〔註3〕《周易通義・隨》，頁36～38。
〔註4〕《周易通義・隨》，頁38。
〔註5〕《周易古經今注・隨》，頁212。

「隨有求得」，李鏡池解爲「結伴出門是爲了有所得」，高亨則解爲「追逐而有所求則得也」。筆者以爲高說爲勝。

| 六二 | 係小子，失丈夫。 |
|---|---|
| 六三 | 係丈夫，失小子。隨有求得。利居貞。 |

這二爻應該要參照著看，爲何六三卻在「係丈夫，失小子」之後，告訴人們「隨有求得」，但是六二在「係小子，失丈夫」之後，卻沒有任何宣告吉凶的文字？

對文義的解釋，是筆者認爲高說爲勝的原因。

《說文·系部》：「係，絜束也，從人，從系，系亦聲。」係蓋即繫縲之繫，故從系從人，以繩繫人之象也。係小子，失丈夫，殆指俘虜而言，乃小存大亡之象，未言休咎，休咎自在辭中矣。〔註6〕

《說文·辵部》：「隨，從也。」從人之後爲隨，引申爲逐義。《廣雅·釋詁》：「隨，逐也。」隨有求得，謂追逐而有所求則得也。係丈夫，失小子，大存小亡之象，且小子逃可追逐而及之，故曰係丈夫，失小子，隨有求得。若人有所失欲追求之，筮遇此爻，則得之。〔註7〕

六二是小存大亡，六三是大存小亡。大存小亡者，表示若去追逐逃跑的俘虜，尚能有所獲得，不至於損失慘重。「小存大亡」則反，就算去追逐也是一無所獲，也因此，「係丈夫，失小子」會下接「隨有求得」一句。因此，將〈隨〉所有出現的「隨」字都解爲「追逐」，是最合理的一個解釋

既然「隨」不做「相隨」解，那麼李鏡池所稱的「前四爻說的都是商旅，主要講商人販賣奴隸」云云，就不成立了。當然，〈隨·初九〉指示「出門爲吉」，是無庸置疑的。但要說這是行旅（商旅）專卦，載明了古代社會販賣奴隸以及使用奴隸做活人獻祭的情況，就是推論太過了。

## 二、〈明夷〉〔註8〕

| 明夷 | 利艱貞 |
|---|---|
| 初九 | 明夷于飛，垂其翼。君子于行，三日不食。」有攸往，主人有言。 |

---

〔註6〕《周易古經今注·隨》，頁212。
〔註7〕《周易古經今注·隨》，頁212。
〔註8〕《周易通義·明夷》，頁71～73。

| 六二 | 明夷，夷于左股，用拯馬壯。吉。 |
| --- | --- |
| 九三 | 明夷于南狩，得其大首。不可疾貞。 |
| 六四 | 入于左腹，獲明夷之心于出門庭。 |
| 六五 | 箕子之明夷。利貞。 |
| 上六 | 不明，晦。初登于天，後入于地。 |

　　〈明夷〉是一個複雜難解的卦。李鏡池花了非常大的篇幅與心力在這個卦。與其他學者不同的，是《周易通義》中的「明夷」一辭，有五種不同的解釋。這種「一詞多義」的解經方式，已經超過了訓詁的功能範圍，整體呈現出來的，其實是學者個人對經典態度的一種呈現。試與高亨做一比較。

　　高亨曰：「明夷即鳴雉。本卦明夷二字皆此義。」可是因著這樣的堅持，〈明夷〉被高亨解釋得窒礙不明更難理解。

　　　明夷，卦名也。筮艱難之事者遇此卦則利，故曰利艱貞。〔註9〕

　　　鳴雉于飛垂其翼，飢不得食之象。君子于行飢不得食似之，故曰明夷于飛垂其翼。君子于行三日不食。此殆亦古代故事也。君子所以不得食者，蓋主人怒之，靳而不予也，故又曰有攸往，主人有言。
　　　〔註10〕

　　　明夷借為鳴雉。下夷字傷也。……《釋文》：「拯，子夏傳作抍。」《說文》引同。《音訓》拯作承，引晁氏曰：「《九家》亦作承。」按拯、抍、承古通用。此並當讀為騬。拯承與騬古通用。……《說文》：「騬，犗馬也。」《廣雅釋獸》：「騬，犗也。」拯馬即騬馬，去馬之勢也。古人犗馬，蓋必筮之，用拯馬壯吉，言筮遇此爻犗馬，馬壯且吉。……渙初六云：「用拯馬壯吉。」義同。鳴雉傷于左股，無害於翼，仍可飛，猶之馬割其勢，無害於足，仍可行。〔註11〕

九三爻與六四爻，高亨都注解曰：「此文義不可曉。」，六五爻則曰：「辭意不完，未之詳也。」問題的癥結就在於：高亨認定「明夷」只有一種解釋。因著這樣的堅持卻又無法將文義解通，於是高亨採取了「增字改經」這種方式。

　　　于下疑當有飛字，蓋轉寫挩去。明夷于飛，南狩得其大道，乃記一

---

〔註9〕《周義古經通說・明夷》，頁263。
〔註10〕《周義古經通說・明夷》，頁264。
〔註11〕《周義古經通說・明夷》，頁264。

古代故事。蓋鳴雉于飛，南狩之人追之，入於深山大林而迷路，終
能得其大道，故記之曰明夷于飛，南狩得其大首。又占問疾病之事，
筮遇此爻，則不可有所施行，故曰不可疾貞。〔註12〕

明夷借爲鳴雉。然則箕子之明夷，即箕子這鳴雉矣。辭意不完，未
之詳也。疑之下當有獲字，轉寫挽去。箕子之獲明夷，記箕子得鳴
雉之事也。箕子得鳴雉，蓋有利之事也。筮遇此爻，自是利占，故
曰箕子之獲明夷，利貞。」〔註13〕

「增字改經」是不能服眾的。沒有文本證據的支持，「增字改經」只會導致更
多的混亂。高亨解釋〈明夷〉跟其他六十三卦相比，精彩細密度相對遜色許
多，根源性的原因就在於拘泥一字一義。

《周易通義》沒有這樣的問題。「明夷」一詞出現了五次，依序被解爲「鳴
鵝」、「太陽下山」、「拉弓發射」、「大弓」、「東方之國，日出處」。

爻辭前四句是一首民歌。開頭兩句用明夷起興。明夷要淘乾了水才
有魚吃，君子在旅途中找吃的也不易，已經多天沒吃的了。

……這裡的謠占主要說明行旅之難。「有攸往，主人有言。」爲筮占，
說旅客所到之處的主人有罪。這樣客人免不了受牽連。〔註14〕

太陽下山的時侯，左腿傷了。因爲騎馬回家，跑得太快跌傷的。……
在南邊的獵區鳴弓發射，就得了大猛獸。占疾則不利。在旅途中怕
害病。……一出門口就找到了製大弓的心木，回到左室開始制作。

〔註15〕

從李鏡池對卦爻辭的解釋，看得出明夷卦述及的範圍很廣，有出門在外的不
便與勞累，有騎獵活動的記載也有製做器物的相關敍述。

「《周易》多在卦辭中解釋或舉例說明標題之一義。而本卦卻在最後
一爻解釋太陽下山，不亮了，天黑了。這就是明夷（滅）。太陽初登
於天爲明，後入於地爲夷。

本卦主要談行旅，也連及狩獵騎射。其中談到用心木製弓，反映了

---

〔註12〕《周義古經通說‧明夷》，頁265。
〔註13〕《周義古經通說‧明夷》，頁266。
〔註14〕《周易通義‧明夷》，頁71～72。
〔註15〕《周易通義‧明夷》，頁72。

當時生產工具的水平。〔註16〕

既然《周易》是經過編纂的，那麼上六的爻辭就更有深意了。由明到暗，表示卦爻辭所敘述的，是人們一天所從事的相關活動。

人們從事什麼樣的活動呢？在〈明夷〉當中所展現的，是狩獵騎射的相關活動。包括了狩獵活動所需要的工具——弓的製造。李鏡池的解釋，不管是字義或文義，都很有連貫性，文理通暢。但是筆者卻認為，將〈明夷〉視為田獵之卦，會比認定為「行旅」專卦來得更有彈性也避免過度武斷之病。

聞一多便將明夷六二與六四的內容，歸類為田獵之事。

> 案《詩》《車攻》《毛傳》曰：「一曰乾豆，二曰賓客，三曰充君之庖。
> 故自左膘而射之，達於右腢，為上殺；射右耳本之；射左髀，達於
> 右髃為下殺。」《正義》曰：「凡射獸，皆逐從左廂而射之。」……
> 六二「明夷夷於左股，」即《毛傳》所謂「射左髀，達於右髃，為
> 下殺」者。《九家》及《正間》並訓下夷字為傷。……《公羊傳》成
> 十六年曰：「王痍者何，傷乎矢也。」矢傷謂之痍，是「夷於左股」
> 即射於左股明甚。……六四「入於左腹，獲明夷之心，」即《毛傳》
> 所謂「自左腹而射之，達於右腢，為上殺」者。〔註17〕

細觀他對六二、六四兩條爻辭的解釋，其實是一個整體的詮釋。尤其易經又是經過有意編纂，在編纂的過程中，刻意的將爻辭層次分明的鋪敘，是很合理的。同時，對「獲明夷之心於出門庭」他也有很精闢的見解。

> 獲猶中也，《鄉射禮》「獲者坐而獲」注曰：「射者中，則大言『獲！』」
> 是射中謂之獲。然則「獲明夷之心，」又即何注所謂「中心」死疾」
> 者矣。《漢書》《司馬相如傳》上「洞腋達掖，絕乎心繫，」注引張
> 揖曰：「自左射之貫胸，通右髃，中心絕系也，」與何說略同。「於
> 出門庭」於讀為呼，《孟子》《萬章上篇》「號泣於旻天，於父母，」
> 《列女傳》《有虞二妃傳》於作呼。此言入腹獲心，射得上殺，獲者
> 呼獲，聲達於門庭之外也。〔註18〕

在三家的說解當中，聞一多的解釋是最值得參考的。高說的缺失在拘泥一字一義，卻又無法提出合理通順的說法。一卦六條爻辭，有三處自承「文義不

---

〔註16〕《周易通義・明夷》，頁73。
〔註17〕《周易義證類纂・有關經濟事類》，丁「田獵」》，頁17～18。
〔註18〕《周易義證類纂・有關經濟事類》，丁「田獵」》，頁18。

可曉」，另有二處「增字改經」，這都是非常不可取的注經方式。

李鏡池對「明夷」的解釋，一詞五義。就算是在字少義多、通用假借盛行的古代，都是非常罕見的。而且，筆者認爲，既然是經過有意的編纂，目的就是希望能廣爲人知以供參考，沒有製造複雜增加困難的必要。如果能一字一義，一詞一義且通用於全書，不是更符合編纂的目的及功用嗎？

因此，一卦之中，力求字詞意義一致，應是正例，且通用於全書。不得已有一字多義的情況，是屬變例，不常見，也不通行於全書。

聞一多的注解，非常符合這樣的標準。「明夷」就是鳥類，別無他解。同時聞一多又能從古籍之中旁徵博引，找出合理的旁證來注解字詞意義，不但讓整條爻辭文義順暢，也讓明夷卦具有整體性，沒有分裂過度切割瑣碎的弊病。

李鏡池對「明夷」一詞的多種解釋，跟聞一多的說法相對比，固然失色許多，但尚不失其整體性。但讓筆者難以認同的，是他認定〈明夷〉爲行旅專卦。

聞一多將〈明夷・六二〉與〈明夷・八四〉歸類爲田獵一類。

> 《車攻傳》又曰：「禽雖多，擇取三十焉，其餘以與士大夫，以習射於澤宮；」《穀梁傳》昭八年曰：「禽雖多，天子取三十焉，其餘與士眾以習射於射宮；」《尚書》《大傳》《周傳》曰：「已祭，取餘獲陳於澤，然後卿大夫相與射，」注曰：「澤射宮也。」此兩爻蓋言射宮習射，門庭即射宮之門庭也。〔註19〕

李鏡池卻說這是行旅專卦。而惟一能解釋的，就是這些田獵之事，必須是在戶外行動。但是細觀卦爻辭，除了初九，其餘諸爻並沒有直接的證據可以證明這些活動都是行旅，那也可以只是白日的、短距離的活動，日暮天晚時，主人翁仍有可能是返家居住的。因此，硬性認定全卦屬於行旅專卦，過度武斷沒有彈性，不若聞一多來得謹慎。

## 貳、鬥爭專卦的商榷

### 一、〈井〉〔註20〕

《周易通義》對「井」的各種字義解釋很精闢，每一條卦爻辭的文義也都合理通順，但是針對整體的卦旨所做的結論卻相對失色。

---

〔註19〕《周易義證類纂・有關經濟事類》，丁「田獵」，頁18。
〔註20〕《周易通義・井》，頁95。

> 井：井田，水井，又借爲阱。卦爻辭主要是反映當時的階級鬥爭。以
> 多見詞標題。改邑：改換封邑。……汔（迄）：《說文》：「水涸也。」
> 至：借爲窒，淤塞也。繘（橘）：从矞，用矞原義。《廣雅‧釋詁》：「矞，
> 穿也。」繘井即挖井、淘井。羸（雷）：聞一多、高亨說當讀爲儡，《說
> 文》：「儡，相敗也。」羸其瓶，指打水的瓶打破了。〔註21〕

高亨不但有不同的看法，連斷句都跟李鏡池有所不同。〔註22〕高亨斷句
爲「改邑不改井；无喪无得。」下文才是「往來井井。汔至亦未繘井。羸其
瓶。凶。」〔註23〕

> 井，卦名也。改邑不改井者，謂改建其邑而不改造其井也。無喪無
> 得者，謂無造新井之勞費，亦不得新井之利益也。〔註24〕

光看這兩句的解釋，還無從判斷二者說法的優劣，但若是將下文拉進觀察，
就會發現高說的不恰當。

> 往來井者，謂邑人往來井上而汲水也。《說文》：「汔，水涸也。」《廣
> 雅》《釋詁》：「汔，盡也。」至借爲窒。《說文》：「窒，塞也。」井
> 汔窒者，謂井水涸竭而泥塞其中也。……繘井與掘井同義。亦未繘
> 井，謂井雖涸塞而亦未穿之也。《釋文》：「羸，蜀才作累，鄭讀曰虆。」
> 按羸與累虆古通用，此羸字疑借爲儡。……《說文》：「儡，相敗也。」
> 敗毀義相近，則儡可訓毀，儡其瓶，謂毀其甕也。……改邑不改井，
> 無喪無得，未嘗不可。但若汲水人多，井既涸塞，則宜穿井，苟不
> 穿井，反以瓶爲無用而毀之，是無汲水之處，且無汲水之器，將無
> 以爲飲食也，故曰改邑不改井，無喪無得，往來井，井汔至，亦未
> 繘井，羸其瓶，凶。〔註25〕

高說不合常理。罕有人會在賴以爲生的水井乾涸之時，不盡力去掘井，反而
因此認爲水瓶此後再也派不上用場，而將水瓶打破。固然這樣做的行爲是凶，
但是以常理而言，根本就不會有這樣的人跟這樣的思考邏輯，既然高說的前
提不成例，後面的推論便沒有意義。

　　李鏡池最後的整卦總結，雖然推論太過，有極大的商榷空間。但單條文

---

〔註21〕《周易通義‧井》，頁95～97。
〔註22〕《周易古經今注‧井》，頁298～302。
〔註23〕《周易古經今注‧井》，頁298。
〔註24〕《周易古經今注‧井》，頁298。
〔註25〕《周易古經今注‧井》，頁298。

字的文義解釋卻相當通順。

> 水井是供飲用的，但污濁得象泥漿一樣沒法喝。陷阱是用來捕獸的，但已經崩壞得裝不住野獸。〔註26〕

> 陷阱塌了裝不了獸，長了魚，但只是小魚；是很難射的，足見食的困難。水井淤塞混濁，還有水甕儲水，但現在水甕也破漏了，連喝水也大成問題。極言邑人生活的困苦。〔註27〕

卦辭跟前二爻爻辭，描述的是一個邑主失德，人民生活困頓的慘狀。

> 這是說一個邑主，大概由於搞得不好，不得人心，被調走了，調到另一個邑去。兩個邑的井田數目沒有變。對這個邑主來說，無失也無得。在調換中還是秩序井然，沒有發生什麼混亂的現象。可是他原來統治的那個舊邑，水井已經乾涸淤塞而又不挖不淘，甚至連吊水瓶也打破了，糟得很！無怪乎他在那裡呆不下去了。〔註28〕

這種情形到了九三爻辭開始有了轉變。來了一個新的邑主並且有所做為。

> 渫（屑）：聞一多據《漢書・王褒傳》張晏注：「污也。」心惻：聞一多說：「心讀爲沁。……惻讀爲測。此言井水污渫。爲我沁測之，尚可汲。」王明：君王英明。〔註29〕

> 這是寫新的邑主來了，看見邑中的情景，就說：「井水太污濁了，喝不得。給我淘淨，就可以汲飲。」接著是贊頌語，說君王眞英明，使新邑主和邑人都得到好處。〔註30〕

李鏡池在這條爻辭的注解，完全採用聞一多的說法。高亨的說法則完全相反。

> 王《注》：「渫，不停污之謂也。」《釋文》：「渫，黃云：『治也。』」《集解》經荀爽曰：「渫，去穢濁，清潔之意也。」《說文》：「渫，除去也。從水，枼聲。」蓋渫者除去井中之污泥，使復於清也，今人所謂掏井是也。〔註31〕

兩位學者同樣是旁徵博引，由古書中尋求字之古義，目的都是想替這條文字找出最正確最貼近原貌的解釋，但是爲何會有南轅北轍的結論？這個原因其

---

〔註26〕《周易通義・井》，頁96。
〔註27〕《周易通義・井》，頁96。
〔註28〕《周易通義・井》，頁95。
〔註29〕《周易通義・井》，頁96。
〔註30〕《周易通義・井》，頁96。
〔註31〕《周易古經今注・井》，頁300。

實也就正是兩位學者治經態度的差異所在。

李鏡池雖然將《周易》視爲卜筮之書，承認《周易》所以成書是因應卜筮的需要。但他賦予了《周易》更重要的任務，就是古史。是古代生活史料，反應呈現出了古代生活的種種活動。也因此，每條卦爻辭都務求解得平實解得素樸，完全不容許有一丁點兒的玄妙。

因爲這樣的背景，每一個卦，很明顯的，李鏡池都想在當中表顯出古人生活的某一面向，因此竭盡所能的要讓卦爻辭有連續性甚至是故事性。

也因此，儘管李鏡池也說：「卦爻辭從舊邑主被迫調走敘起；又追寫這個邑主統治下邑中遭到的破壞，邑人生活的困苦；三爻起寫新邑主來了之後，著手改善生活條件，直到最後使邑中飲食完全改觀，與前期成鮮明對照。」但同時他卻又將階級鬥爭這個名詞與觀念框住了井卦。他的結論是「井卦反映了西周末年的階級矛盾，表明作者的一些改良主張。」〔註32〕

馬克思說：「正確地認定東方一切現象底基本形式是在於那裡沒有土地私有制之存在。這一點甚至可以作爲了解東方世界的眞正的關鍵。」土地所有權歸國王所有，國王有封邑權，也就有改邑權。「改邑不改井」，表明統治者總還是維護著他們本階級成員的利益的。〔註33〕

筆者以爲，與李鏡池刻意要援引唯物史觀來解《易》，有很大的關係。

# 第二節　用語不一之處

在第四章討論《周易通義》治經方法的時候，歸納出二組四個術語。第一組是「說明語」與「貞兆辭」，第二組是「另占」與「附載」。經過筆者的分析，這四個術語在使用上，有修正的必要。

這種修正，並不是本質上的缺失。只是以《周易通義》整體呈現出的詮釋成熟度而言，某些術語的使用上，若能更精準，會讓整本書更有一致性的水準。

筆者認爲，宜取消「說明語」一辭，直用「敘事之辭」。

經過筆者的分析比較，認爲這組用語在使用上有修正的必要，因爲「說明語」跟「貞兆詞」並非完平行對等的二組義涵。「說明語」雖然不明說吉凶，

---

〔註32〕《周易通義·井》，頁 97。
〔註33〕《周易通義·井》，頁 95～96。

但是在敘事的過程中，有時候已經能夠讓人明顯感受的事件的後續發展與結果。因此，說明語有時仍然具備了顯示吉凶的功能。可是「貞兆辭」卻沒有敘事的功能。因此，在使用這二個術語分析卦爻辭的時後，確實需要審慎些。

關於《周易通義》中使用「說明語」、「貞兆辭」的篇章，第四章中已經整理為圖表，此處不再贅附於此，將直接討論並進行修正。

筆者以為，被《周易通義》注解為「說明語」的三條原文，應該直接放入「貞兆辭」。因為此處所舉出的例子「貞吉、吉、无咎、无譽」，李鏡池在註解〈乾〉卦辭時就明白認定這是「貞兆辭」。

其次，被注解為「既是貞兆辭也是說明語」的 6 條例子，也應該放入「貞兆辭」一類。

筆者的結論是，直接取消「說明語」一詞，統一以「貞兆辭」稱之。至於哪些卦辭可以視為「貞兆辭」，就以李鏡池自己的標準來設定。

> 《周易》著筮，和殷人龜卜的卜辭一樣，有一套標誌吉凶休咎的專門術語。卜辭有吉、大吉、弘吉、亡𢦏、亡戈（災）、、亡戾、弗悔等；《周易》有吉、大吉、亨、元亨、光亨、小亨、利貞、无咎、无悔、悔、吝、厲、悔亡、凶等。〔註34〕

統觀《周易通義》的注解，即使將筆者所重新劃分的九條文字另加原本的二一條，也不過只有三十條文字是使用「貞兆辭」來稱引。問題是，六十四卦卦爻辭，並不是只有這幾條文字中才出現上述的「吉、大吉、亨、元亨、光亨、小亨、利貞、无咎、无悔、悔、吝、厲、悔亡、凶」這些術語。

全書之中，如果固定的術語卻沒有固定的稱謂與定義，會造成體例的混亂。筆者認為，以《周易通義》整體呈現出的個人史觀和旁徵博引的注經方式，若因為此種學術外緣因素降低評價，相當可惜。因此筆者將六十四卦中，所有出現上述這些術語的卦爻辭，依序整理出來。依據《周易通義》使用「貞兆辭」的精神與慣例，補注於這些卦爻辭之下。

這些被李鏡池認定是「貞兆辭」的用語，可大分為四類。

（1）「亨」類：亨、小亨、大亨、光亨。

（2）「吉」類：吉、大吉。

（3）「悔」類：无悔、悔、悔亡

（4）其他類：利貞、无咎、吝、厲、凶

〔註34〕《周易通義‧乾》，頁 1。

筆者以爲「在這些用語之前若加上一個"貞"字」，意義相同。貞凶其實就是凶，貞厲就是厲，因此，筆者在補注修正《周易通義》有關貞兆辭的使用時，會將這類用語一併放入。下表爲筆者修正後的個人看法。

### 六十四卦貞兆辭檢索表

| 原　　文 | | 貞兆辭 |
|---|---|---|
| 〈乾〉 | 元亨，利貞。 | 元亨<br>利貞 |
| 〈乾・九三〉 | 君子終日乾乾，夕惕若，厲无咎 | 无咎 |
| 〈乾・九四〉 | 或躍在淵，无咎。 | 无咎 |
| 〈乾・上九〉 | 亢龍有悔。 | 有悔 |
| 〈乾・用九〉 | 見群龍无首，吉。 | 吉 |
| 〈坤〉 | 坤：元亨，利牝馬之貞。君子有攸往，先迷後得主，利西南得朋，東北喪朋，安貞吉。 | 安貞吉 |
| 〈坤・六五〉 | 黃裳，元吉。 | 元吉 |
| 〈坤・用六〉 | 利永貞。 | 利永貞 |
| 〈屯〉 | 元亨，利貞，勿用，有攸往，利建侯。 | 元亨<br>利貞 |
| 〈蒙〉 | 亨。匪我求童蒙，童蒙求我。初筮告，再三瀆，瀆則不告。利貞。 | 利貞 |
| 〈蒙・六四〉 | 困蒙，吝。 | 吝 |
| 〈蒙・六五〉 | 童蒙，吉。 | 吉 |
| 〈需〉 | 有孚，光亨，貞吉。利涉大川。 | 貞吉 |
| 〈需・初九〉 | 需于郊。利用恆，无咎。 | 无咎 |
| 〈需・九二〉 | 需于沙。小有言，終吉。 | 終吉 |
| 〈需・九五〉 | 需于酒食，貞吉。 | 貞吉 |
| 〈訟〉 | 有孚，窒惕，中吉。終凶。利見大人，不利涉大川。 | 中吉<br>終凶 |
| 〈訟・初六〉 | 不永所事，小有言，終吉。 | 終吉 |
| 〈訟・九四〉 | 不克訟，復自命，渝，安貞，吉。 | 吉 |
| 〈訟・九五〉 | 訟，元吉。 | 元吉 |
| 〈師〉 | 貞丈人吉，无咎。 | 无咎 |

| 〈師‧九二〉 | 在師中，吉，无咎，王三錫命。 | 吉 |
|---|---|---|
| 〈師‧六三〉 | 師或輿尸，凶。 | 凶 |
| 〈師‧六四〉 | 師左次，无咎。 | 无咎 |
| 〈師‧六五〉 | 田有禽，利執言，无咎。長子帥師，弟子輿尸，貞凶。 | 无咎<br>貞凶 |
| 〈比〉 | 吉。原筮元永貞，无咎。不寧方來，後夫凶。 | 无咎<br>凶 |
| 〈比‧初六〉 | 有孚比之，无咎。有孚盈缶，終來有他，吉。 | 无咎<br>吉 |
| 〈比‧六二〉 | 比之自內，貞吉。 | 貞吉 |
| 〈比‧六四〉 | 外比之，貞吉。 | 貞吉 |
| 〈比‧九五〉 | 顯比，王用三驅，失前禽。邑人不誡，吉。 | 吉 |
| 〈比‧上六〉 | 比之无首，凶。 | 凶 |
| 〈復‧初九〉 | 復自道，何其咎，古。 | 吉 |
| 〈復‧九二〉 | 牽復，吉。 | 吉 |
| 〈復‧六四〉 | 有孚，血去惕出，无咎。 | 无咎 |
| 〈履〉 | 履：履虎尾，不咥人，亨。 | 亨 |
| 〈履‧六三〉 | 眇能視，跛能履，履虎尾，咥人，凶。武人為于大君。 | 凶 |
| 〈履‧九四〉 | 履虎尾，愬愬終吉。 | 終吉 |
| 〈履‧九五〉 | 夬履，貞厲。 | 貞厲 |
| 〈履‧上九〉 | 視履考祥，其旋元吉。 | 元吉 |
| 〈泰〉 | 小往大來，吉，亨。 | 吉<br>亨 |
| 〈泰‧初九〉 | 拔茅茹，以其彙，征，吉。 | 吉 |
| 〈泰‧六五〉 | 帝乙歸妹，以祉元吉。 | 元吉 |
| 〈泰‧上六〉 | 城復于隍，勿用師。自邑告命，貞吝。 | 貞吝 |
| 〈否，初六〉 | 拔茅茹，以其彙，貞吉，亨。 | 貞吉<br>亨 |
| 〈同人〉 | 同人于野，亨。利涉大川，利君子貞。 | 亨 |
| 〈同人‧初九〉 | 同人于門，无咎。 | 无咎 |
| 〈同人‧六二〉 | 同人于宗，吝。 | 吝 |

| 〈同人・九四〉 | 乘其墉，弗克攻，吉。 | 吉 |
|---|---|---|
| 〈同人・上九〉 | 同人于郊，无悔。 | 无悔 |
| 〈大有〉 | 元亨 | 元亨 |
| 〈大有・九二〉 | 大車以載，有攸往，无咎。 | 无咎 |
| 〈大有・九四〉 | 匪其彭，无咎。 | 无咎 |
| 〈大有・六五〉 | 厥孚交如，威如；吉。 | 吉 |
| 〈大有・上九〉 | 自天祐之，吉无不利。 | 吉 |
| 〈謙〉 | 亨，君子有終。 | 亨 |
| 〈謙・初六〉 | 謙謙君子，用涉大川，吉。 | 吉 |
| 〈謙・六二〉 | 鳴謙，貞吉。 | 貞吉 |
| 〈謙・九三〉 | 勞謙，君子有終，吉。 | 終吉 |
| 〈豫・初六〉 | 鳴豫，凶。 | 凶 |
| 〈豫・初二〉 | 介于石，不終日，貞吉。 | 貞吉 |
| 〈豫・六三〉 | 盱豫，悔。遲有悔。 | 悔<br>有悔 |
| 〈豫・上六〉 | 冥豫，成有渝，无咎。 | 无咎 |
| 〈隨〉 | 元亨，利貞，无咎。 | 无咎 |
| 〈隨・九五〉 | 孚于嘉，吉。 | 吉 |
| 〈蠱〉 | 元亨，利涉大川。先甲三日，後甲三日。 | 元亨 |
| 〈蠱・初六〉 | 幹父之蠱，有子考，无咎，屬終吉。 | 无咎 |
| 〈蠱・九三〉 | 幹父之蠱，小有悔，无大咎。 | 无大咎 |
| 〈臨〉 | 元亨，利貞。至于八月有凶。 | 元亨 |
| 〈臨・初九〉 | 咸臨，貞吉。 | 貞吉 |
| 〈臨・九二〉 | 咸臨，吉，无不利。 | 吉 |
| 〈臨・六三〉 | 甘臨，无攸利。既憂之，无咎。 | 无咎 |
| 〈臨・六四〉 | 至臨，无咎。 | 无咎 |
| 〈臨・六五〉 | 知臨，大君之宜，吉。 | 吉 |
| 〈臨・上六〉 | 敦臨，吉，无咎。 | 无咎 |
| 〈噬嗑〉 | 亨。利用獄。 | 亨 |
| 〈噬嗑・初九〉 | 履校滅趾，无咎。 | 无咎 |

| 〈噬嗑·六二〉 | 噬膚滅鼻，无咎。 | 无咎 |
|---|---|---|
| 〈噬嗑·六三〉 | 噬腊肉，遇毒；小吝，无咎。 | 无咎 |
| 〈噬嗑·九四〉 | 噬乾胏，得金矢，利艱貞，吉。 | 吉 |
| 〈噬嗑·六五〉 | 噬乾肉，得黃金，貞厲，无咎。 | 无咎 |
| 〈噬嗑·上九〉 | 何校滅耳，凶。 | 凶 |
| 〈賁〉 | 亨。小利有所往。 | 亨 |
| 〈賁·九三〉 | 賁如濡如，永貞吉。 | 永貞吉 |
| 〈賁·六五〉 | 賁于丘園，束帛戔戔，吝，終吉。 | 終吉 |
| 〈賁·上九〉 | 白賁，无咎。 | 无咎 |
| 〈剝·六三〉 | 剝之，无咎。 | 无咎 |
| 〈剝·六四〉 | 剝床以膚，凶。 | 凶 |
| 〈復〉 | 亨。出入无疾，朋來无咎。反復其道，七日來復，利有攸往。 | 亨 |
| 〈復·初九〉 | 不復遠，无祗悔，元吉。 | 元吉 |
| 〈復·六二〉 | 休復，吉。 | 吉 |
| 〈復·六三〉 | 頻復，厲，无咎。 | 无咎 |
| 〈復·六五〉 | 敦復，无悔。 | |
| 〈復·上六〉 | 迷復，凶，有災眚。用行師，終有大敗，以其國君，凶；至于十年，不克征。 | 凶 |
| 〈无妄〉 | 元亨，利貞。其匪正有眚，不利有攸往。 | 元亨 |
| 〈无妄·九四〉 | 可貞，无咎。 | 无咎 |
| 〈大畜〉 | 大畜：利貞，不家食，吉，利涉大川。 | 利貞<br>吉 |
| 〈大畜·六四〉 | 童豕之牿，元吉。 | 元吉 |
| 〈大畜·六五〉 | 豶豕之牙，吉。 | 吉 |
| 〈大畜·上九〉 | 何天之衢，亨。 | 亨 |
| 〈頤〉 | 貞吉。觀頤，自求口實。 | 貞吉 |
| 〈頤·初九〉 | 舍爾靈龜，觀我朵頤，凶。 | 凶 |
| 〈頤·六三〉 | 拂頤，貞凶，十年勿用，无攸利。 | 貞凶 |
| 〈頤·六四〉 | 顛頤吉，虎視眈眈，其欲逐逐，无咎。 | 无咎 |
| 〈大過〉 | 棟橈，利有攸往，亨。 | 亨 |

| 〈大過・初六〉 | 藉用白茅，无咎。 | 无咎 |
|---|---|---|
| 〈大過・九三〉 | 棟橈，凶。 | 凶 |
| 〈大過・九四〉 | 棟隆，吉；有它吝。 | 吉 |
| 〈大過・九五〉 | 枯楊生華，老婦得士夫，无咎无譽。 | 无咎 |
| 〈大過・上六〉 | 過涉滅頂，凶，无咎。 | 凶<br>无咎 |
| 〈坎・初六〉 | 習坎，入于坎窞，凶。 | 凶 |
| 〈坎・六四〉 | 樽酒簋貳，用缶，納約自牖，終无咎。 | 无咎 |
| 〈坎・九五〉 | 坎不盈，祗既平，无咎。 | 无咎 |
| 〈坎・上六〉 | 係用徽纆，寘于叢棘，三歲不得，凶。 | 凶 |
| 〈離〉 | 利貞，亨。畜牝牛，吉。 | 亨 |
| 〈離・初九〉 | 履錯然，敬之无咎。 | 无咎 |
| 〈離・六二〉 | 黃離，元吉。 | 元吉 |
| 〈離・九三〉 | 日昃之離，不鼓缶而歌，則大耋之嗟，凶。 | 凶 |
| 〈離・六五〉 | 六五：出涕沱若，戚嗟若，吉。 | 吉 |
| 〈離・上九〉 | 王用出征，有嘉折首，獲其匪醜，无咎。 | 无咎 |
| 〈咸〉 | 亨，利貞，取女吉。 | 亨 |
| 〈咸・六二〉 | 咸其腓，凶，居吉。 | 凶 |
| 〈咸・九四〉 | 貞吉悔亡，憧憧往來，朋從爾思。 | 貞吉 |
| 〈咸・九五〉 | 咸其脢，无悔。 | 无悔 |
| 〈恆〉 | 恆：亨，无咎，利貞，利有攸往。 | 亨 |
| 〈恆・初六〉 | 浚恆，貞凶，无攸利。 | 貞凶 |
| 〈恆・九二〉 | 悔亡。 | 悔亡 |
| 〈恆・九三〉 | 不恆其德，或承之羞，貞吝。 | 貞吝 |
| 〈恆・上六〉 | 振恆，凶。 | 凶 |
| 〈遯〉 | 亨，小利貞。 | 亨<br>小利貞 |
| 〈遯・初六〉 | 遯尾，厲，勿用有攸往。 | 厲 |
| 〈遯・九五〉 | 嘉遯，貞吉。 | 貞吉 |
| 〈大壯〉 | 利貞。 | 利貞 |
| 〈大壯・九二〉 | 貞吉。 | 貞吉 |

| 〈大壯・六五〉 | 喪羊于易，无悔。 | 无悔 |
|---|---|---|
| 〈晉・六三〉 | 眾允，悔亡。 | 悔亡 |
| 〈晉・九四〉 | 晉如碩鼠，貞厲。 | 貞厲 |
| 〈晉・六五〉 | 悔亡，失得勿恤，往吉无不利。 | 悔亡 |
| 〈晉・上九〉 | 晉其角，維用伐邑，厲，吉，无咎，貞吝。 | 厲<br>吉<br>无咎<br>貞吝 |
| 〈明夷・六二〉 | 明夷，夷于左股，用拯馬壯，吉。 | 吉 |
| 〈明夷・六五〉 | 箕子之明夷，利貞。 | 利貞 |
| 〈家人・初九〉 | 閑有家，悔亡。 | 悔亡 |
| 〈家人・六二〉 | 无攸遂，在中饋，貞吉。 | 貞吉 |
| 〈家人・九三〉 | 家人嗃嗃，悔，厲，吉；婦子嘻嘻，終吝。 | 悔<br>厲<br>吉<br>終吝 |
| 〈家人・六四〉 | 富家，大吉。 | 大吉 |
| 〈家人・九五〉 | 王假有家，勿恤，吉。 | 吉 |
| 〈家人・上九〉 | 有孚威如，終吉。 | 終吉 |
| 〈睽・初九〉 | 悔亡，喪馬勿逐，自復；見惡人无咎。 | 无咎 |
| 〈睽・九二〉 | 遇主于巷，无咎。 | 无咎 |
| 〈睽・九四〉 | 睽孤，遇元夫，交孚，厲，无咎。 | 无咎 |
| 〈睽・六五〉 | 悔亡，厥宗噬膚，往何咎。 | |
| 〈蹇〉 | 利西南，不利東北；利見大人，貞吉。 | 貞吉 |
| 〈蹇・上六〉 | 往蹇來碩，吉；利見大人。 | 吉 |
| 〈解〉 | 利西南，无所往，其來復吉。有攸往，夙吉。 | 夙吉 |
| 〈解・初六〉 | 无咎。 | 无咎 |
| 〈解・九二〉 | 田獲三狐，得黃矢，貞吉。 | 貞吉 |
| 〈解・六三〉 | 負且乘，致寇至，貞吝。 | 貞吝 |
| 〈解・六五〉 | 君子維有解，吉；有孚于小人。 | 吉 |
| 〈損〉 | 有孚，元吉，无咎，可貞，利有攸往？曷之用，二簋可用享。 | 元吉<br>可貞 |

| 〈損・初九〉 | 已事遄往，无咎，酌損之。 | 无咎 |
|---|---|---|
| 〈損・九二〉 | 利貞，征凶，弗損益之。 | 利貞 |
| 〈損・六四〉 | 損其疾，使遄有喜，无咎。 | 无咎 |
| 〈損・六五〉 | 或益之，十朋之龜弗克違，元吉。 | 元吉 |
| 〈損・上九〉 | 弗損益之，无咎，貞吉，利有攸往，得臣无家。 | 无咎 |
| 〈益・初九〉 | 利用爲大作，元吉，无咎。 | 无咎 |
| 〈益・六二〉 | 或益之，十朋之龜弗克違，永貞吉。王用享于帝，吉。 | 永貞吉 |
| 〈益・六三〉 | 益之用凶事，无咎。有孚中行，告公用圭。 | 无咎 |
| 〈益・九五〉 | 有孚惠心，勿問，元吉。有孚惠我德。 | 元吉 |
| 〈益・上九〉 | 莫益之，或擊之，立心勿恆，凶。 | 凶 |
| 〈夬・九三〉 | 壯于頄，有凶。君子夬夬，獨行遇雨，若濡有慍，无咎。 | 无咎 |
| 〈夬・九四〉 | 臀无膚，其行次且。牽羊悔亡，聞言不信。 | 悔亡 |
| 〈夬・九五〉 | 莧陸夬夬，中行无咎。 | 无咎 |
| 〈夬・上六〉 | 无號，終有凶。 | 凶 |
| 〈姤・初六〉 | 繫于金柅，貞吉，有攸往，見凶，羸豕蹢躅。 | 凶 |
| 〈姤・九二〉 | 包有魚，无咎，不利賓。 | 无咎 |
| 〈姤・九三〉 | 臀无膚，其行次且，厲，无大咎。 | 无大咎 |
| 〈姤・上九〉 | 姤其角，吝，无咎。 | 无咎 |
| 〈萃〉 | 亨。王假有廟，利見大人，亨，利貞。用大牲吉，利有攸往。 | 亨 |
| 〈萃・六二〉 | 引吉，无咎，孚乃利用禴。 | 无咎 |
| 〈萃・九四〉 | 大吉，无咎。 | 无咎 |
| 〈萃・九五〉 | 萃有位，无咎。匪孚，元永貞，悔亡。 | 无咎 |
| 〈萃・上六〉 | 齎咨涕洟，无咎。 | 无咎 |
| 〈升〉 | 元亨，用見大人，勿恤，南征吉。 | 元亨 |
| 〈升・初六〉 | 允升，大吉。 | 大吉 |
| 〈升・九二〉 | 孚乃利用禴，无咎。 | 无咎 |
| 〈升・六五〉 | 貞吉，升階。 | 貞吉 |
| 〈困〉 | 亨，貞，大人吉，无咎，有言不信。 | 无咎 |
| 〈困・九二〉 | 困于酒食，朱紱方來，利用亨祀，征凶，无咎。 | 无咎 |

| 〈困·六三〉 | 困于石，據于蒺藜，入于其宮，不見其妻，凶。 | 凶 |
|---|---|---|
| 〈困·九四〉 | 來徐徐，困于金車，吝，有終。 | 吝 |
| 〈困·上六〉 | 困于葛藟，于臲卼，曰動悔。有悔，征吉。 | 有悔 |
| 〈井〉 | 井：改邑不改井，无喪无得，往來井井。汔至，亦未繘井，羸其瓶，凶。 | 凶 |
| 〈井·上六〉 | 上六：井收勿幕，有孚元吉。 | 元吉 |
| 〈革〉 | 巳日乃孚，元亨，利貞，悔亡。 | 元亨 |
| 〈革·六二〉 | 巳日乃革之，征吉，无咎。 | 无咎 |
| 〈革·九三〉 | 征凶，貞厲，革言三就，有孚。 | 貞厲 |
| 〈革·九四〉 | 悔亡，有孚改命，吉。 | 悔亡<br>吉 |
| 〈鼎〉 | 元吉，亨。 | 亨 |
| 〈鼎·初六〉 | 鼎顛趾，利出否，得妾以其子，无咎。 | 无咎 |
| 〈鼎·九二〉 | 鼎有實，我仇有疾，不我能即，吉。 | 吉 |
| 〈鼎·九三〉 | 鼎耳革，其行塞，雉膏不食，方雨虧悔，終吉。 | 終吉 |
| 〈鼎·九四〉 | 鼎折足，覆公餗，其形渥，凶。 | 凶 |
| 〈鼎·六五〉 | 鼎黃耳金鉉，利貞。 | 利貞 |
| 〈鼎·上九〉 | 鼎玉鉉，大吉，无不利。 | 大吉 |
| 〈震〉 | 亨。震來虩虩，笑言啞啞。震驚百里，不喪匕鬯。 | 亨 |
| 〈震·初九〉 | 震來虩虩，後笑言啞啞，吉。 | 吉 |
| 〈震·上六〉 | 震索索，視矍矍，征凶。震不于其躬，于其鄰，无咎。婚媾有言。 | 无咎 |
| 〈艮〉 | 艮其背，不獲其身，行其庭，不見其人，无咎。 | 无咎 |
| 〈艮·初六〉 | 艮其趾，无咎，利永貞。 | 无咎 |
| 〈艮·六四〉 | 艮其身，无咎。 | 无咎 |
| 〈艮·六五〉 | 艮其輔，言有序，悔亡。 | 悔亡 |
| 〈艮·上九〉 | 敦艮，吉。 | 吉 |
| 〈漸〉 | 女歸吉，利貞。 | 利貞 |
| 〈漸·初六〉 | 鴻漸于干，小子厲，有言，无咎。 | 无咎 |
| 〈漸·六二〉 | 鴻漸于磐，飲食衎衎，吉。 | 吉 |
| 〈漸·九三〉 | 鴻漸于陸，夫征不復，婦孕不育，凶；利禦寇。 | 凶 |

| 〈漸‧六四〉 | 鴻漸于木，或得其桷，无咎。 | 无咎 |
|---|---|---|
| 〈漸‧九五〉 | 鴻漸于陵，婦三歲不孕，終莫之勝，吉。 | 吉 |
| 〈漸‧上九〉 | 鴻漸于逵，其羽可用爲儀，吉。 | 吉 |
| 〈歸妹‧六五〉 | 帝乙歸妹，其君之袂，不如其娣之袂良，月幾望，吉。 | 吉 |
| 〈豐‧〉 | 亨，王假之，勿憂，宜日中。 | 亨 |
| 〈豐‧六二〉 | 豐其蔀，日中見斗，往得疑疾，有孚發若，吉。 | 吉 |
| 〈豐‧九三〉 | 豐其沛，日中見昧，折其右肱，无咎。 | 无咎 |
| 〈豐‧九四〉 | 豐其蔀，日中見斗，遇其夷主，吉。 | 吉 |
| 〈豐‧六五〉 | 來章，有慶譽，吉。 | 吉 |
| 〈豐‧上六〉 | 豐其屋，蔀其家，窺其戶，闃其无人，三歲不見，凶。 | 凶 |
| 〈旅〉 | 旅：小亨，旅貞吉。 | 亨 |
| 〈旅‧九三〉 | 旅焚其次，喪其童僕，貞厲。 | 貞厲 |
| 〈旅‧上九〉 | 鳥焚其巢，旅人先笑後號咷。喪牛于易，凶。 | 凶 |
| 〈巽〉 | 巽：小亨，利攸往，利見大人。 | 小亨 |
| 〈巽‧九三〉 | 頻巽，吝。 | 吝 |
| 〈巽‧六四〉 | 悔亡，田獲三品。 | 悔亡 |
| 〈巽‧九五〉 | 貞吉，悔亡，无不利。无初有終，先庚三日，後庚三日，吉。 | 吉 |
| 〈巽‧上九〉 | 巽在床下，喪其資斧，貞凶。 | 貞凶 |
| 〈兌〉 | 兌：亨，利貞。 | 亨 |
| 〈兌‧初九〉 | 和兌，吉。 | 吉 |
| 〈兌‧九二〉 | 孚兌，吉，悔亡。 | 吉 |
| 〈兌‧六三〉 | 來兌，凶。 | 凶 |
| 〈兌‧九五〉 | 孚于剝，有厲。 | 有厲 |
| 〈渙〉 | 亨。王假有廟，利涉大川，利貞。 | 亨 |
| 〈渙‧初六〉 | 用拯馬壯，吉。 | 吉 |
| 〈渙‧九二〉 | 渙奔其机，悔亡。 | 悔亡 |
| 〈渙‧六三〉 | 渙其躬，无悔。 | 无悔 |
| 〈渙‧六四〉 | 渙其群，元吉。渙有丘，匪夷所思。 | 元吉 |
| 〈渙‧九五〉 | 渙汗其大號，渙王居，无咎。 | 无咎 |
| 〈渙‧上九〉 | 渙其血去逖出，无咎。 | 无咎 |

| 〈節〉 | 亨。苦節不可貞。 | 亨 |
| --- | --- | --- |
| 〈節・初九〉 | 不出戶庭，无咎。 | 无咎 |
| 〈節・九二〉 | 不出門庭，凶。 | 凶 |
| 〈節・六三〉 | 不節若，則嗟若，无咎。 | 无咎 |
| 〈節・六四〉 | 安節，亨。 | 亨 |
| 〈節・九五〉 | 甘節，吉；往有尚。 | 吉 |
| 〈節・上六〉 | 苦節，貞凶，悔亡。 | 貞凶 |
| 〈中孚〉 | 豚魚吉，利涉大川，利貞。 | 利貞 |
| 〈中孚・六四〉 | 月幾望，馬匹亡，无咎。 | 无咎 |
| 〈中孚・九五〉 | 有孚攣如，无咎。 | 无咎 |
| 〈中孚・上九〉 | 翰音登于天，貞凶。 | 貞凶 |
| 〈小過〉 | 亨，利貞，可小事，不可大事。飛鳥遺之音，不宜上宜下，大吉。 | 大吉 |
| 〈小過・六二〉 | 過其祖，遇其妣；不及其君，遇其臣；无咎。 | 无咎 |
| 〈小過・九四〉 | 无咎，弗過遇之。往厲必戒，勿用永貞。 | 无咎 |
| 〈小過・上六〉 | 弗遇過之，飛鳥離之，凶，是謂災眚。 | 凶 |
| 〈既濟〉 | 亨，小利貞，初吉終亂。 | 亨 |
| 〈既濟・初九〉 | 曳其輪，濡其尾，无咎。 | 无咎 |
| 〈既濟・上六〉 | 濡其首，厲。 | 厲 |
| 〈未濟〉 | 亨，小狐汔濟，濡其尾，无攸利。 | 亨 |
| 〈未濟・初六〉 | 濡其尾，吝。 | 吝 |
| 〈未濟・九二〉 | 曳其輪，貞吉。 | 貞吉 |
| 〈未濟・九四〉 | 貞吉，悔亡，震用伐鬼方，三年有賞于大國。 | 貞吉 |
| 〈未濟・六五〉 | 貞吉，无悔，君子之光，有孚，吉。 | 貞吉 |
| 〈未濟・上九〉 | 有孚于飲酒，无咎，濡其首，有孚失是。 | 无咎 |

# 第三節　象占的誤用

　　《周易通義》所提到的「象占」一詞，在內容指涉上，其實是《漢書藝文志・數術略》所說的「雜占」。

> 雜占者，紀百事之象，候善惡之徵。易曰：「占事知來。」眾占非
> 一，而夢為大，故周有其官，而詩載熊羆虺蛇，眾魚旐旟之夢，著
> 明大人之占，以考吉凶。蓋參卜筮。〔註35〕

雜占這個名詞很好，很有彈性。可是李鏡池卻改稱為「象占」，這是李鏡池的
新創。

> 雜占是以物象來候善惡之徵的數術。——我另給它一個名稱叫做
> 「象占」。……（一）象占非一，以夢占為重要。——夢占也是根
> 據夢裏的物向來占候的。（二）雜占，夢占，古人是與卜筮相互參
> 究的。〔註36〕

其實李鏡池對「雜占」的性質以及功用，分析的相當正確精細。

> 周易卦、爻辭中是雜有物象占語的。——"象占"一詞，是我新定
> 的，意思是指所有物象之變化或顯現，人們見了，以為跟他有密切
> 關係，因而探究神旨，推斷吉凶的一種占驗。這物象也包括天文星
> 象及人事之變化在內，其範圍比漢志之雜占為廣。雜占以夢占為主，
> 我改用"象占"一詞，或"物象之占"（我曾擬用"物占"，今改
> 用"象占"）。〔註37〕

> （一）由物所顯現的現象，可以推之未來的吉凶。（二）推知之法，
> 或由性質，如熊羆兆生男，虺蛇兆育女之類是（參詩小雅斯干篇）。
> （三）或因變化，如化魚，旐為旟之類，是（參詩無羊篇）。（四）
> 或因特別現象，如桑穀生於朝，雛雉登鼎，鸜鵒來巢之類是。（五）
> 或因事物之非常，或為害，如多麋，有蜮，有蜚之類，是。（六）或
> 因事物之出現，非時，非地，如西狩獲麟，是。〔註38〕

可是因為名詞的錯亂，加上注解時偶有的疏漏，導致《周易通義》在象占（其
實是雜占）這個部分的詮釋，有很大的一個比重必須要重新的檢視與改動。

　　下製一表，將李鏡池所稱的象占表列出來，並在下面的注解處，提出筆
者的修正。

---

〔註35〕《漢書藝文志‧數術略》
〔註36〕《周易探源》頁111。
〔註37〕《周易探源》頁123。
〔註38〕《周易探源》頁111、112。

## 六十四卦象占修正表

| 出　　處 | 原　　文 | 類　別 |
|---|---|---|
| 〈乾‧初九〉 | 潛龍。勿用。 | 星占 |
| 〈乾‧九二〉 | 見龍在田。利見大人。 | |
| 〈乾‧九五〉 | 飛龍在天,利見大人。 | |
| 〈乾‧上九〉 | 亢龍。有悔。 | |
| 〈乾‧用九〉 | 見群龍无首。吉 | |
| 〈咸‧初六〉 | 咸其拇。 | 夢占〔註39〕 |
| 〈咸‧六二〉 | 咸其腓。凶。居,吉。 | |
| 〈咸‧九三〉 | 咸其股,執其隨。往,吝。 | |
| 〈咸‧九五〉 | 咸其脢。无悔。 | |
| 〈咸‧上六〉 | 咸其輔頰舌。 | |
| 〈姤〉 | 姤。女壯。勿用取女。 | |
| 〈姤‧初六〉 | 繫于金柅。貞吉。有攸往,見凶。羸豕孚蹢躅。 | |
| 〈姤‧九二〉 | 包有魚。无咎。不利賓。 | |
| 〈姤‧九三〉 | 臀无膚,其行次且。後,无咎。 | |
| 〈姤‧九四〉 | 包无魚。起凶。 | |
| 〈姤‧九五〉 | 以杞包瓜,含章,有隕自天。 | |
| 〈姤‧上九〉 | 姤其角。吝,无咎。 | |
| 〈坤‧上六〉 | 龍戰于野,其血玄黃。 | 象占〔註40〕 |
| 〈大過‧九三〉 | 棟橈。凶。 | |
| 〈明夷‧初九〉 | 「明夷于飛,垂其翼。君子于行,三日不食。」 | 謠占〔註41〕 |
| 〈夬‧初九〉 | 壯于前趾。往,不勝為咎。 | 象占〔註42〕〔註43〕 |
| 〈夬‧九三〉 | 壯于頄。有凶。君子夬夬獨行,遇雨若濡,有慍。无咎。 | |

〔註39〕 以「徵兆」或「象徵」稱呼較適宜。
〔註40〕 〈坤‧上六〉直接稱呼「蛇占」或者只稱「雜占」應較適當。稱呼「物占」或「象徵」或「雜占」都比使用「象占」來得恰當。
〔註41〕 使用「雜占」稱呼較宜。
〔註42〕 〈夬〉用「象徵」或者「徵兆」較好。
〔註43〕 宜用「象徵」或者「物占」。

| 〈夬‧九五〉 | 莧路夬夬中行。无咎。 | 〔註43〕 |
| 〈鼎‧初六〉 | 鼎顛趾，利出否？得妾以其子。无咎。 | |
| 〈鼎‧九三〉 | 鼎耳革，其行塞？雉膏不食，方雨虧悔。終吉。 | |
| 〈剝‧初六〉 | 剝床以足。蔑貞，凶。 | 夢占 |
| 〈剝‧六四〉 | 剝床以辨。蔑貞，凶。 | |
| 〈剝‧六四〉 | 剝床以膚。凶。 | |
| 〈離‧六二〉 | 黃離，元吉。 | 鳥占 |
| 〈歸妹‧初九〉 | 歸妹以娣。跛能履。征，吉。 | 夢占〔註44〕 |
| 〈歸妹‧九二〉 | 眇能視。利幽人之貞。 | |
| 〈歸妹‧九二〉 | 女承筐，无實；士刲羊，无血。无攸利。 | |
| 〈豐‧六二〉 | 豐其蔀，日中見斗。往得疑疾。有孚發若。吉。 | 星占〔註45〕 |
| 〈豐‧九四〉 | 豐其蔀，日中見斗。遇其夷主。吉。 | |
| 〈小過〉 | 小過。亨。利貞。可小事，不可大事。飛鳥遺之音，不宜上，宜下。大吉。 | 鳥占 |
| 〈小過‧初六〉 | 飛鳥以凶。 | |

以下將與聞一多、高亨的說法相比較，從當中的異同尋求該卦該爻的真正面目。

## 一、〈乾〉〔註46〕

李鏡池承襲聞一多的看法，認為〈乾〉是星占之卦。高亨則不持此說。

聞一多認為乾本該是斡，懷疑「乾」是北斗星的專稱。或者，「斡」是北斗星的專稱，而「乾」與「斡」古代並從軡聲，因此易經編纂者便以「乾」代「斡」做為卦名。據此，李鏡池判定：乾卦是一個星占與蓍筮並用的卦，乾（斡）是星斗名稱，泛指天。

> 案乾為乾濕本字，其繇文即漧。詳後「君子終日乾乾」條卦名之乾，本當為斡。並從軡聲斡者轉之類名，故星中北斗亦可曰斡。古人想像天隨斗轉，而以北斗為天之樞紐，因每假北斗以為天體之象徵，遂亦或變天而言斡，《天問》「斡維焉繫」猶《淮南子》《天文篇》「天維絕」原作「天柱折，地維絕，」從《天問》王注，《大荒西經》郭注引改矣。

〔註44〕應是「筮占」。
〔註45〕應是「筮占」。
〔註46〕《周易通義‧乾》，頁1。

《説文》乾之籀文作[乾]從倝，蓋與晶同，晶古星字。疑乾即北斗星
名之專字。商亦星名也，其籀文作[商]，卜辭作[丙]，《佚》五一八並從
晶，與乾同意，足資取證。《易緯逸象》乾爲旋，旋倝義同。《史記》
《天官書》曰：「北斗七星，所謂旋璣（機）玉衡以齊七政。」乾爲
旋，北斗謂之旋機，此亦乾即北斗之旁證。《説卦傳》曰：「乾，西
北之卦也，」蓋乾即北斗，而戰國以來天官家謂天庭在崑崙山上，
則北斗當中國之西北隅，故《説卦傳》云然。〔註47〕

從聞一多的行文脈絡來解讀，他的意思應該是：倝原本是動詞，轉的意思。
因爲古人以爲北斗星是天體的樞紐，天隨斗轉，因此也將北斗星稱做「倝」。
而根據籀文「乾」的字形判斷，發現它有部分字體是[乾]字，晶與晶同，晶字
又是古代的星字，因此推斷，「乾」應該是某個星宿的專名專稱。雖然無從考
察得知究竟是哪個星宿，但乾、倝二字，皆是從倝得聲，因此大膽推論，「乾」
就是北斗星，而北斗星有時也稱爲「倝」，因此，這個占星與蓍筮並用的卦在
取卦名時，就很自然的，以乾代倝，稱爲乾卦。

換言之，古代的「乾卦」就是「倝卦」，以今日的白話文形容，那就叫作
「北斗星卦」。那麼，出現在爻辭中的「龍」字，又該如何解釋呢？聞一多認
爲，乾卦龍字出現五次，九四雖沒有出現龍字，然則指涉亦同。

九五「飛龍在天，」春分之龍也；初九「潛龍，」九四「或躍在淵，」
秋分之龍也。〔註48〕

爻辭中所出現的所有「龍」字，都指龍星，「東宮蒼龍之星」的簡稱。

案古書言龍，多謂東宮蒼龍之星。《乾卦》六言龍，內九四或躍在淵，
雖未明言龍而實亦指龍。亦皆謂龍星。〔註49〕

根據《説文》：「龍，春分而登天，秋分而潛淵。」李鏡池認爲初九的潛龍指
的是秋分這個節氣時的龍星，九五的飛龍指春分節氣的龍星，九二的「見龍
在田」意指「龍星在天田星那裡出現」，

田：天田，龍星左角的一個星。《漢書・郊祀志》張晏注：「龍星左
角曰天田，則農祥也。」農祥就是農星，和農業有關。〔註50〕

---

〔註47〕《周易義證類纂・有關社會事類》，乙「占候」篇，頁45～46。

〔註48〕《周易義證類纂・有關社會事類》，乙「占候」篇，頁46。

〔註49〕《周易義證類纂・有關社會事類》，乙「占候」篇，頁46。

〔註50〕《周易通義・乾》，頁2。

上九的「亢龍」跟用九的「群龍」他則是語焉不詳。

> 亢龍：聞一多解為直龍。亢有直義。龍欲曲不欲直。《史記‧天官書》：
> 「東宮蒼龍──房、心。心為明堂，大星天王，前後星子屬。不欲
> 直，直則天王失計。」即曲龍吉，直龍凶；曲龍是正常的，直龍則
> 反常。甲骨文的龍字也畫作卷龍形。〔註51〕

> 群龍：猶卷龍。卷曲就不見其首。這也是星占。〔註52〕

這兩處的「龍」字，李鏡池並沒有明說就是龍星，也沒有引述聞一多的說詞。筆者以為，這是因為一旦指稱此為龍星，「星占之卦」的結論將會就此出現破綻，也因此被推翻整個的論述。換言之，筆者認為，李鏡池針對上九與用九，其實心中已有疑義，只是聞說新穎，發古人未有之創見。李鏡池不捨割捨此一新說，又無法替之設言強說，因此才語焉不詳的輕輕帶過。

將「見龍在田」解釋為「龍星在天田星那裡出現」已經稍嫌證據不足了。《漢書‧郊祀志》所稱的與農業有關的星宿是「天田星」，天田星的位置在龍星的左角，僅此而已。要說「田」就是天田的簡稱，「龍」則是龍星的簡稱，未免有些捕風捉影。

> 九二「見龍在田，」田即天田地。蒼龍之星即心宿三星，當春夏之
> 交，昏後升於東南，秋冬之交，昏後降於西南。《後漢書》《張衡傳》
> 曰：「夫玄龍迎夏則陵雲而奮鱗，樂時也，涉冬則涸泥而潛蟠，避害
> 也，」玄龍即蒼龍之星，迎夏奮鱗，涉冬潛蟠，正合龍星見藏之候。
>
> 〔註53〕

接著檢視「亢龍」與「群龍」二詞。

在一般的普遍經驗中，星宿的形狀是固定的，向來只知道在特定的節氣，某些星宿會格外明亮，不曾聽聞星宿的形狀會改變。如果根據李鏡池的解釋，不論是否為龍星，「亢龍」是伸直的星宿，「群龍」是卷曲的星宿，這種會隨時變化外形的星宿，太超乎人們的經驗法則，也難以讓人信服。

> 聞一多曰：「群讀為卷，群從君聲，君卷聲近義通。」

> 《方言》四曰：「繞衿謂之帬。」《文選》《江賦》「涒灖圛灖」《注》
> 曰：「水勢迴翔之貌，」《顏氏家訓》《書證篇》引《三倉》郭《注》

---

〔註51〕《周易通義‧乾》，頁4。
〔註52〕《周易通義‧乾》，頁4。
〔註53〕《周易義證類纂‧有關社會事類》，乙「占候」篇，頁46。

曰：「箸蘊藻之類也，細葉蓬茸生，一節長數寸，細茸如絲，圓繞可
愛，長者二三十節，猶呼爲箸。」曰繞，曰迴翔，曰圓繞，並與卷
義近，是帬裙箸並有卷義，羣讀爲卷，猶帬裙箸之訓卷也。〔註54〕

古代字少音少，難免有一字多音或一字多義的情況，訓詁學上，聲韻相
近的，確實常有通用或借用的例子。但是，能不能只要「聲近」就論斷說「義
通」，這是非常值得商榷的。就算君卷二字確實在意義上相通，仍舊不能說明，
作爲星宿的龍星，怎麼伸申又如何卷曲？

聞一多雖有提出解釋，但他的解釋只是更削弱他的結論。

群龍即卷龍。古王者衣飾有所謂卷龍者。《詩》《七罭》《傳》曰：「袞
衣，卷龍也，」《周禮》《司服》鄭眾注，《詩》《采菽》箋，《釋名》
《釋首飾》說袞義並同。《說文》曰：袞，天子享先王，卷龍繡於下
裳，幅一龍，蟠阿上鄉？」蟠阿即卷曲之狀。卷龍又有升龍降龍之
別。升者卷曲上嚮，即春分之龍，降者下嚮，即秋分之龍，可證卷
龍之龍亦斥星言。卜辭龍字或作 ~，《殷虛書契》《後編》下卷第六
葉。其狀尾交於首，曲身若環，豈所謂卷龍歟？〔註55〕

細查他所舉的例子，他以古代衣飾上的卷龍圖樣來說明卷龍是卷曲的袞龍，
這恰好證明了，龍在古代，是存在於人們經驗法則中的實物，是身體捲曲的、
活生生的動物。

關於春分、秋分的龍星，他也提出「升者卷曲上嚮，即春分之龍，降者
下嚮，即秋分之龍。」的論點。然而關鍵的解釋：星宿如何能夠在春分時上
升、秋分時下降、有時伸直、有時卷曲？他卻始終沒有提出相應的解答。

對「龍」字的解釋，對「亢龍、卷龍」字義解釋的無法自圓其說，是以
「龍」爲龍星的第一個難題。此外，還有一個根源性的疑問。那就是：既然
「乾」是北斗星，〈乾〉自然就是一個以北斗星爲主軸的卦。然而，爻辭中所
提及的星宿，卻不是北斗星而是龍星，這不合常理。尤其依照李鏡池的分析，
《周易》是經過有意的編纂，一個「經過有意編纂方才寫定」的卦，怎麼會
在卦辭與爻辭之間，出現這樣的差異？

《周易通義》中完全沒有處理這個難題。筆者原本在思考：究竟他是因
爲不認爲這是一個問題，抑或因爲無法解答這個問題，所以置之不理。聞一

---

〔註54〕《周易義證類纂·有關社會事類·乙「占候」篇》，頁47。
〔註55〕《周易義證類纂·有關社會事類·乙「占候」篇》，頁47。

多的解釋，卻讓筆者找到答案。

聞一多從四個方面來解釋這種矛盾。

第一，以「卦爻兩辭，本非出自一手，成於一時，全書卦爻異義
之例，曷可勝數？」爲說解。

第二，輔以典籍的記載，說明「斗」亦作車，「龍」亦作馬，車與馬在古
代，是交相爲用且不可須臾分離的。

> 此卦言北斗而爻言龍，亦非無故。《天官書》曰：斗爲帝車；」又曰：
> 「蒼龍房心……房……曰天駟，」《索隱》引《詩汜歷樞》曰：「房
> 爲天馬，主車駕；」《爾雅》《釋天》郭註曰：「龍爲天馬，故房四星
> 謂之天駟。」《後漢書》《輿服志》《注》引《孝經援神契》曰：「斗
> 曲杓橈象成車，房爲龍馬，華蓋覆鈎；」又引宋均注曰：「房龍既體
> 蒼龍，又象駕四馬，故兼言之也。」《論衡》《龍虛篇》曰：「世俗畫
> 龍之象，馬首蛇尾。」由上觀之，斗亦爲車，龍亦爲馬，車與馬既
> 交相爲用而不可須臾離，則卦言斗而爻言龍，其稱名雖遠，其寓意
> 實近。〔註56〕

因此，聞一多強調，卦辭講北斗而爻辭講龍星，儘管看起來無大關聯，其實
仍有著寓意在其中。

第三，由漢朝的制度來說明。

> 《漢書・郊祀志》上曰：「以牡荊畫幡，日月北斗登龍以象天原誤太
> 一，」〔註57〕王先謙《補注》曰：「北斗登龍，即所謂北斗七星，杓
> 攜龍角也。」夫《天官》說星，斗杓與龍角相攜，漢室制幡，亦北
> 斗與登龍並畫，然則《易》因卦有斗象而爻即言龍，何足異哉？要
> 之，卦之命名，取象於斗，爻之演義，視斗爲車，既有斗以當車，
> 即不可無龍以當馬？爻與卦，一而二，二而一也。〔註58〕

他引漢朝的制度說明，漢室製作幡旗，常是北斗與登龍同時畫於旗上。因此
卦言北斗，爻講龍星，也屬合理。

第四，以〈乾・象傳〉：「時乘六龍以御天」爲例證，認爲「六龍就是六
馬」，乘六龍就是駕馭由六匹馬所拉的車子。

---

〔註56〕《周易義證類纂・有關社會事類》，乙「占候」篇，頁48。
〔註57〕《漢書》，頁551。
〔註58〕《周易義證類纂・有關社會事類，乙「占候」篇》，頁18。

但這樣的解釋非但無用，甚至加深懷疑。第一說，筆者已在上文中質疑。第二說，引伸過度推論浮濫，且第二說與第三說所引用的典籍，爲漢代所寫，不該以後制推前事。第四說，引用〈象傳〉來解釋卦爻辭，這恰恰犯了古史辨學者的忌諱。《易傳》之中，李鏡池雖然對〈象傳〉評價最高，但基本上，他認爲〈象傳〉是哲學書籍，是秦朝儒生讀《易》的心得。以秦朝儒生的個人看法去解釋卦爻辭的問題，不光是「以後制推前事」的不可盡信，也完全違反古史辨學者「經自經，傳自傳」的詮釋態度。無怪乎《周易通義》對聞一多的這一段注解，完全視而不見。他只是作出結論：

> 乾卦主要談星占，屬象占之一。乾代表天，但這個天不是指天體，而是有意志的天，表現了古人「天人感應」的迷信思想。其作用在於宣傳以神道設教，要人行爲好。作者寫了貴族內訌的醜惡現象，並說明天是會勸善懲惡的。〔註59〕

分析到這裡，可以看得出，要將〈乾〉解爲星占之卦，必需要清楚明白的解釋「龍」之字義，一旦解通，且該義能夠通貫全卦，則「星占」之說才有成立的可能。

下面看看高亨的說法。

對於「龍」字，高亨直接以「古代龍爲習見之物，故《周易》取象焉。」作結，簡單明瞭。他引《左傳・昭公二十九年》：「秋，龍見于絳郊。」一段，證明古代確實有龍這種動物，《左傳》也對龍日益少見最終滅種的原因提出解釋。

> 獻子曰：『今何故無之？』對曰：『夫物物有其官，官脩其方，朝夕思之。一日失職，則死及之。失官不食，官宿其業，其物乃至。若泯棄之，物乃坻伏，鬱湮不育。龍，水物也。水官棄矣，故龍不生得。不然，《周易》有之，在《乾》☰之《姤》☴曰：「潛龍勿用。」其《同人》☲曰：「見龍在田。」其《大有》☲曰：「飛龍在天。」其《夬》☱曰：「亢龍有悔。」其《坤》☷曰：「見群龍無首吉。」《坤》之《剝》☶曰：「龍戰于野。其血玄黃。」若不朝夕見，誰能物之。〔註60〕

高亨的看法是：如果龍不是古代習見之物，卦爻辭中不會採用，因爲是要替人決疑斷事的，如果採用的物象是不常見導致難以理解，就失去原意了。此

---

〔註59〕《周易通義・乾》，頁4。

〔註60〕《周易古經今注・乾》，頁161～162。

外他還引了《韓非子》提及龍的篇章，認爲隱喻說譬，必須要淺近易懂，否則學說如何推廣？

《韓非子說難篇》：「龍之爲蟲也，柔可狎而騎也，然其喉下有逆鱗徑尺，若人有嬰之者，則必殺人。」韓非之世，當無騎龍之事，然其用言必有所本，亦其證也。

高亨的推論是合理的，但還必須要通貫全卦。他認爲「龍本兩棲動物。」因此，「潛龍」是指龍潛入水中，隱而不見、靜而不動。「見龍在田」則是龍離開水面爬上陸地。「或躍在淵」則是龍躍入深淵，回到水中。「飛龍」則是龍往上騰飛之象。

《莊子天運篇》：「龍乘雲氣而養乎陰陽。」《韓非子難勢篇》引《愼子》曰：「飛龍乘雲。」蓋棲於田，游於淵，飛於天，皆龍之本能也。龍飛於天，騰升之象。筮遇此爻，一見大人，即可顯達。故曰飛龍在天，利見大人。〔註61〕

至於「亢龍」一詞，高亨直接從字義尋求解答。解「亢」爲「沆」、爲「澤」，「亢龍」指「受困於池澤中之龍也。」因爲池澤水淺且窄小、草多又泥濘。龍在其中，是受困之象。

亢疑借爲沆。《說文》：「沆，大澤。」此從小徐本，大徐本澤下有皃字。徐鍇《繫傳》：「《博物志》曰：『停水，東方曰都，一名沆也。』」《漢書》《刑法志》：「除山川，沉斥，城池，邑居，園囿，術路。」沉即沆字之譌。字亦作坑，《楚辭》《七諫初放》：「與麋鹿同坈。」王《注》：「陂池曰坈。」洪《補注》：「坈，字書作坑，俗作坈。」按坈即坑字之譌。或以阬爲之，《玉篇》：「阬，池也。」《莊子天運篇》：「在谷滿谷，在阬滿阬。」《漢書趙充國傳》：「出鹽澤，過長阬。」《後漢書馬融傳》：「彌綸阬澤。皋牢陵山。」《文選西京賦》：「絕阬踰斥。」阬皆此義。或以甿爲之，《廣雅》《釋地》：「阬，池也。」沆、坑、阬、甿並從亢聲，古書通用，古時字少，故《周易》但作亢也。《淮南子墬形篇》：「東南方曰具區，曰元澤。」王念孫曰：「元澤當爲亢澤，字之誤也。亢與沆同。《初學記地部上》、《太平御覽地部》一引此並作沆澤，是其證也。」《讀書雜志》。其說甚韙。此古書以亢爲沆之例。亢龍者，謂池澤中之龍也。池澤水淺而幅員或小，

〔註61〕《周易古經今注・乾》164。

> 草多而泥淖或深。龍處其中，爲境所困之象也。人爲境所困，是爲
>
> 有悔。故曰亢龍有悔。〔註62〕

而「群龍無首」並非指群龍失去首級，而是指群龍在天上飛翔，因有雲霧遮蔽因此難窺其全貌，僅見身尾足而已。

若將聞一多、李鏡池與高亨的說法加以比較，不難看出：聞說新穎，發古人未有之創見，不僅在字義上尋求證據支援，同時也引用典籍所記載的典章制度來證明己說。

問題在於，聞一多的說法，沒有辦法通貫全卦，而他的解釋說辭，在方法上，違反了古史辨學者一貫的對「《周易》經傳分治」的觀念。在訓詁上，也有不足的破綻之處。

反之，高亨的說法雖然不是自創，但一字一義通貫全卦，既有訓詁字義上的支撐，全卦的文義也解的通順自然。兩相比較之下，所謂的「〈乾〉是星占之卦」的說法，雖新穎卻不必以爲勝義。

## 二、〈豐・六二〉與〈豐・九四〉

〈豐・六二〉：「豐其蔀，日中見斗。往得疑疾。有孚發若。吉。」

〈豐・九四〉：「豐其蔀，日中見斗。遇其夷主。吉。」

李鏡池是這樣解釋的：

> 其：而。蔀（部）：鄭玄本作菩，訓小席。《說文》有菩无蔀，「菩」，
> 草也」。蔀同於菩，用草或草織小席蓋的房頂。斗：北斗星。疑疾：
> 怪病。疑，或借爲痴，瘋痴。可能商人想發財想瘋了。或訓惑，可
> 能是蠱疾。《左傳》昭元年載晉侯求醫於秦，秦伯使醫和去診治。醫
> 和看病後說：「疾不可爲也，是謂近女室，疾如蠱。」孚：奴隸。發：
> 借爲疲。《說文》：「疲，固病也。」段注：「疲猶廢，固猶錮，如瘖、
> 聾、跛躄、斷者，侏儒皆是。〔註63〕

將「斗」解爲北斗星，當是承孔疏而來。九四的斗字，高亨也認爲是北斗星。

> 《集解》引虞翻曰：「斗，七星也。」惠棟曰：「日中見斗，日食之
> 象也。」《周易集解》本評注。《詩瞻印》：「靡有夷屆。」《毛傳》：「夷，
> 常也。」《逸周書武穆篇》：「夷德之用。」孔《注》：「夷，常也。」

---

《渙》六四雲：「匪夷所思。」義同。夷主者，作客者所常寄寓之主
人也。此殆亦古代故事，蓋有人爲大蔀以蔽夏日，一日正午日食，
北斗星見，其人適有所往，似非吉兆，而遇其夷主，終歸於吉，故
記之曰豐其蔀，日中見斗，遇其夷主，吉。〔註64〕

但六二的斗字，他則提出他本異文的說法，認爲此處的斗應該是「主」，而主
是燭的古字，像蠟燭燃燒時的燭火的形狀。

《釋文》：「見斗，孟作見主。」亨按孟本是也。此當作見主。九四
乃作見斗耳。《周易》此主字與它主字義異，《說文》：「⚡，鐙中火
主也。從⚡，象形，從｜，｜亦聲。」《繫傳》云：「主即脂燭也。
古初以人執燭，後易之以鐙。」章炳麟曰：「斯論甚精。主燭古音相
同，故主變易爲燭。」《文始》。亨按二家謂主即古燭字，是也。篆
文主象鐙檠、鐙盞、鐙焰之形。主燭古音同，《周禮》《考工記匠人》：
「水屬不理孫。」鄭《注》：「屬讀爲注。」《函人》：「爲甲，犀甲七
屬。」鄭《注》：「屬讀如灌注之注。」《儀禮既夕禮》：「屬纊以俟絕
氣。」《荀子》《禮論篇》屬纊作注纊。《荀子》《勸學篇》：「強自取
柱。」借柱爲劚。並其左證。《周易》此主字正用其本義。日中見主，
即日中見燭，謂正午燃燭也。〔註65〕

此處的重點倒不在於六二的斗是否爲主？而是我們可以從李鏡池對這兩條爻
辭的解釋，看出他所謂的星占、所謂的「星占與筮占並用」的眞正義涵。

大房子用草或草織小席蓋房頂，白天能見到北斗星；行旅中得了怪
病；買到了奴隸，但卻是殘廢的。一次星占，兩次事占。再筮占，
得吉兆。〔註66〕

很明顯的，一次星占指「日中見斗」。兩次事占指「往得疑疾」跟「有孚發若」，
最後的貞兆辭「吉」則是筮占的結果。在《周易通義》全書中，事占這個名
詞就出現這麼兩次，一次在豐六二，一次在豐九四。在《周易通義》前言提
及有關象占（《漢志》稱雜占）的篇章中，完全沒有事占這一名詞的出現。

事實上，這個事占不過就是敘事之詞，筆者不能理解的是，爲何不直稱
敘事之詞而要改用事占這一新詞？如果光從文義判斷，似乎李鏡池認爲，看

〔註64〕《周易古經今注‧豐》，頁324。
〔註65〕《周易古經今注‧豐》，頁322～323。
〔註66〕《周易通義‧豐》，頁110。

見北斗星，使用某種占法。而發生了「往得疑疾」跟「有孚發若」的事情，就又分別去採用某種占法。加上最後使用了筮占，光六二這一條爻辭竟然就使用了四次的占法。這是非常不合乎常理的一種詮釋。

我們將「大房子用草或草織小席蓋房頂，白天能見到北斗星；行旅中得了怪病；買到了奴隸，但卻是殘廢的。一次星占，兩次事占。再筮占，得吉兆。」分爲兩部分。前半部是「大房子用草或草織小席蓋房頂，白天能見到北斗星；行旅中得了怪病；買到了奴隸，但卻是殘廢的。」後半部是「一次星占，兩次事占。再筮占，得吉兆。」。

由前半部的文義看起來，「豐其蔀，日中見斗。往得疑疾。有孚發若。」根本就只是敘事之詞，「吉」是貞兆辭。這條爻辭是最典型的先敘事後貞兆，單純明瞭，沒有另占也無附載。

筆者懷疑，〈豐‧六二〉的解釋，不完全是李鏡池本人所寫。因爲「事占」這一個新名詞沒有出現在《周易通義》其他篇章中。跟豐六二的前半部分搭配起來也完全不符合李鏡池注解其他卦的風格與體例。尤其九三爻，「日中見沫」一句，他既然認爲沫是小星星，何以不將此條歸類爲星占？

> 沛：《子夏易傳》作芾，鄭玄作市。芾是正字，市、沛是借字。芾也
> 作茇，聲通。《説文》：「茇，草根也。」《詩‧甘棠》：「召伯所茇。」
> 傳：「茇，草舍也。」故沛即蔀。指草蓋房頂。沫：《子夏易傳》作
> 昧，「昧，星之小者」。肱（工）：臂。大房子用草蓋的頂，白天可以
> 望到小星星；折斷了右臂。一是怪景象，一是倒霉事。但筮占的結
> 果卻是「无咎」。〔註67〕

要說是疏漏，九三居於六二與九四之間，跳過九三而獨歸九四爲星占一類，不甚合理。更加深筆者懷疑豐卦並非全由李鏡池完成。

再看看他對豐九四爻辭的注解。

> 夷：常。大房子頂上蓋的是草，白天看見亮北斗；旅客遇見經常接
> 待的房東。星占、事占，結果都吉利。〔註68〕

此處他則沒有說「吉」字是筮占的結果。「日中見斗」應該就是他說的星占。「遇其夷主。吉。」則是他所講的「事占，結果都吉利」。而六二所出現的筮占一詞則沒有出現。問題是，周易原來就是一本以筮占爲占卜方式的書籍。

---

〔註67〕《周易通義‧豐》，頁110～111。
〔註68〕《周易通義‧豐》，頁111。

怎麼會在一條爻辭之中，有星占有事占卻沒有筮占？

仔細審視這些被李鏡池歸類為星占的原文，會發現，並沒有所謂的「星占與筮占」的並用。卦爻辭所顯示出來的，是看見某個星宿，覺得是個徵兆，因此去占問吉凶，筮占得到的結果是吉利的。

準此，《周易通義》中所提及的星占，並不是與筮占在同一層次，其意義也不等同於漢志所提的雜占中星占一類。

# 第四節　注解未明之處

筆者在前文一再提及，對卦爻辭的理解，必須要以一卦為整體。如果一卦之中，卦自卦，爻自爻，如聞一多、李鏡池所詮釋的乾卦，卦是北斗星，爻是龍星，卦爻不相涉，這便不合經旨。因為卦爻辭是經過有意的編纂而成的，這點再無疑義，既是有意編纂，自當力求整體一致，降低解讀困難，增加流傳廣度。

對字義的注解，原屬於訓詁範疇。然而字義往往影響詞意，若是該字正好又該卦的關鍵字，就極有可能會造成整段文字在理解上的轉向甚至是歧出。因此，筆者在此處將卦爻辭中，一卦之中一字多義的篇章，加以分析修訂。

因此，對於《周易通義》中，不符整體性要求的，筆者將在下文中提出修訂。

## 一、一卦之中，一字多義

李鏡池在分析卦名得名義例時，曾經針對六十四卦卦名出現在該卦的次數作出結論。一共有二十一個卦，卦名就有一種以上的涵義。李鏡池的解釋是，這些卦是根據外在形式以及內容兩方面來得名的，也就是說，卦名的字義跟卦的內容沒有關係。這部分，筆者以為不盡然如此。下面將詳細檢視李鏡池的說法。對於李鏡池在卦義部分明顯不合理之處，加以討論。

### （一）一字二義

1.〈剝〉

　　剝：有擊、治、離等義。《詩·七月》：「八月剝棗。」傳：「剝棗，

擊枣也。」《廣雅・釋詁》訓離。以多見詞標題。〔註69〕

剝字一共出現五次。「剝床以足、剝床以辨、剝之、剝床以膚、小人剝廬」。《周易通義》中的解釋依序是：前四個「剝」字都解爲「敲擊」，最後一個小人剝廬的「剝」則解爲「離」。

> 「剝床以足」，是夢占詞。這是說農民被貴族徵調去造車子，夜裡還夢見敲擊時傷及腳部，夢後占筮，得凶兆。……辨：王引之《經義述聞》：「借爲䏶，聲通。䏶，膝頭也。農民夢見造車時敲擊而傷及膝頭，又占得凶兆。……之：代詞，指車。陸德明《釋文》認爲：「作『剝之，无咎』，非。」漢石經、京房等古本均無「之」字。其實有無「之」字，意思一樣。這是從貴族的立場說，認爲農民應該照常造車，沒問題。……　膚：《說文》籀文作臚。俞樾《群經平議》云：腹前爲臚。膚借爲臚。農民夢見爲貴族造車時敲擊而傷及腹部，又占得凶兆。〔註70〕

爲何上九的「剝」可以有不同的解釋？李鏡池的解釋是：

> 〈剝・上九〉：「碩果不食。君子得輿，小人剝廬。」碩果：大果實。剝：離。廬：草房子。《詩・信南山》：「中田有廬。」廬在田中，農民所住，草棚之類。碩果不食，是比喻語。比喻勞動果實自己不能享受。農民被徵調去爲貴族造車子，要離開自己的家，君子得輿了，農民卻沒得坐。這是一個政治卦，著重反映了農民受貴族剝削的情況。〔註71〕

李鏡池會這樣解釋上九爻辭，跟前面五爻他將「床」解爲「車」有直接的關係。正因爲解床爲車，因此會將上九解爲「貴族得到了車子。問題在於，「碩果不食。君子得輿，小人剝廬。」在事件的先後順序上，應該是「小人剝廬，君子得輿，碩果不食。」

　　即便我們承認，卦爻辭存在「倒敘法」這一類的文學技巧。那也只有可能是「碩果不食。小人剝廬，君子得輿。」碩果不食是表示，占得此卦，將有徒勞無功的情況。「小人剝廬」二句則是說明，如果你是貴族，將能坐享其成，如果你是農民，將徒勞無功。但是筆者這樣的解釋，前提是上九爻辭的

---

〔註69〕《周易通義・剝》，頁47。
〔註70〕《周易通義・剝》，頁47～48。
〔註71〕《周易通義・剝》，頁48。

文字順序必須爲「碩果不食。小人剝廬，君子得輿。」或者「小人剝廬，君子得輿，碩果不食。」。但今本周易的版本就是「「碩果不食。君子得輿，小人剝廬。」任何人不能增字改經或搬動文字順序來證成己說。

因此，李鏡池對〈剝‧上九〉的詮釋，是不恰當的。

高亨則是清楚明白的說「『剝，擊也。』本卦剝字皆此義。」並將床解爲病痛之象。

> 古人病而後設牀。牀之古文作𠨷或𠦍，疾病類字多從𠦍，即其證也。剝牀以足，病痛之象。......《釋文》：「辯，薛、虞云：『膝下也。』」王引之曰：「辨當讀爲踾。《釋名釋形體》曰：『膝頭曰䯔。䯔，團也，因形團圜而名之也。或曰踾，踾、扁也，亦因形而名之也。』踾蓋髕之轉聲，《說文》：『髕，厀耑也。』髕之爲踾，猶獪獺之爲猵獺也。膝頭在足之上，故初爻言足，二爻言踾。古聲辨與踾通，猶周徧之徧通作辨也。徧與辨通，詳見《日知錄》卷五。古字多假借，後人失其讀耳。」亨按王說甚韙。辨借字，髕本字，踾俗字也。剝牀以髕，亦病痛之象。......剝之者，其剝不指定誰何也。筮遇此爻，有所剝擊，無可咎，故曰剝之无咎。......《釋文》：「膚，京作簠。」膚、簠古音相近通用。疑並借爲髆。簠髆同聲系，古亦通用。《說文》：「髆，肩甲也。」擊牀以肩甲，亦病痛之象，故曰剝牀以膚，凶。
> 〔註72〕

至於上九一條，高亨則提出跟李鏡池不同，但明顯較合乎文法的說辭。

高亨認爲「得輿」有兩種解釋。依據《釋文》與《集解》所載，「得輿」亦作「德輿」或「德車」。「德車」就是「登車」，另一說是「以得爲餽贈」，「得輿」就是得到賞賜。「剝廬」之「剝」仍舊解爲「擊」，擊毀房舍的意思。這一條文字裡，「君子得輿」跟「小人剝廬」是相對的，一吉一兇。至於爲何同一個「碩果不食」卻會招致兩種結果，高亨則認爲是身分地位不同因而有不同的結果。

> 《釋文》：「得輿，京作德輿。董作德車。」《集解》得輿作德車。得與德，輿與車，古並通用。《說文》：「德，升也。」乃其本義。則德車猶言登車，此就德字爲解也。古者賞賜贈貽常以車馬。《詩采菽》：「君子來朝，何錫予之？雖無予之，路車乘馬。」《崧高》：「王遣申

---

〔註72〕《周易古經今注‧剝》，頁228。

伯，路車乘馬。」《詩渭陽》:「何以贈之？路車乘黃。」《韓奕》:「其
贈維何？乘馬路車。」是也。則得輿謂得賞賜或贈貽，此就得字為
解也。後義為勝。其作德者，亦當讀為得也。剝廬者，擊其廬舍而
毀之也。碩果不食，喻貨利在前而不取也。君子不取貨利，則其德
日廣。小人不取貨利，則其生日窘。其人不同，其務亦異，故曰碩
果不食，君子得輿，小人剝廬。言君子有所得，小人有所失，君子
吉，小人凶也。〔註73〕

高亨的思考邏輯為：當時的君子就是貴族，貴族沒有經濟上的壓力，所想、
所重的，不應當以經濟為首要考慮，因此，當面對貨財卻能不為所動，其實
是一件好事，代表這個貴族已經自覺有更重要的事情要面對要承擔。反之，
當時的小人是指半民，大多是農民，汲汲營營於生活所需，是一種常態，無
需覺得可恥。面對財貨時，如果昧於現實不取財貨，代表不切實際，這樣的
態度一定會導致生活日益窘困。

因此高亨作了結論是「碩果不食，是一個君子吉，小人凶」的爻。這個
「君子吉，小人凶」，跟〈恆‧六五〉:「桓其德。貞婦人吉，夫子凶。」的語
法模式如出一轍。可證明在《易經》裡，確實有著「不同人占得同一卦，會
因為身分地位的不同而有不同的吉凶結果」這樣的例子。

當然，高亨與李鏡池的說法，由於他們都提出了訓詁學上的證據，來證
明自己在字義上解釋無誤，「剝」字也確實有著「擊」與「離」二種用法。但
是，李鏡池的說法，一來在文法上有所不足，二來，也是最重要的一點，筆
者一直堅持，除非有特殊原因，不然，一卦之中，尤其該字還是卦名，必當
以一字一義為全書正例。

## 2. 〈大壯〉

> 壯，一訓傷，一訓強健。〔註74〕

「壯」字在卦爻辭中出現三次，原文分別是「壯于趾、小人用壯、壯于大輿
之輹。」其中「壯于趾」、「壯于大輿之輹。」的「壯」字，都解作「傷」，而
九三「小人用壯」的「壯」則解為「強壯、大力」，何以有這樣的不同？李鏡
池是這樣解釋的：

> 前半說狩獵，奴隸捕獸靠力氣大，貴族捕獸用網。目的都是要抓活

---

〔註73〕《周易古經今注‧剝》，頁229。
〔註74〕《周易通義‧大壯》，頁67。

的來養。後半講馴養野羊。公羊性野難馴，要用角撞羊圈的籬笆，
結果籬笆把他的角卡住了。〔註75〕

看文義解釋，似乎此處將壯解爲「強壯、大力」並無不妥。然而用來當作卦
名的「壯」字，是否應該一字一義較爲合理？高亨就認爲〈大壯〉的三個「壯」
字全都解爲「傷」義。

《釋文》：「壯，馬云：『傷也。』」《集解》引虞翻曰：「壯，傷也。」
壯訓爲傷，實借爲戕，《說文》：「戕，槍也。他國臣來弒君曰戕，從
戈，爿聲。」《豐象傳》：「闚其戶，闃其無人，自藏也。」《釋文》：
「藏，眾家作戕。鄭云：『傷也。』」《國語晉語》：「可以小戕。」韋
《注》：「戕猶傷也。」本卦壯字皆傷義。〔註76〕

高亨還引了〈夬・初九〉：「壯于前趾。」九三：「壯于頄。」爲佐證，壯作傷
義在卦爻辭中是通則。至於九三「小人用壯」的解釋。高亨解「罔」爲「惘」，
憂愁的意思。

《釋文》：「罔疑當讀爲惘，憂也。《文選神女賦》：『罔兮不樂。』李
《注》：『罔，憂也。』《東京賦》：『罔然若醒。』薛《注》：『罔然，
猶惘惘然也。』並以罔爲惘。《西征賦》：『惘輟駕而容與。』李《注》：
『惘猶惘惘，失志之貌也。』則用惘字。〔註77〕

他並指出《說文》中沒有惘字，在寫作、編纂卦爻辭的時代僅有「罔」字，
故《易》以罔爲之。

用猶以也。罔疑當讀爲惘，憂也。……筮遇此爻，有所舉事，小人以
傷，君子以憂，實爲危兆，故曰小人用壯，君子用罔，貞厲。〔註78〕

由此觀之，對「用」、「壯」二字的字義理解的差異，造成了李鏡池與高亨解
讀此爻文義的不同結果。

「用」解爲使用（作用）、以（因此、以此），古書上都有頗多例證。而
「壯」解爲「大」很普遍，解爲「傷」則罕見。也不過就是《釋文》引馬融
說法，《集解》引虞翻說法，解狀爲傷。

正因爲典籍中罕有以壯爲傷的解釋，這個特殊解法只出現在〈大壯〉的

---

〔註75〕《周易通義・大壯》，頁68。
〔註76〕《周易古經今注・大壯》，頁256。
〔註77〕《周易古經今注・大壯》，頁257。
〔註78〕《周易古經今注・大壯》，頁257。

壯字。則我們可以反推回去，〈大壯〉中所有的壯字，都作傷解。沒有道理出現三個壯字，一個是常見義，二個是罕見義。徒然增加混亂。

此外，卦名雖是「大壯」，但是卦爻辭中卻沒有「大壯」字樣而只有「壯」字。可見得「大」是形容辭，用來增加「壯」的強度。壯爲傷義，「大壯」者，極言其傷也。

結論：《周易通義》認爲壯字有二義，筆者雖不能推翻其論斷。但根據整體卦爻辭文義來參看，筆者認爲，〈大壯〉的壯字皆訓爲傷，比較恰當。

3.〈解〉

　　　解：一爲分解，一借爲懈。〔註79〕

釋「解」爲「懈」，雖然在典籍中有過例子。但是在解卦中，二個「解」字都當分解（解開）也符合文義，並無窒礙不通之處。不知爲何李鏡池會有二種解釋？如〈解‧九四〉：

　　　解而拇：懶動腳，不想走。解，通懈。而，其。拇，通跳，腳大趾，
　　　代表腳。朋至：獲得朋貝，賺了錢。斯：則。商人賺了錢而懈怠不
　　　想走，結果被人抓了。〔註80〕

這個解釋相當怪異。如果依照李鏡池所說，那是因爲賺了錢之後才開始懈怠，不想辛苦趕路了，結果被抓了。若如此，文句應該是「朋至，解而拇，斯孚」。就算要以倒裝句來敘事，也該是「斯孚。朋至，解而拇」或者是「斯孚。解而拇，朋至」。但是九四爻辭來看，李鏡池這樣的解法在文氣上就不順暢了。

其次，如果釋解爲「分解（解開）」，拇解爲網，整段話就通順了。

　　　《釋文》：「拇，荀作母。」《集解》與荀同。亨按拇母疑並借爲罞。
　　　同聲系，古通用。《說文》：「罞，网也，從网，每聲。」蓋所以捕魚
　　　或鳥獸者也。〔註81〕

解開了網子，將網中的獵物出售，雖然因此賺了錢，可是因爲財露了白，引起覬覦，因此遭遇盜匪而成爲俘虜。

對「解而拇」的解釋，高亨雖然「解而拇」一句解的精彩，但「朋至斯孚」卻解的不合理。

　　　孚讀爲浮，罰也。解而罞，猶云解汝網。解汝網者何人？乃汝之友

---

〔註79〕《周易通義‧解》，頁 79。
〔註80〕《周易通義‧解》，頁 80。
〔註81〕《周易古經今注‧解》，頁 275。

也。汝之友乃敗汝事，是當因其來而罰之，故曰解而拇，朋至斯孚。

此殆亦古代故事歟？〔註82〕

筆者認爲，將「拇」解爲網，既有古例以爲證明。而此卦二個解字又都能取常見的「分解、解開」一義，如此一來，不但字義、文氣上通情達理，而且也符合卦名一字一義的正例。

## 4. 〈无妄〉

无妄：妄有二義：一、亂也；二、猶望。（見《釋文》引馬、鄭、王肅所云）无妄即非意料所及。〔註83〕

「无妄」在卦中出現四次。依照李鏡池的分析，初九的「无妄往」與上九的「无妄行」是一組，都解爲「不要妄動」，「无」是禁止的意思。六三的「无妄之災」與九五的「无妄之疾」是一組，「妄」解做「望」，想望盼望的意思。无解爲非，「无妄」指不是自己希望發生的、意料之外的。

筆者認爲，「不要妄動」與「意料之外」二義相差太遠。既然以「无妄」爲卦名，必然有一個相應的主旨，如果有一個以上的意義，這些意義本身必須是引申或假借的關係。

筆者有個假設：這四處「无妄」只有一個本義。无就是毋，「不要」的意思。妄解爲亂，妄動的意思。「无妄往」跟「无妄行」是同一組。不要妄動妄行的意思。那爲什麼初九是吉，上九是凶？筆者以爲這正是占卜存在的理由，就是因爲生活中不可測、不可掌控的變數太多，人們才會尋求所謂上天的指點。特別是，同樣的舉措，有時候吉，有時候凶，這才更符合民智未開的古代社會環境。

那麼，「无妄之災」、「无妄之疾」又該如何解釋較合理。筆者以爲，「无妄之災」就是自己沒有做錯任何事卻仍然還有災禍降臨，用對比凸顯這個災禍是如何地莫名其妙的從天而降。「无妄之疾」是自己已經很重視養生卻仍然生病，極言這個病是多麼的毫無徵兆突如其來。

準此，「无妄」一詞只有一義，也不妨礙整卦文氣的流暢與文義的通順。

## 5. 〈夬〉

夬（怪）：快的本字，有快樂、快速二義。〔註84〕

---

〔註82〕《周易古經今注・解》，頁275～276。

〔註83〕《周易通義・无妄》，頁50。

〔註84〕《周易通義・夬》，頁85。

夬字出現二次。〈夬‧九三〉：「壯于頄。有凶。君子夬夬獨行，遇雨若濡，有慍。无咎。」跟〈夬‧九五〉：「莧陸夬夬中行。无咎。」

「君子夬夬獨行」一詞，沒有什麼爭議。一般皆解夬爲快速、急速。但是爲何九五「莧陸夬夬中行」的「夬」要解爲「歡快」，李鏡池卻沒有說明。

> 莧：王夫之《周易稗疏》：「莧字當从从，而不从艸，音胡官切，山羊細角者也。」《説文》莧部：「山羊細角者，從兔足。」陸：借爲踛，跳也。中行：路中間。行，甲骨文、金文作 ❌。象四通之路。細角山羊在路中間跳得很快很歡，古人以爲怪異，故作象占。筮占无咎。〔註85〕

事實上，以文義來說，將「莧陸夬夬中行」解釋成「羚羊在路中間急速的跑動跳躍著」也並無不妥，不知何以他要解「夬」爲「快樂」？

高亨則認爲，夬卦的夬字，都解做「趹」，行疾之貌也。

> 夬疑借爲趹，同聲系，古通用。《説文》：「趹，馬行皃。從足，夬聲。」趹者行疾之貌。《淮南子脩務篇》：「軼躅趹步，《廣雅釋詁》：「趉，疾也。」亦或以駃爲趹，《莊子齊物論篇》：「麋鹿見之決驟。」《釋文》：「決，李云疾貌。」今語謂行疾曰快，快本當作趹也。本卦夬夬皆借爲趹趹，行疾之貌也。〔註86〕

這個解釋符合一字一義的正例，而且在字義的解釋以及文氣的順暢二方面都屬合理的範圍。

## （二）一字三義

### 1. 〈履〉

> 意爲踐履，引伸爲踐履之道。行爲。〔註87〕

李鏡池解釋「履」字有三種意義，可是他卻沒有提及「履」字最原始的本義「鞋子」。不僅以「踐履」這個引申義爲本義，而且還過度引申爲「踐履之道」以及「行爲修養」。

> 素「履」解爲「行爲」純潔。素，白。「履道」坦坦指行爲素養寬廣坦盪。跛能「履」是「走路」，「履」虎尾是踩踏老虎尾巴。〔註88〕夬「履」是指行

---

〔註85〕《周易通義‧夬》，頁87。
〔註86〕《周易古經今注‧夬》，頁283。。
〔註87〕《周易通義‧履》，頁23。
〔註88〕六三、九四爻各出現一次。

爲，急躁莽撞的行爲。視「履」也是指行爲，行爲審慎。

很顯然的，李鏡池將「履」提升爲精神層次的概念。這樣的概念或許來自於聞一多的啓發。聞一多在討論〈需·上六〉以及〈離·上九〉時，將「敬之」一詞列入「道德觀念」這一標目加以討論。

> 案敬懯驚本同字，古無懯驚字，但以敬爲之。《書》《盤庚》曰：「永敬大恤，」即永驚大恤，恤與卹通，亦驚也。《莊子》《徐元》《鬼篇》「若卹若失」李注曰：「卹失皆驚悚若飛也，」《文選》《七發》「則卹然足駭矣」注曰：「卹，驚恐貌。」《詩》《常武》一章曰：「整我六師，以修我戎；既敬既戒，惠（唯）此南國，」三章曰：「如雷如霆，徐方震驚，」是「既敬既戒」即既驚既駴（駭）也。（以上以敬爲驚之例）《書》《康誥》曰：「惟文王之敬忌，乃裕民，」《顧命》曰：「其能而亂（司）四方，以敬忌天威，」《呂刑》曰：「敬忌罔有擇（斁）言在身，」鄭注《表記》曰：「忌之言戒也，」是敬忌即懯（警）戒。《詩》《沔水》曰：「我友敬矣，讒言其興，」敬矣即懯矣，猶言戒之也。（以上以敬爲懯之例）《需》上六「入于穴，有不速之客三人來。敬之，終吉，」敬當讀爲懯，言有不速之客來，當戒備也。《離》初九「履虎尾錯然敬之，无咎，」錯讀爲諎，《説文》曰：「諎，驚貌。」《後漢書》《寒朝傳》「二人錯愕不能對，」亦作唶。《履》九四「履虎尾愬愬，終吉，」《子夏傳》曰：「愬愬，恐懼貌，」諎愬音義近，諎然猶愬愬也。敬讀爲驚。「履虎尾，唶然驚之，无咎，」與「履虎尾，愬愬終吉，」語意全同。《正義》讀《需》上六《離》初九兩敬字皆爲恭敬之敬。未得經恉。〔註89〕

聞一多的重點在於「解敬爲驚」，「履」字並非討論重點。但討論〈離·初九〉：「履虎尾，錯然，敬之，无咎」時，他將〈履·九四〉：「履虎尾愬愬，終吉，」對照參看，結論指出：踩踏老虎尾巴，是危險的。但若知道要害怕，懂得戒備，仍是保全之道。

聞一多解履爲「踐踏」，整條爻辭解釋成「人面對危險時，應該有的心靈反應以及應該有的行爲準則」。這二點，李鏡池全盤接受用來注解履卦。但是，聞一多並沒有說「踩踏」是履字本義，在《周易義證類纂》討論「素履」一詞時，提及了「履」字在古代多做「鞋」解，鞋才是履之本義。

---

〔註89〕《周易義證類纂·有關心靈事類》，成「道德觀念」，頁57。

> 案《呂氏》《春秋》《離俗篇》曰：「夢有莊子，白縞之冠，丹績元誤
> 績，從畢沅改。之袧。東佈之衣，新素履，墨劍室，」素履即絲履。
> 夬讀葛。《詩》《葛履大東》並曰：「糾糾葛履，可以履霜，」《說文》
> 曰：「履履也，」夬履即葛履。《周禮》《履人》曰：掌王後之服履：
> 赤烏，黑烏，赤繶，黃繶，青句，素履，葛履，」《易》以素履葛履
> 列舉，猶《周官》以素履葛履連稱。絲貴葛賤，故曰「素履往无咎，
> 「葛履貞屬。」素以質言，不以色言，舊解胥失之。〔註90〕

另外在訓解「屯」字時，引《禮經》所稱「衣裳冠履綠飾皆謂之純」，〔註91〕
更可證明履的本義為鞋，踐履只是引申義。

　　因此，李鏡池以字的引申義做為卦義主旨，是不太恰當的。

## 2.〈井〉

> 井：井田，水井，又借為阱。〔註92〕

　　關於井卦的解釋，在第一節「義例不清」有很詳盡的論述。廢棄的水井確實可以變為陷阱，捕捉動物。但是將井解為「井田」，筆者以為不然。井田制度是否真的存在過，是一個很可以討論的問題。

　　其次，在整卦之中，不將井解為井田，一樣字義清楚、文義通順，沒有解讀上的困難。既如此，為何要堅持井田之說？「井」在井卦中，本義是水井，引申用義是陷阱，這樣解讀，無害於字義文氣，又符合一字一義的正例。是筆者以為比較妥切的。

## 3.〈比〉

> 比：有比並、親比、阿比三義。全卦以一詞多義為聯系，以多見詞
> 標題。〔註93〕

　　比字出現六次，李鏡池分析有 3 種意義。因為出現次數太多，下制一簡表，方便論述。

| 原　　文 | 字　義 |
|---|---|
| 初六　有孚，比之。无咎。 | 親比、親近 |
| 六二　比之自內。貞吉。 | 親比、親近 |

---

〔註90〕《周易義證類纂・有關經濟事類》，乙「服飾」，頁10。
〔註91〕《周易義證類纂・有關社會事類》，丁「封建」，頁30。
〔註92〕《周易通義・井》，頁95～97。
〔註93〕《周易通義・比》，頁19。

| 六三 | 比之匪人。 | 阿比。 |
|---|---|---|
| 六四 | 外比之。无咎。 | 親比、親善 |
| 九五 | 顯比，王用三驅，失前禽。 | 親比、親善 |
| 上六 | 比之无首。凶。 | 阿比 |

「比」在典籍中有很多意義跟用法。李鏡池此處所採用的「比並」、「親比」、「阿比」三種意義，是對的。只是奇怪的是，實際注解時，卻沒有以「比並」來解釋任何一個比字。

仔細檢視《周易通義・比》的注解，會發現，這三種意義之間是有關連的。六三「比之匪人」一句，聞一多仍舊將比解為親比。

> 「匪人」猶匪民，罷民也。卦爻辭無民字蓋以人為之。《比》六三曰：
> 「比之匪人，凶，」從《釋文》引王肅本稱之猶於也，親比於匪人，
> 故凶。〔註94〕

所以凶，是因為「匪人」的關係。換言之，「親比」一詞本身沒有價值判斷，跟人接近、親近，通稱為「親比」。而不是像李敬池所區分的「跟好人、君子接近，稱親比。跟匪人、壞人接近，則稱阿比」。或者說，「接近對方的結果是凶，稱阿比。結果是吉，稱親比」

上六「比之無首。凶」一句，恐怕李鏡池也是因為貞兆辭是凶，所以解比為阿比。然而，如果「首」不解為「腦袋」，這句卦爻辭就另有闡述的空間了。

把「无首」解釋成丟掉腦袋失去性命。固然可以。因為典籍中，「无」確實可以做「無」解。但是「首」不光可以解做「腦袋」，也可以解做「始」、「君」、「本」還有「道理的道」。

> 《廣雅・釋詁一》：「首，君也。」

> 《經義述聞・左傳中・述行首》：「古字首與道通。」

由此推論，「无首」可以解成「失去腦袋」、「沒有首領」或者「不合乎常道」。雖然這三種解釋都會有「凶」的結果。但是，如果一開始就知道「丟掉腦袋」了，哪裡需要多此一舉的說「凶」。李鏡池在解釋何謂「敘事之辭」時也說，敘事之辭也能顯示休咎，因為敘述事情時，人情道理已然呈現其中，吉凶不說自明。

---

〔註94〕《周易義證類纂・有關社會事類・庚「刑法」》，頁330

　　但若是一開始「沒有首領」或者「行為開始偏差，逐漸不合常道」，則尚有機會補救，不補救不改正，才會招致「凶」的結果。

準此，將李鏡池與聞一多的說明綜合來看，全卦的比字，似乎應該可以全解為「親比」。不過，筆者對於「顯比」之「比」有不一樣的解釋。

　　顯這個字，李鏡池解為「外」，顯比：指和宮廷外的侍衛隊親比。如果此處的顯解為外，那麼爻辭直接說「外比」不是更乾脆，六四就有「外比之」一詞，同樣是跟外邦、外人親比，沒有道理一條爻辭說「外比」另一條則說「顯比」。

　　比較少見但是確實存在的例子是「顯」當作「類」。

　　　　《易・睽》：「喪馬勿逐。」王弼注曰：「馬者必顯之物。」陸德明《經
　　　　典釋文》：「必顯，一本做必類。」

　　　　《說文・犬部》：「類，種類相似，唯犬為勝。」

　　　　《玉篇・犬部》：「類，獸名。」

九五爻辭：「顯比，王用三驅，失前禽。邑人不誡。吉。」。把「顯比」解釋成「指和宮廷外的侍衛隊親比」，非常突兀。卦爻辭中，根本看不出有「宮廷外侍衛隊」的意指。加上「顯比」下接「土用三驅，失前禽」更讓李鏡池的解釋顯得怪異。

　　「王用三驅，失前禽。」可以看出，這在敘述田獵之事。

　　　　《禮記・祭統》：「身比焉。」陸德明《經典釋文》：「比，謂次比也。」

　　　　《漢書・尹翁歸傳》：「盜賊發其比伍中。」顏師古注曰：「比，謂左
　　　　右相次者也。」

如果將此處的「顯比」解釋為「類比」，「類」是犬獸之屬的動物，田獵所用。大君要出門打獵，隊伍的前面，站著一群狗獸，用來幫忙追捕叼回獵物。跟下文的「王用三驅，失前禽」相連，應該較為合理通順。

　　　　《說文・馬部》：「驅，馬馳也。從馬，區聲。敺，古文驅，從攴。」

　　　　《周禮・夏官・田僕》：「設驅逆之車。」鄭玄注曰：「驅，驅禽使前
　　　　趨獲。」

　　　　《周禮・夏官・大司馬》：「乃設驅逆之車。」鄭玄注曰：「驅，驅出
　　　　禽獸使趨田者也。」

　　　　《易・比》：「王用三驅。」陸德明《經典釋文》：「驅，徐云：『鄭做

敺。』」

《集韻‧虞韻》:「驅,古作敺。」

採用鄭玄的說法,則「王用三驅」意爲「大君使用了三條(或三群)獵犬去驅趕獵物」。但是雖然有這樣的幫助,獵物當中的最前面那隻,畢竟還是逃脫了。

筆者認爲,九五的比字,宜解做「比並」,儘管如此一來,比卦的比字將有二種字義,不符合筆者一直強調的一字一義正例。但是訓詁的目的是在明字義進而掌握文義。如果有一個以上的字義可供選擇,當然要選那個不妨礙文義的字義。

再者,所謂的正例是歸納出來的,不會沒有例外。有時因爲極少數例外的存在,反而更讓我們確定那大多數的存在是一種正例,一種通則。

## 4.〈賁〉

賁(閉):有三義:从貝,本義爲裝飾;卉聲,借爲奔;又借爲黂。

一詞多義,以多見詞標題。〔註95〕

李鏡池認爲〈賁〉是婚姻專卦。

> 對偶婚起源於原始社會中期,奴隸社會當仍其遺俗。但歷史文獻已難找到關於它的記載,而《周易》卻有幾處說到:《屯》卦說的是求婚,《暌》卦說的是訂婚,本卦說的是結婚,合起來約略看到對偶婚的圖景。〔註96〕

卦爻辭共出現六次「賁」字,初九與六二的「賁」都解爲「裝飾」。

| 初九 賁其趾 | 賁:飾,裝備。趾:腳趾,代指腳。賁其趾,是把腳裝備好,準備不坐車而徒步行走。 |
| --- | --- |
| 六二 賁其須。 | 須:鬍鬚。隨遷的還有老年人,長老之類,行前把自己的胡鬍鬚修飾一番,一派喜氣洋洋。 |

高亨另有他解。

> 《序卦傳》:「賁者,飾也。」《呂氏春秋》《壹行篇》:「孔子卜得《賁》。孔子曰:『不吉。』子貢曰『夫賁亦好,何謂不吉乎?』孔子曰:『夫白而白,黑而黑,夫賁又何好乎!』」據此雜色文飾爲賁。《說文》:「賁,飾也。從貝,卉聲。」……取諸色貝以爲頸飾,是爲賁,故

〔註95〕《周易通義‧賁》,頁45。

〔註96〕《周易通義‧賁》,頁47。

賁從貝而爲雜色文飾之義。本卦賁字，即此義也。……《釋文》：「趾，一本作止。」止正字。趾俗字。《周易》初文當作止。賁其趾者，謂文其足也。徒者，赤足步行也。《説文》：「徒，步行也。」《廣雅》《釋詁》：「徒，祖也。」祖謂祖足。合而觀之，則徒有赤足步行之義明矣。《韓非子》《初見秦篇》：「頓足徒裼。」《戰國策》《韓策》：「秦人捐甲徒裎以趨敵。」徒字皆赤足步行之義也。文其足，乘車則其文不見，舍車而赤足步行，則人皆見之矣。故曰賁其趾，舍車而徒。不宜飾足而飾足，不宜舍車而舍車，不宜徒行而徒行，此務文失實之象也。〔註97〕

細查李鏡池對初九、六二爻的解釋，雖然與高亨不同，但論點不算突兀，仍可接受。只是接下來下面三爻的解釋就較爲不恰當。九三、六四跟六五爻，李鏡池都解賁爲「奔」。筆者認爲，這是受了聞一多的影響。

案《太玄》準渙以文，曰：「文質斑斑，萬物粲然，」是讀渙爲煥。《論語》《泰伯篇》曰：「煥乎其有文章。」奔讀爲賁，《詩》「鶉之奔奔」《左傳》襄二十七年，《禮記》《表》記，《呂春秋》《壹行篇》並引作賁，是其比。〔註98〕

細觀聞一多原文，發現聞一多並沒有釋「賁」爲奔，而是釋「奔」爲賁，這是有差異的。不能就因此認爲賁、奔可以隨時互相通用。

其次，聞一多在解釋〈革・九五〉跟〈革・上六〉時，曾明白指出，賁古做斑字。是色彩交雜之義。

賁卦《釋文》引傳氏曰：「賁，文章貌。」渙賁次疊韻連語，故二字同義。「渙賁其机，」猶言文飾其幾也。《周禮》《司幾筵》曰：「吉事變幾，喪事仍幾，」鄭眾注曰：「變幾，變更其質，謂有飾也，……仍，因也，因其質謂無飾也。」案先鄭以變幾爲有飾之幾，實讀變爲賁知之者，後鄭注賁卦曰：「賁，變也，文飾之貌，」是變賁音近義通之證。《易》曰「渙賁其機，」蓋即《周官》所謂變幾。《釋文》曰：「機音幾。」宗廟設幾，禮有明文，惠棟必欲易機爲杌，云「《説文》杌爲篡之重文，渙宗廟中，故設篡」其失也迂。〔註99〕

---

〔註97〕《周易古經今注・賁》，頁 323～324。
〔註98〕《周易義證類纂・有關經濟事類》，甲「器用」，頁 8。
〔註99〕《周易義證類纂・有關經濟事類》，甲「器用」，頁 8～9。

李鏡池不以「色彩交雜」來解釋九三、六四跟六五這三條爻辭，相當奇怪。

| 賁如濡如 | 賁：借爲奔。濡：汗濕。本爻與下爻是寫途中情況：人們奔跑前往，跑得一身大汗。 |
|---|---|
| 賁如皤如，白馬翰如。 | 皤（婆）：借爲燔，鄭玄本作燔，即焚。一路奔跑，太陽曬得像火燒一樣，新郎和小夥子們騎著白馬飛奔。 |
| 賁于丘園，束帛戔戔。 | 丘園：女家附近的地方。跑到丘園，到了女家，送上一束束的布帛，堆成一大堆。 |

依據高亨的看法，賁卦這六個賁字，一樣都做雜色文飾之義。「賁如濡如」是承六二的「賁其須」而來。

> 《乾》初九云：「潛龍勿用。」九二云：「見龍在田。」九四云：「或躍在淵。」或躍在淵承上兩爻龍字而言。《遯》初六云：「遯尾厲。」遯借爲豚，說詳《遯卦》。六二云：「執之用黃牛之革。」執之承上爻遯字而言，皆與此同例。〔註100〕

「賁其須」則爲老人之貌。

> 賁者，不一色也。《說文》：「須，面毛也。從頁，從彡。」今俗字作鬚，非也。賁其須者，須有黑有白也。此老人之象，壽考之徵也。〔註101〕

「賁如濡如」表示老人的鬍鬚被雨淋濕。

> 此承上爻賁其須而言。言須賁如濡如也。……賁如者，黑白參雜之貌。濡疑借爲需，《說文》：「需，頹也，遇雨不進，止頹也。從雨，而聲。」余謂需即沾濡之濡，從雨，從而，《說文》：「而，頰毛也。」即遇雨而須濡也。許解非。濡如者，雨濕沾潤之貌。老人之須賁然，壽考之徵也。出行遇雨濡然，吉利之兆也。〔註102〕

「賁如皤如」表示前來者騎了一匹馬，此馬全身大都爲白，僅有少數黑色參雜。

> 賁如者，馬有斑文賁然也。《集解》：「皤亦白素之貌。」《說文》：「皤，老人白也，從白，番聲。」蓋物白均可曰皤，不專屬於老人，故其字從白。皤如者，馬色白皤然也。……又此馬必白多而斑文少，故

---

〔註100〕《周易古經今注·賁》，頁225。
〔註101〕《周易古經今注·賁》，頁225。
〔註102〕《周易古經今注·賁》，頁225。

　　雖云賁如，而仍名白馬也。來者所乘之馬賁然而有斑文，皤然而白，

　　翰然而毛長，非寇也，乃婚媾也。故曰賁如皤如，白馬翰如。〔註103〕

高亨的解釋，一來採用本義。其次又能通貫各爻。

　　白賁之賁，李鏡池解為豶，大豬。白賁指白色大豬。就算此說為是，一卦之中，賁字竟有三種意義，筆者以為這種會造成解讀困難的情況，不應該發生在一本「求問吉凶」的占筮書，解讀有難度，惑上加惑，要如何為人們斷占決疑？

　　其次，賁的本義是「雜色文飾」。解奔為賁是聞一多的看法，就算正確，也不能反推認為賁即是奔，此二字也並非本義與引申義或者假借義的關係。第三，解賁為豶，是因為字形有部分相同，因此說賁借為豶，此說儘可以成立，但卻讓一卦之中的賁字又多了一個意義，徒增解讀困難，實在也不合常理。

　　因此，筆者認為，高亨對賁卦的解釋，是具有整體性的一種詮釋，比較值得參考。

## 本章小結

　　《周易通義》將六十四卦劃分為十五類專卦，另外尚有二十八個卦因為內容龐雜沒有辦法區分性質。這樣的分類，確實有助於我們掌握全卦主旨。但是，每一個卦的內容是否能夠如李鏡池所言，專屬於某一種性質的專卦？如果事實並非如此，那麼，我們必須找出李鏡池所以這樣歸類的目的是什麼，又有著怎樣的背景因素導致他選擇這樣的解經方式來詮釋易經？

　　就如第一節所舉的三個例子，不難看出，李鏡池對卦爻辭解釋的基本態度，是嘗試著將「卦爻辭解釋成一個完整的、連貫的，甚至是有故事性的古代生活」記錄，也因此，必須要處處求真求實，只是有時候，過度求實的結果，是選擇了明顯不適合的字義詞意，硬套在某條文字記錄之上。以這樣為實為真，卻不知道造成了更大的誤解與斷裂。

　　聞一多的詮釋策略是正確的，他將明確具有某種性質的文字，不論是卦辭或爻辭，詳解之後正確的分類，但他不處理整個卦的問題，也不因為爻的性質就認為該卦也會具有同樣的性質。

---

〔註103〕《周易古經今注・賁》，頁 225～226。

　　李鏡池的《周易通義》受到聞一多《周易義證類纂》影響甚深，尤其「星占」部分，更是全盤接受。也因此，《周易通義》與《周易義證類纂》在說法相同之處，不足與議。反而是相異之處，值得我們去探討，借由相異處看出李鏡池取捨聞氏說法時的標準爲何？這樣的取捨標準背後代表著怎樣的治經態度？

　　再以〈明夷〉爲例，李鏡池賦予「明夷」一詞五個意義，目的不光是爲了解通卦爻辭，而是要將卦爻辭解釋成他所想要的那種樣貌，一種「可以在文字中窺看出古代生活」的樣貌。

　　這種治經的方法源自治經的態度。李鏡池畢竟是受到顧頡剛啓迪甚深的，從他開始對易傳產生懷疑、批判，在治易的這條路上，就決定了他會將卦爻辭視爲古史的態度，因此，光解釋字義文義，是不能滿足李鏡池的，所有的訓詁都是假手段，眞正的目的，是將《易經》解成一本「古代生活史料」的卜筮之書。

　　又，筆者爬梳整理了《周易義證類纂》，將聞一多對卦爻辭的分類表列出來。僅列標目與易經原文，至於聞氏的注解則省略。以附錄形式置放於篇末。本表可與第四章第一節所列出的《周易通義》的卦旨分類表相參照，更容易看出李鏡池爲了要求得一個「史料記錄的完整」，而硬將整個卦爻辭套上框架的弊病。

　　筆者以爲，著書立言，是非常艱困的工作。當中容或出現字義解釋上的疏漏，在所難免。同理，評述前人注經之作，不能無意義的圍繞字義打轉，而應該放入更宏觀的整體架構來檢視。《周易通義》有不少單字、單詞乃至文辭的解釋，都與古人不同，甚至也與李鏡池所推崇的聞一多、高亨有極大差異。筆者認爲這些差異處反而更是我們研究《周易通義》治經態度的切入角度，以此去判斷出李鏡池在注經時，已經內在具有的經典觀以及個人史觀，這樣才是正確相應的解讀之道。

# 第七章 結論——李鏡池易學成就總評

　　《文心雕龍・時序篇》曰:「文變染乎世情,興廢繫乎時序。」觀察近代的學術思潮,古史辨運動肯定占了極為關鍵的地位。古史辨運動的興起,結合了國族、文化與學術三方面的改革要求。李鏡池在這樣的氛圍下,學術生命受到滋養,也因此茁壯。

　　如果說,《周易探源》是李鏡池易學理論的總結,那麼《周易通義》就是具體表現。經說與經注,二者一內一外,打造了李鏡池的易學世界。

　　不僅是古史辨學者本身的學術成就,值得尊敬。更重要的,是治經的方式以及面對經典的態度,對後輩學者以及整體學術思潮,都有巨大的影響。尤其是易學,儘管宋代學者就開始有不同於以往的思考,但卻是直到古史變運動的興起,才正式的將《易傳》與《易經》切割開來,去除其中的迷信色彩,以一種更貼近歷史真實的方式,去研究《周易》經傳。

　　當然,古史辨學者對《易傳》是否過度貶抑,這種貶抑是否肇因於對中國傳統文化的批判,以致於過度情緒性的,否定了《易傳》所以存在的文化真實與學術價值。這個部分非常值得去探討去深究。

　　李鏡池受到顧頡剛的影響,是確定的。《古史辨》第三冊中,所見的各家論《易》的學者,李鏡池是唯一一位既有經說又有經注的人。在第二章與第三章裡,筆者已經證明了,李鏡池對易傳的看法,源出於顧頡剛,幾無二致。對《易經》的態度,更是直接的反映在《周易通義》。換言之,筆者認為,李鏡池的經注,一旦抽除當中的唯物史觀,便可以視為「古史辨集團」治《易》經注的集體意識呈現。

## 壹、經說的總結

李鏡池做出幾點結論：第一，《易》是卜筮之書，因卜筮而成，為卜筮而作。第二，由卦爻辭中，顯著明確的著作體例，偶有的格言及詩歌式文句，可斷定周易是編纂而成的。第三，根據卦爻辭中的故事，加上「文王演易」傳說的普遍性，可以確定《周易》是周民族的筮書。同時，根據卦爻辭中的歷史故事來判斷，《周易》的編纂年代是在西周初葉。第四，筮卦是從蓍而來的。且卦畫符號跟卦爻辭也沒有關係。爻辭當中所謂的九、六，則是後起的名稱。最後，今本《周易》是有軼文錯簡的，並非完本。

## 貳、經注的方式、體例

《周易通義》有注經的通例，偶有變例。

一、解釋卦名的由來，意即該卦所以得名的原因。如〈小畜〉，指出：「畜是薔的簡体。意為田裡穀物滋生。甲骨文。金文茲字省作𢆶或𣁐。滋从𣁐，畜作𣁐，亦知畜即薔的簡體。解者訓畜積，畜養或畜止，均誤。」

二、闡明卦旨。說明這是一個有著怎樣內容的卦。比如〈小畜〉，指出「本卦與〈大畜〉均為農業專卦，以反映農村生活為內容。」說明這是一個農業專卦，講農牧生產等事情。〔註1〕

三、辨明敘事之辭，指出貞兆辭。比如〈乾〉，卦辭是元亨利貞，就說明「元亨」與「利貞」是兩個貞兆辭。要特別說明的是，在《周易通義》全書中，並沒有以「敘事之辭」來注解卦爻辭，而是以「說明語」為用語。

四、對於某些明顯與上下文不連貫的爻辭，指出這是另占或附載，不強解。比如〈萃〉卦辭：「亨，王假有廟。利見大人。亨，利貞。用大牲吉。利有攸往。」便指出「利見大人」與「利有攸往」為附載。〈萃・六三〉：「萃如嗟如。无攸利。往。无咎，小吝。」則指出：除了「萃如嗟如」一句外，其餘皆為另占。

五、做出結論。完整解釋卦爻辭之後，再闡述作者（李鏡池）個人的心得，尤其喜歡比附於唯物史觀，說明此卦是某個社會階級的勞動生活

---

〔註1〕上述兩個步驟是連在一起的。至於該卦卦名的字義，不固定放在哪一個步驟。以〈小畜〉為例，解釋卦名由來時，便一併解釋了「小畜」的字義。

敘述，或者說此卦屬於階級鬥爭等等。注解〈訟〉，就指出「內容有生產鬥爭、階級鬥爭、貴族內部鬥爭。總的都是談鬥爭」。注解〈井〉，就認爲該卦「主要是反映當時的階級鬥爭」。

## 參、李鏡池易學的歷史意義與學術價值

李鏡池對易經的分析，某些部分過於武斷。最不能使人信服的，是他否定了卦爻符號的意義。認爲只是單純的標目之用，猶如今日的圖書分類號碼。筆者以爲，這種對卦號符號的否定，其實背後隱含了對《易傳》的徹底否定。

一旦取消了卦爻符號的意義，就證明了《易傳》所說的爻位說、剛柔說、卦德說皆爲穿鑿附會的說辭，將更方便李鏡池貶抑《易傳》的地位甚至學術價值。

然而，就如同筆者在緒論中所說，學術的演變發展，除了學術自身的發展，整個社會環境的氛圍，也會影響學者治學的態度及走向。古史辨運動的興起，跟當時的中國社會，全民亟欲發憤圖強的社會，有極大的關係。這樣一種肇因於國力積弱所開啓的自省運動，在進行批判手段時則不免過激過當。

比如《易》歷三聖的說法，以歷史的角度來看，我們知道那是假的。但是從文化的觀點切入，任誰都不能否定，這樣一種假託於聖王、聖人背後所隱含的文化眞實。

再者，《易傳》中固然有些許荒濫之辭，但卻眞實的展現了《易傳》作者當時所處環境，以及整體治《易》的走向。若以稽核易學史的需求來看，無寧提供了一個很好的觀察著力點。這是《易傳》在易學史上，不容忽視的價值。

其次，就《易傳》在義理方面的價值而言，這樣一個連結天道與人世，精研性命道德的學術體系，從根本上來說，已經完全內化於傳統的中國文化之中。比起其他典籍，《易傳》的廣泛性與擴散性，可以說是經典之最。當此時，《易傳》究竟是否爲聖人所寫、又是寫成於哪個時代？已不再重要，也不必是批判的理由。

同樣的，當筆者批評《周易探源》對易傳的過度貶抑時，也必須以同樣的理解，去面對李鏡池所處時代的走向。或許就是因爲《易傳》是那樣的深植在中國人的文化心靈，乃至於生活信仰之中。以至於當學者要對傳統學術，以及治學方法提出改革要求時，《易傳》便成爲首當其衝、理所當然的祭品。

　　李鏡池的經說，反映了清末民初對周易經傳的看法。而且比顧頡剛更全面的，探討了卦爻辭的諸多問題，不再僅侷限於古代故事的考察。更進一步的，注解了《易經》，把經說的觀念，貫注於經注，透過這樣的實踐，貫徹自己的經說。在學術研究的進程上，若僅以《易》而言，李鏡池比起其他治《易》的學者，更值得尊敬。

　　在經注方面，相較於其他注解易經的作品，《周易通義》最大的優點在於「體例、義法、史觀」三者兼備。注解《易經》的學者為數不少，可是以「大體反覆申說古人看法，偶爾夾雜自己創見」的情況居多。能夠以字義的訓詁做為注解基礎的，已算上乘。但是我們不容易從字義的取擇標準上，看出背後隱含的史觀，或者該說根本也沒有史觀貫串全書。

　　受到顧頡剛的影響，李鏡池也認定《易經》是一本先民生活史料集。因為這樣的觀念，所以在訓解卦爻辭，做字義的擷擇時，李鏡池其實是有意的去選擇，那些能夠支撐他的論述的解釋。再加上 1949 年以後，受到馬克思主義的影響，他嘗試以唯物史觀來治史，故爾將《易經》注解成一本「充滿唯物思想的上古時代各類生產活動記錄」的書籍。整個的注解上，為了符合這樣的設定，有時不免故意的忽略了，某些不合他用但卻更正確的解釋。單就這部分，在某個程度來說，是李鏡池易學的缺失。也應該批判。但如果我們能夠出充分的理解，李鏡池治《易》的整個研究脈絡，並結合他所處時代環境，進行完整全面的探討，那麼才可能給出一個相應的評論，以及最公平合理的評價。

# 附錄一　與顧頡剛先生討論易傳著作時代書

## 一、論易傳著作時代書

頡剛先生：

上星期曾把易傳中的彖象兩傳的著作後先猜想過，同時說及繫辭傳爲較後出。其大約的年代，象象二傳當著于戰國末年至秦漢之間；至繫辭傳恐怕是從漢初直到西漢末。讓我現在更說說我對于繫辭文言二傳的推想。願你切實指教。

我頗疑文言傳就是繫辭傳中的一部分，後人因爲它解釋乾坤二卦頗爲完備，所以分出，另立名目。其實文言傳並非一人所著，故解易乾卦之言在一傳中就有四種不同的說法。在文言傳的編者——只是編者，非著作者—看來，這不同的說法原沒有甚麼要緊的。他原來沒有想到是孔子作不是孔子作的問題。

易傳中，別的傳都是很有系統，很有調理的，只有文言繫辭是"雜拌"。文言雖說經過某個編者的組織，卻並不高明。繫辭傳簡直就是零片斷簡，東一段，西一段。而後人的分章，有些地方很是勉強。例如"精氣爲物""顯諸仁"兩段。

繫辭（包括文言）實是西漢時代一班易學家說易的遺著的彙錄。

南宋徐氏易傳燈一書，未見。據四庫總目說："……謂繫辭下傳'易之爲書'三章，皆漢儒易緯之文，譌爲夫子之作，以誑後事，亦沿歐陽修之誤。"

四庫所非，我們或許以爲是呵！

　　學生鏡池。三，三一，十九年

## 二、論易經的比較研究及彖傳與象傳的關係書

　　鏡池吾兄：

　　今天把你標點的周易經傳覆看一遍。有些地方是改了。有些未改的也寫在邊上或書眉，以待你的審核。

　　我覺得分段之後，再應分大段小段。小段爲提行，大段爲空一行。繫辭傳文言傳等均不能不如此。但這是也甚困難。請你再審查一下。

　　我對于標點易經的意見，以爲"文法的比較"最爲重要。因爲易經中所說的話，不但我們不懂，即作易傳的人也不懂（看象傳的只會敷衍字句可知）。那麼，我們要標點它，只有從文法上去求出它的成語（縱不能知道它的意義，也須知道哪幾個字是可以聯綴在一起的），使我們的標點不致把那時的成語打碎已算盡了我們的職責。試舉一例。例如乾九三之"厲无咎"，我們從全部易經中可以歸納出一個用"厲"字做成語的通則來，如下：

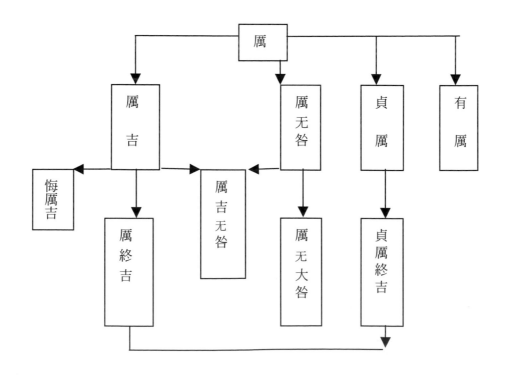

（一）"厲"——如既濟上六的"濡其首，厲"。

（二）"厲吉"——如頤上九的"由頤，厲吉"。又遯九三之"係遯有疾厲畜臣妾及"疑亦係"厲吉"一語之伸展，如"利貞"之伸作"利牝馬之貞"。但"厲"字如不爲"吉"字之副詞而爲形容詞（如上條）時，也許其解釋應爲"有疾則厲，畜臣妾則吉"。

（三）"厲終吉"——如蠱上六的"有子考无咎，厲終吉"。

（四）"悔厲吉"——如家人九三的"家人嗃嗃，悔厲吉"。

（五）"厲无咎"——如復六三的"頻復，厲无咎"。

（六）"厲无大咎"——如姤九三的"其行次且，厲无大咎"。

（七）"厲吉无咎"——如晉上九的"維用伐邑，厲吉无咎"。

（八）"貞厲"——如革九三的"征凶，貞厲"。

（九）"貞厲終吉"——如訟六三的"食舊德，貞厲終吉"。

（十）"有厲"——如兌九五的"孚于剝，有厲"

從前人把乾之"厲无咎"講作能惕厲（即勉勵）則无咎。從以上諸語看來，並無此意。"厲"似不是好字，也許和"吝"同紐通假，或與"吝"義略同。故"厲終吉"猶云"雖厲而終吉"，"厲无咎"猶言"雖厲而无咎"，"貞厲終吉"猶言"貞雖厲而終爲吉"。

我很希望你把六十四條卦辭，三百八十四條爻辭，一一寫在片上，把這四百四十八張片子常常排比，把其中相同或相類之句子，相同或相類之成語，相同或相類之文字，不憚細瑣，一一鈔出比較。這是最切實的一步工作。這樣去做，定有許多意外的發見，爲經師們所想不到者。

我今天對看你的鈔本象傳和彖傳，有一個新意思再我眼前一爍，似乎前途很有光明似的。只是我現在沒有功夫研究周易，所以寫在這裏，請你注意。

我前疑彖傳即是象傳，後來因爲有了新象傳，把"象"字略略改變，變成"彖"字，遂分二種。此意昨天已向你說了。你亦從繫辭傳中翻出"彖者，言乎象者也"一語，以見這兩種本無大別。

今天看這兩種，知道：

彖傳
象傳中之爻的部份（即所謂小象）⎫——是注重卦爻之位的
象傳中之卦的部份（即所謂大象）——是提出卦之意義的
彖傳中所說的卦爻之位，如"剛中正"，"柔得中而上行"，"剛中而

外柔"，"損下益上，其道上行"等。象傳中所說的卦爻之位，如"從上吉也"，"上逮也"，"上窮也"，"上使中也"，"以中直也"，"得中道也"，"志舍下也"，"志在外也"，"位正當也"等。象傳中爻的部份，除了這一點講位之次序的猶有些意義外，其餘簡直望文生訓，或把爻辭改頭換面，或說些自己也不懂得的囫圇吞棗的話。

至象傳中之卦的部份，或說"先王以……"，或說"聖人以……"，或說"君子以……"，雖是有許多附會，却自有其組織。他把世界上的"事作"分成六十四類而分隸于每卦之下，使得周易切合人事。這思想和手段似乎比作那一部分的高明得多。

所以我疑心象傳之爻的部份原與象傳相合，這一種出現在前；至象傳的卦的部份則是後來出的。自從出了後一種，而前一種遂被分裂。現在試寫出一卦：

| 周易原文 | 假定的象傳原文 |
|---|---|
| 蒙，亨。匪我求童蒙，童蒙求我。初筮告，再三瀆；瀆則不告。利貞。 | 蒙，山下有險，險而止，蒙。<br>（按：此即名象傳之本義。今在彖傳中。）<br>"蒙，亨"，以亨行，時中也。"匪我求童蒙，童蒙求我"，志應之。"初筮告"，以剛中也。"再三瀆，瀆則不告"，蒙瀆也。蒙以養正，聖功也。<br>（按：此爲解釋卦辭之語，末一句即聖人之事作。今在彖傳中。） |
| 初六，發蒙，利用刑人，用說桎梏，以往，吝。 | 利用刑人，以正法也。 |
| 九二，包蒙，吉。納婦，吉。子克家。 | 子克家，剛柔接也。 |
| 六三，勿用取女，見金夫，不有躬，无利。 | 勿用取女，行不順也。 |
| 六四，困蒙，吝。 | 困蒙之吝，獨遠實也。 |
| 六五，童蒙，吉。 | 童蒙之吉，順以巽也。 |
| 上九，擊蒙，不利爲寇，利禦寇。 | 利用禦寇，上下順也。<br>（按：以上爲解釋爻辭之語。今在象傳中。）<br>山下出泉，蒙，君子以果行育德。<br>（按：此爲後作之象傳。） |

我們看，此傳釋卦辭的"童蒙求我，志應也；初筮告，以剛中也，……"

其句法與釋爻辭的"利用刑人，以正法也；子克家，剛柔接也……"的方式何等相同？這兩種東西不有出于一人之手的可能嗎？

　　至於君子怎麼樣，先王怎麼樣，就是在現在所稱爲象傳的裏邊也尋得到。試舉數列，與今象傳之文作一比較：

觀　{ 聖人以神道設教。（今象傳）
　　{ 先王以省方觀民設教。（今象傳）

坎　{ 王公設險以守其國。（今象傳）
　　{ 君子以常德行，習教事。（今象傳）

鼎　{ 聖人亨以享上帝而大亨以養聖賢。（今象傳）
　　{ 君子以正位凝命。（今象傳）

　　它們有的相同，有的不相同。不過象傳中這類話不多，不像象傳的每卦必有，而且有固定的方式的。故我懷疑象傳之文即是把象傳這種話擴充而成的。如果如此，其時代的後先就可判定了。

頡剛　十九，三，廿一

## 三、答　書

　　頡剛先生：

　　那一天我胡亂寫了一段話，關于易傳時代的推測，那不過是一時的構想，沒有甚麼學理的根據的。

　　那天你告訴我"象傳恐怕是原來的象傳"一句話，也沒有指出論據。我也想起繫辭傳有"象者言乎象者也"一句話，隨手翻出來看，頗覺得你這個意思新奇可喜，回來因忙于幹了點別的，也沒有繼續去研究。昨天翻阮元的●經室集，有"象音""象義"兩條。他的意見，以爲象應音弛，與"材"音近，材即裁，有判分之意。

　　案繫辭傳言"象"的地方有下列幾則：

1. "象者，言乎象者也。爻者，言乎變者也。"（上傳）
2. "是故，易者，象也；象也者，像也。象者，材也。爻也者，效天下之動者也。"（下傳）
3. "知者觀其'象辭'，則思過半矣。"
4. "八卦以象告，爻象以情言。"

　　除了這幾條之外，就找不著甚麼材料了。阮式是採取第二條那句訓詁來解釋的。

　　材料雖然不多，然而這四條似乎很重要。我們先看第三條，"知者觀其'象辭'，則思過半矣"，這個"象辭"就是我們所謂"卦辭"。繫辭裏，"象"與"爻"對立而常連說。所謂"爻"就是"爻辭"。他一次兩次的說明白："繫辭焉以斷其吉凶，是故謂之爻。""爻"既是"爻辭"，那末"象"是"卦辭"，據這幾條看來似乎合理。然而"爻辭"之在左傳，不曰"爻"而曰"繇"，"卦辭"亦曰"繇"（國語晉語）。看來這些名詞已經過一番改變了。這番改變，也許就在作彖傳或象傳那班人的時候，說不定就是他們定規的。到繫辭傳作者的時代，這種名爲"象"爲"爻"而不叫做"繇"的名辭早就流行了，所以繫辭傳作者就用這種通用的說法，彷彿從前的"繇"字已完全消滅于人們的意識界了。這就是說，繫辭傳之坐當遠在彖象之後。我這樣猜，未知對否？

　　第一第二條所說的"象"，雖似乎有兩種說法，實在也不衝突。所謂"象者，言乎象者也"，這就是象傳所注意的"象"與"位"。所謂"象者，材也"，是繫辭傳作者所注意的"辭"。繫辭傳所謂"聖人設卦觀象，繫辭焉而明吉凶"，就是這兩種"象"義。然而後來繫辭傳作者可又添上一層新意，說道："爻象以情言。"這個"情"，恐怕就是他所要發揮的大道理了。

　　今天你的信申釋你那個"象傳分裂彖傳"的假設。我校讀兩傳，覺得象傳之釋爻辭，的確與彖傳相象。然而我想在你的分裂說以外另作假設，結論也以爲象後于彖。

　　我的意思是：彖傳先出，他注重一卦的"象""位"；然而他或許只釋卦辭而未及釋爻辭。到象傳作者出而竟其工。象傳作者之釋爻辭，當是倣效彖傳的，所以它形式上相同，內容也很有些地方相近。然而模倣畢竟是模倣，他講"人事"方面雖比彖傳或其他傳高明，而他講"象""位"竟有時說不通了。你來信說得好："象傳中爻的部份，除了這一點講位之次序的猶有些意義外，其餘簡直望文生訓，或把爻辭改頭換面，或說些自己也不懂的囫圇吞棗的話。"這就顯見得象傳這一部分與彖傳原不出一手了。你說象傳出而改"彖"，有點類于奪人產物的強盜；我看他不過是沐猴而冠耳。

　　改"彖"爲"象"一說，理由似不充足。不若保留他們各家原來的招牌，只要認清這一家的貨物是仿倣別家而質料未純這一點就夠了。

以上關于易傳的話。

“文法的比較”研究，極好，當勉爲之。

標點及抄錄錯誤的地方成校正，甚感。

書中“包”字，唐石經作“苞”，未悉何以又改回來？“材”字據校勘記說宋本、古本、足利本等同，惟閩、監、毛本作“才”。石經先作“才”，後改“材”，依理以“才”爲是。你說怎樣？

我們現在就以唐石經爲主；其有異文者，即附在校勘記內好了（連新出之漢石經亦然）。你的意見是否這樣？

學生鏡池上

（載《古史辨》第三冊上編）

# 附錄二　李鏡池與郭沫若之間的往返書信

李鏡池同志：

大著《周易類釋》原稿接到，已經讀了一遍。《科學思維・科學知識》一節，寫得好。你在《易經》範圍內，可以說把辯證法的萌芽寫活了。但有一個時代性的問題，始終在我腦子里回旋著。您認爲《周易》編著於西周末年，在我看來，似乎爲時過早。在中國思想發展史上，有好些地方很難說通。

八卦究竟作於何時，尚難斷定。天地對立的觀念，在我國發生得很遲。殷周時代的天是上帝的別名，是至高無上的，並不與地爲對。周金文中無八卦痕跡，甚至沒有地字。至於乾坤等字樣，在比較可信的古書中也出現得很晚。

（略）

看來《易》之制作是由長期積累所成，其中有四周時代的原始資料，但也有春秋時代的資料。原始資料積累得多些，故顯得很古。孔子讀《易》的傳說是有問題的。《周易》的完成應當在春秋末年或戰國初年。在原始筮書中，可能只有卦象而無卦名，八卦和六十四卦的卦名是後來附益上去的。六十四卦的卦名就有一套哲理在內，並不簡單。這樣看，在思想發發展史上才可以得到順暢的說明。關於這一層，請你加以考慮。如感興趣，請參看拙著《青銅時代》中所收《周易的製作時代》與《駁〈說儒〉》二篇。前一篇雖然頗有可商兌的地方，但我的看法在基本上還沒有什麼大變動。

敬禮

郭沫若

（一九六六年）三月三十一日

原稿奉還，附贈《青銅時代》一冊，請評正。

# 〈論《周易》的著作年代——答郭沫若同志〉

郭沫若同志：

拙作《周易類釋》稿蒙於百忙中審閱指正，謹申謝意。

前讀大作《中國古代社會的研究》關於《周易》一篇，用新的觀點方法進行分析，開闢了研究的新途徑，頗著成績，非常欽佩。我的研究《周易》就是得您的啟發而進行的。

來函提出關於《周易》的著作年代問題，並惠贈大著《青銅時代》。您主張《周易》編著於戰國或春秋戰國之間。對我的編著於西周末年的說法提出懷疑。這是值得研究的問題，因為著作年代不明，則據以研究古代社會便不明確。前此您根據《周易》分析古代社會，認為那時還是以牧畜為生產基調。如果著於戰國或春秋戰國之間，那不跟牧畜時代相差太遠了嗎？從周初的農業豐收到春秋的"初稅畝"，農業生產已幾經變化，戰國時的書，不可能不反映。那末，著於戰國之說，不啻把前一說否定了。這是不合社會發展規律的。

（略）

時人論《周易》的著作年代，多主張著於周初，有的說沒有周成王以後的故事，有的說從思想發展不會超過這個時期，都不對。而您獨持異議，義為著於戰國，兩者相差約六百年。我以為一則失之過早，一則失之過晚。拙作《周易通論》有"考年代"一章，定為著於西周末年。從政治社會背景，從思想發展，以及從文學形式各方面看，我以為可以這樣推定。

鄙見如此，敬希指正。

李鏡池

一九六七年四月十五日

# 附錄三　余永梁　易源圖辨

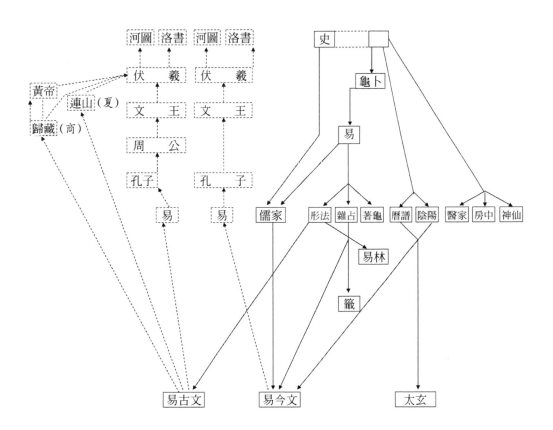

# 附錄四　容肇祖所製之「占卜源流表」

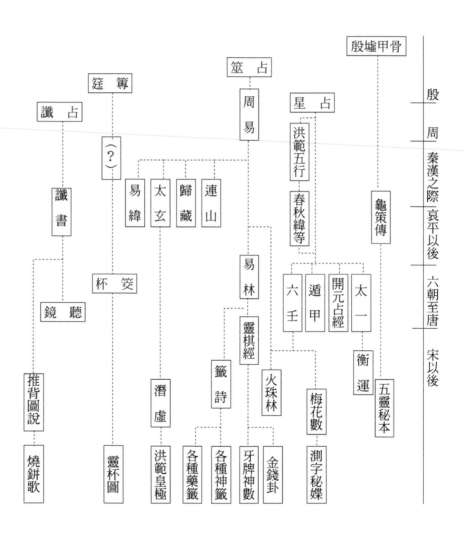

# 附錄五　容肇祖所製之「周易演變表」

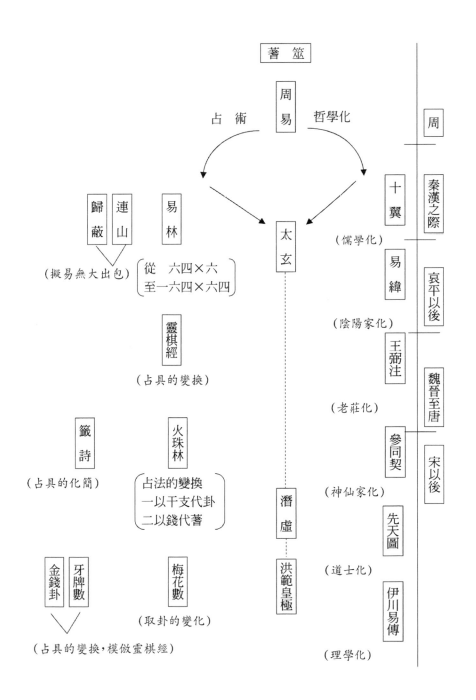

# 附錄六 黃智明〈李鏡池著作目錄〉

## 一、專 著

### 1. 四

周易探源

北京，中華書局，421 頁，1978 年 3 月

（1）周易探源序

（2）周易筮辭考

（3）周易筮辭續考

（4）關於周易的性質和它的哲學思想

（5）關於周易幾條爻辭的再解釋

（6）周易的編纂和編者的思想

（7）周易卦名考釋

（8）易傳探源

（9）易傳思想的歷史發展

（10）談易傳大象的體例

附錄：

（1）古代的物占

（2）與顧頡剛先生討論易傳著作時代書

（3）左國中易筮之研究

### 2. 周易通義

北京，中華書局，127 頁，1981 年 9 月

## 二、論文

### （一）經 學

### 1. 周易校釋

嶺南學報，第 9 卷第 2 期，頁 51～148，1949 年 6 月

### 2. 周易筮辭考

古史辨，第 3 冊上編，頁 187～251，北平，樸社，1931 年 12 月；香港，太平書局，1962 年 1 月；臺北，明倫出版社，1970 年 3 月；上海，上海古籍出版社，1982 年 2 月；臺北，藍燈文化事業公司，1987 年 11 月；上海，上海書店，1992 年 12 月（民國叢書，第 4 編第 66 冊）

古史辨，第 3 冊上編，頁 119～153，海口，海南出版社，2005 年 5 月

無求備齋易經集成，第 194 冊，頁 129～193，臺北，成文出版社，1976 年

周易探源，頁 20～71，北京，中華書局，1978 年 3 月

十家論易，頁 251～231，長沙，岳麓書社，1993 年 3 月

3. 周易筮辭續考——周易筮辭的類別與其構成時代

嶺南學報，第 8 卷 1 期，頁 1～66，1947 年 12 月

周易探源，頁 72～150，北京，中華書局，1978 年 3 月

十家論易，頁 300～373，長沙，岳麓書社，1993 年 3 月

4. 關於周易的性質和它的哲學思想

（上）光明日報，哲學，第 298 期，1961 年 7 月 14 日

（下）光明日報，哲學，第 298 期，1961 年 7 月 21 日

文匯報，1962 年 2 月 28 日

哲學，第 298，期，頁，年，月，第 299 期，頁，年，月

周易探源，頁 151～177，北京，中華書局，1978 年 3 月

十家論易，頁 374～399，長沙，岳麓書社，1993 年 3 月

5. 關於周易幾條爻辭的再解釋——答劉蕙孫同志

周易探源，頁 178～190，北京，中華書局，1978 年 3 月

6. 周易的編纂和編者的思想

周易探源，頁 191～228，北京，中華書局，1978 年 3 月

十家論易，頁 400～433，長沙，岳麓書社，1993 年 3 月

7. 周易卦名考釋

嶺南學報，第 9 卷 1 期，頁 197～，1948 年 12 月

周易探源，頁 229～291，北京，中華書局，1978 年 3 月

8. 易傳探源

史學年報，第 1 卷 2 期，頁 39～60，1930 年 11 月

古史辨，第 3 冊上編，頁 95～132，北平，樸社，1931 年 12 月；香港，太平書局，1962 年 1 月；臺北，明倫出版社，1970 年 3 月；上海，上海古籍出版社，1982 年 2 月；臺北，藍燈文化事業公司，1987 年 11 月；上海，上海書店，1992 年 12 月（民國叢書，第 4 編第 66 冊）

古史辨，第 3 冊上編，頁 63～84，海口，海南出版社，2005 年 5 月

無求備齋易經集成，第 194 冊，頁 45～82，臺北，成文出版社，1976 年

周易探源，頁 292～324，北京，中華書局，1978 年 3 月

十家論易，頁 205～231，長沙，岳麓書社，1993 年 3 月

### 9. 易傳思想的歷史發展

周易探源，頁 325～369，北京，中華書局，1978 年 3 月

十家論易，頁 434～476，長沙，岳麓書社，1993 年 3 月

### 10. 談易傳大象的體例

周易探源，頁 370～377，北京，中華書局，1978 年 3 月

### 11. 古代的物占

嶺南學報，第 2 卷第 4 期，頁 78～101，1933 年 6 月

周易探源，頁 378～397，北京，中華書局，1978 年 3 月

### 12. 與顧頡剛先生討論易傳著作時代書

古史辨，第 3 冊上編，頁 133～134，北平，樸社，1931 年 12 月；香港，太平書局，1962 年 1 月；臺北，明倫出版社，1970 年 3 月；上海，上海古籍出版社，1982 年 2 月；臺北，藍燈文化事業公司，1987 年 11 月；上海，上海書店，1992 年 12 月（民國叢書，第 4 編第 66 冊）

古史辨，第 3 冊上編，頁 85，海口，海南出版社，2005 年 5 月

無求備齋易經集成，第 194 冊，頁 83～84，臺北，成文出版社，1976 年

周易探源，頁 398～406，北京，中華書局，1978 年 3 月

### 13. 答顧頡剛先生論易經的比較研究及象傳與象傳的關係書

古史辨，第 3 冊上編，頁 140～142，北平，樸社，1931 年 12 月；香港，太平書局，1962 年 1 月；臺北，明倫出版社，1970 年 3 月；上海，上海古籍出版社，1982 年 2 月；臺北，藍燈文化事業公司，1987 年 11 月；上海，上海書店，1992 年 12 月（民國叢書，第 4 編第 66 冊）

古史辨，第 3 冊上編，頁 91～92，海口，海南出版社，2005 年 5 月

十家論易，頁 156～158，長沙，岳麓書社，1993 年 3 月

14. 左國中易筮之研究

古史辨，第 3 冊上編，頁 171～187，北平，樸社，1931 年 12 月；香港，太平書局，1962 年 1 月；臺北，明倫出版社，1970 年 3 月；上海，上海古籍出版社，1982 年 2 月；臺北，藍燈文化事業公司，1987 年 11 月；上海，上海書店，1992 年 12 月（民國叢書，第 4 編第 66 冊）

古史辨，第 3 冊上編，頁 109～118，海口，海南出版社，2005 年 5 月

無求備齋易經集成，第 194 冊，頁 113～129，臺北，成文出版社，1976 年

周易探源，頁 370～377，北京，中華書局，1978 年 3 月

周易研究論文集，第 2 輯，頁 96～110，北京，北京師範大學，1989 年 8 月

十家論易，頁 236～250，長沙，岳麓書社，1993 年 3 月

15. 論周易的著作年代──答郭沫若同志

華南師範學院學報（社科版），1982 年 4 期，頁 51～59，1982 年 10 月

十家論易，頁 477～494，長沙，岳麓書社，1993 年 3 月

16.「朋盍簪」釋

文學年報，第 2 期，頁 37～41，1935 年 8 月

17. 盤庚今譯之商榷

文瀾學報，第 3 卷 1 期，頁 1～11，1937 年 3 月

18. 詩經中的民歌新探

嶺南學報，第 11 卷 1 期，頁 167～186，1950 年 12 月

19. 詩疊詠譜

嶺南學報，第 11 卷 2 期，頁 47～96，1951 年 6 月

20. 東山詩新解

嶺南學報，第 7 卷 1 期，頁 51～58，1947 年 1 月

（二）宗　教

1. 王治心編「中國宗教思想史」

圖書評論，第 2 卷 9 期，頁 51～55，1934 年 5 月

2. 許地山先生與道教研究

　　追悼許地山先生紀念特刊，頁 18～23，香港，全港文化界追悼許地山先生大會籌備會，1941 年道教、因明及其他，頁 221～227，北京，中國社會科學出版社，1994 年

## （三）史　學

### 1. 封禪書著作問題

　　中大文史學研究月刊，第 1 卷 5 期，頁 81～90，1934 年 2 月

## （四）傳　記

### 1. 孔夫子別傳

　　文華（半月刊），第 3 期，頁 23～36，1946 年 11 月

### 2. 黃道周傳纂

　　歷史政治學報，第 2 期，頁 25～35，1947 年 6 月

### 3. 許地山先生傳略

　　民俗季刊，第 2 卷 3、4 期合刊，頁 81～83，1943 年 12 月

### 4. 吾師許地山先生

　　（正）宇宙風，第 122 期，頁 53～59，1941 年 9 月 1 日
　　（續）宇宙風，第 123 期，頁，1941 年 9 月 16 日
　　許地山卷，頁 47～64，香港，香港中國文化促進中心，1990 年

## （五）文　學

### 1. 正反相形句式

　　嶺南學報，第 7 卷 1 期，頁 37～50，1947 年 1 月

### 2. 同情的批評

　　嶺南學報，第 8 卷 2 期，頁 1～28，1948 年 6 月

### 3. 楚辭涉江「露申辛夷」疑為「露甲辛夷」

　　史學雜誌，第 1 期，頁 30，1945 年 12 月

## （六）文獻整理

### 1. 黃道周著述考略

　　歷史政治學報，第 1 期，頁 63～72，1947 年 1 月

2. 有關許氏道教研究的信

　　民俗季刊，第 2 卷 3、4 期合刊，頁 84～85，1943 年 12 月

# 附錄：研究論著目錄

1. 論易經的比較研究及彖傳與象傳的關係書，顧頡剛

　　古史辨，第 3 冊上編，頁 134～139，北平，樸社，1931 年 12 月；香港，太平書局，1962 年 1 月；臺北，明倫出版社，1970 年 3 月；上海，上海古籍出版社，1982 年 2 月；臺北，藍燈文化事業公司，1987 年 11 月；上海，上海書店，1992 年 12 月（民國叢書，第 4 編第 66 冊）

　　古史辨，第 3 冊上編，頁 87～90，海口，海南出版社，2005 年 5 月

　　十家論易，頁 152～156，長沙，岳麓書社，1993 年 3 月

2. 關於幾個周易爻辭解釋的問題與李鏡池同志商榷，劉惠蓀

　　光明日報，1961 年 9 月 22 日

3. 有關易經的信，郭沫若

　　中國史研究，1979 年 1 期，頁 5～6，1979 年 3 月

4. 嚼飯哺人──讀李鏡池先生的周易通義，谷林

　　古籍整理出版情況簡報，第 100 期，頁 17～18，1983 年 1 月 10 日

5. 為易經這座迷宮設置路標（介紹周義通義），沈芝盈

　　中國社會科學，1983 年 1 期，頁 220～221，1993 年 3 月

6. 重讀李鏡池先生的易學論著，周山

　　十家論易，頁 201～204，長沙，岳麓書社，1993 年 3 月

7. 李鏡池と現代の『周易』研究，池田知久

　　東洋──比較文化論集──宮澤正順博士古稀記念，東京都，青史出版，2004 年

# 附錄七

# 周 易 校 釋

## 李 鏡 池

### 叙 論

　　古今來注易者衆矣，易傳爲始，巳創兩派，或主象數，或言義理，漢宋之學，咸宗此旨．王弼所注，涉於玄虛，而唐作正義，趨尚南學，於是道與儒合流，而易義漸廣．至宋而劉牧卻雍，復出圖書一派，其學實出於陳摶，於是道士之易，亦折入儒門，而易義更雜矣．清儒雖學尚考據，專攻訓詁，於易則甚少發明，止於攻擊圖書，掃除附會，闢妄之端畧見，尋源之學未竟．惠棟張惠言之徒，以恢復漢人之說爲事；焦循號稱專家，僅演象數圖書之緒而己．王引之俞樾於字義訓詁，畧有闡發，究少創獲．數千年之古經，輾轉因襲，積重難反，遂使易義沈埋，難彰面目．迨清室之季，古物出土，甲骨卜辭，廣續發現，學者方知周易一書與卜辭相類，筮書之說，創自朱熹，至此乃定．西洋社會學宗教學民俗學等，又紛至雜陳，蔚成時尚．他山之石，足資參考，於是易學之研究，乃闢一新途徑，進一新階段，爲前此所未有；惟所得尚微，難言論定；而國步艱難，民生憔悴，學者力掙扎於饑餓綫下，無安心治學之機緣，則成績之少，自意中事．隅見所及，僅高亨之周易古經今注，聞一多之周易義證類纂兩書，頗有精義．高氏徧釋全經，專用清儒訓詁之法，畧及義理．談理非其所長，訓詁間有牽強，且往往改經，是其失也；然創見已足度越前人矣．聞氏既精於訓詁，又以其社會學民俗學之博識佐之，勝義獨多．惜僅成‘類纂’，選釋其所能釋者，範圍較狹；所錄卦爻辭，又往往僅見片詞斷句，校韻全文，或有扞格．余久思爲周易作新詁，遊學北平，曾析周易爲‘類編’，其法與聞氏同．所得不多，亦於香港淪陷時散失．繼思‘類編’之作，於讀者不便，乃復欲依原書次序，作‘淺釋’一書，以便初學，終以易文簡古，疑難尚多，乃先成校釋一篇，取孫子攻堅之法也．校釋成而後新詁或淺釋有所依據矣．時實創說，不避徵引，案而不斷，備資參考；聞申鄙見，微嫌簡畧，博雅君子，幸垂教焉．民國三十八年五月一日開平李鏡池校釋後記

# 附錄八　李鏡池所製之「周易演變表」

| 第一次演變 | | | 第二次演變 | | | 第三次演變 | |
|---|---|---|---|---|---|---|---|
| 前期（西周以前） | 後期（西周至春秋） | | 前期（戰國、秦、漢） | 後期（漢） | | 前期（晉唐） | 後期（唐宋以後） |
| 占用蓍 | 蓍與卦 | | 蓍衰卦興 | 卦爻 | 又雜以陰陽災異等 | 卦與錢 | 金錢卦 |
| 筮辭 | 卦、爻辭 | | 卦、爻辭有脫佚 | 脫去无咎悔亡 | | | |
| 筮辭 | 卦、爻辭 | | 彖象等易傳 | 說卦序卦等傳 | | 王注、孔疏 | 圖書之學 |
| 未有卦 | 卦互變 | | 爻稱九六 | 卦爻自變 | | | 河圖洛書 |
| 占吉凶 | 占吉凶 | 漸及義理解釋 | 義理解釋 | 雜以陰陽五行災異之說 | | 象數派與玄理派等 | 圖書派及倫理派等 |

# 附錄九 《周易義證類纂》檢索表

| | | |
|---|---|---|
| 有關經濟事類 | 器用 | 泰九二　姤九五　鼎九三　鼎初六　中孚九二　渙九二　井九三晉六五　晉六五 |
| | 服飾 | 履初九　履九五 |
| | 車駕 | 革九三　革九五　革上六　豐六二　豐九四　姤初六 |
| | 田獵 | 師六五　比九五　明夷六二　明夷六四〈晉〉賁六四 |
| | 牧畜 | 姤九二　大壯九三　大壯九四　夬九五　夬九四　姤九三 |
| | 農業（雨量） | 小畜上九　臨六三　〈臨〉　臨六四　臨六五　臨上六　坎九五 |
| | 行旅 | 節上九、節六四、節九五、蹇九五、解九四、咸九四、豫九四、蹇九五、蹇六三、蹇初六、〈井〉 |
| 有關社會事類 | 婚姻 | 蒙九二 |
| | 家庭 | 蠱初六　蠱九三　蠱六五　蠱九三　蠱六四 |
| | 宗族 | 屯六二　賁六四　睽上九　屯六四　震上六 |
| | 封建 | 屯 |
| | 聘問 | 益九五 |
| | 爭訟 | 訟九二　噬嗑九四　噬嗑六五 |
| | 刑法 | 比六三　〈否〉　渙六四　豫六二　困六三　解六五　坎初六坎六三　坎六四　坎上六　鼎九四　睽初九　睽九四 |
| | 征伐（方國） | 姤上九　同人九四　大畜九三　師初六　中孚六三　坤六二 |
| | 遷邑 | 井 |

| 有關心靈事類 | 妖祥 | 離九三離六二坤上六旅上九 |
| --- | --- | --- |
| | 占候 | 乾乾初九乾九二乾九四乾九五乾上九乾用九睽上九損六五益六二 |
| | 祭祀 | 損初九　損六四　大畜初九　隨九四　需　損　晉初六　晉六二晉九四 |
| | 樂舞 | 豫　漸上九 |
| | 道德觀念 | 需上六　離初九　九三 |
| 餘　錄 | | 坤　頤六二　頤六四　萃六二　中孚　萃初六　夬九四　困需九二訟初六　明夷初九　震上六　漸初六　萃六三　明夷九三　豫六五 |

# 參考書目

**壹、李鏡池個人著作**（依寫作時間先後排列）

## 一、專　書

1. 《周易通義》，北京，中華書局，1981 年。
2. 《周易探源》，北京，中華書局，1991 年。

## 二、《易》類單篇論文

1. 〈與顧頡剛先生討論易傳著作時代書〉，收錄於《古史辨》第三冊，1930年。
2. 〈易傳探源〉，收錄於《古史辨》第三冊，1930 年 5 月 1 日。
3. 〈左國中易筮的研究〉，收錄於《古史辨》第三冊，1930 年。
4. 〈周易筮辭考〉，收錄於《古史辨》第三冊，1930 年 12 月。
5. 〈古代的物占〉，《嶺南學報》第 02 卷第 4 期，1933 年 6 月。
6. 〈周易筮辭續考〉，《嶺南學報》第 08 卷第 1 期，1947 年 12 月。
7. 〈周易卦名考釋〉，《嶺南學報》第 09 卷第 1 期，1948 年 12 月。
8. 〈周易校釋〉，《嶺南學報》第 09 卷第 2 期，1949 年 6 月。
9. 〈關於周易的性質和它的哲學思想〉，光明日報，1961 年 7 月。
10. 〈關於周易幾條爻辭的再解釋〉《學術研究》第二期，1961 年 10 月。
11. 〈周易的編纂和作者的思想〉，收錄於《周易探源》，1962 年 5 月。
12. 〈談易傳大象的體例〉，收錄於《周易探源》，1962 年 11 月。
13. 〈易傳思想的歷史發展〉，收錄於《周易探源》，1963 年 3 月。
14. 〈論《周易》的著作年代〉——答郭沫若同志，收錄於《十家論易》，長

沙市，岳麓書院，1966 年。

## 三、非《易》類單篇論文

1. 〈正反相形句式〉，《嶺南學報》第 07 卷第 1 期，1947 年 1 月。
2. 〈東山詩新解〉，《嶺南學報》第 07 卷第 1 期，1947 年 1 月。
3. 〈同情的批評〉，《嶺南學報》第 08 卷第 2 期，1948 年 6 月。
4. 〈詩經中的民歌新探〉，《嶺南學報》第 11 卷第 1 期，1950 年 12 月。
5. 〈詩疊詠譜〉，《嶺南學報》第 11 卷第 2 期，1951 年 6 月。

## 貳、易類文獻及相關論著 （按時代先後排列）

1. 《周易注疏》，〔魏〕王弼注、〔晉〕韓康伯疏、〔唐〕孔穎達正義，台北，台灣學生書局影印清仁宗嘉慶 20 年（1815）江西南昌府學刊《十三經注疏》本 1999 年 1 月。
2. 《周易集解》，〔唐〕李鼎祚撰，台北，台灣商務印書館，1968 年 3 月。
3. 《易童子問》，〔宋〕歐陽修撰，無求備齋易經集成影印 1926 年。
4. 《歐陽文忠集》排印本，台北，成文出版社，1976 年。
5. 《易程傳》，〔宋〕程頤撰，台北，世界書局影印刻本，1987 年 4 月。
6. 《周易古占法》，〔宋〕程迥撰，無求備齋易經集成影印明世宗嘉靖年間天一閣刊本，台北，成文出版社，1976 年。
7. 《周易本義》，〔宋〕朱熹撰，北京，中國書店影印南宋度宗咸淳元年（1265）刊本，1990 年 10 月。
8. 《周易本義附錄纂註》，〔元〕胡一桂撰，無求備齋易經集成影印清聖祖康熙十九年（1680）刊通志堂經解本，台北，成文出版社，1976 年。
9. 《易纂言》，〔元〕吳澄撰，無求備齋易經集成影印清聖祖康熙 19 年（1680）刊通志堂經解本，台北，成文出版社，1976 年。
10. 《周易折中》，〔清〕李光地撰，台北，台灣商務印書館影印清高宗乾隆 38 年（1773）至 47 年（1782）間寫文淵閣《四庫全書》本，1983 年。
11. 《周易古義》，〔清〕惠棟撰，無求備齋易經集成影印清乾隆年間滁陽縣署刊《九經古義本》，台北，成文出版社，1976 年。
12. 《四庫全書總目提要‧易類》，〔清〕紀昀等撰，台北，台灣商務印書館，1983 年 6 月。
13. 《周易古義》，楊樹達撰，無求備齋易經集成影印民國 18 年排印本，台北，成文出版社，1976 年。
14. 《周易義證類纂》，聞一多，台北，里仁書局，1996 年。
15. 《周易古經今註》（重訂本），高亨撰，北京，中華書局，1991 年 7 月。

16. 《周易大傳今注》，高亨撰濟南，齊魯書社，1983 年 8 月。

17. 〈周易之制作時代〉，郭沫若撰（收錄於郭沫若全集（歷史卷），北京，人民出版社，1982 年 9 月，第 1 冊，頁 377～404）。

18. 《周易的自然哲學與道德函義》，牟宗三撰，台北，文津出版社，1988 年。

19. 《談易》，戴君仁撰台北，台灣開明書店，1982 年。

20. 《易學哲學史》，朱伯崑撰，台北藍燈文化事業股份有限公司，1991 年出版。

21. 《易傳的形成及其思想》，戴璉璋撰，台北，文津出版社，1989 年。

22. 《先秦哲學史》，高懷民撰，台北，東吳大學中國學術著作獎助委員會，1975 年。

23. 《兩漢易學史》，高懷民撰，台北，中國學術著作獎助委員 1970 年。

24. 《宋元明易學史》，高懷民撰，台北，撰者自印，1994 年。

25. 《易學源流》，徐芹庭撰台北，國立編譯館，1987 年。

26. 《周易讀本》，黃師慶萱撰，台北，三民書局，1988 年。

27. 《周易縱橫談》，黃師慶萱撰，台北，東大出版社，1995 年。

28. 《周易之河說解》，李申北京，知識出版社，1992 年出版。

29. 《周易的占筮與義理》，〔日〕金谷治原著，于化時中譯，濟南，齊魯書社，1990 年。

30. 《二十世紀中國易學史》，楊慶中，2000 年，北京人民出版社。

31. 《周易研究史》，廖名春、康學偉、梁韋弦 1991 年，湖南長沙出。

32. 版社。

33. 《易圖象與易詮釋》，鄭吉雄，臺北，臺灣大學出版中心，2004 年。

34. 《十家論易》，蔡尚思編長沙，岳麓書社，1993 年。

35. 《古易筮法研究》，汪顯超合肥，黃山書社，2002 年。

36. 《吳澄易經解釋與易學觀》，楊自平撰，國立中央大學中國文學研究所博士論文，2001 年。

37. 《胡樸安生平及其易學、小學研究》，沈心慧撰東吳大學中國文學系博士論文，2003 年。

## 參、《易》類以外文獻及相關論著

### 一、經　部

1. 《左傳》，〔周〕左丘明著、〔晉〕杜預集解、〔唐〕孔穎達正義，台北，藝文印書館影印清仁宗嘉慶 20 年（1815）江西南昌府學刊《十三經注疏》

本 1985 年

2. 《論語》，〔魏〕何晏集解、〔宋〕邢昺疏台北，藝文印書館影印清仁宗嘉慶 20 年（1815）江西南昌府學刊《十三經注疏》本 1985 年。

3. 《經典釋文》，〔唐〕陸德明撰通志堂本，台北藝文印書館。

4. 《集韻》，〔宋〕丁度等北京，北京圖書館，2003 年。

5. 《經學歷史》，〔清〕皮錫瑞撰，台北，藝文印書館，1987 年 10 月。

6. 《經義述聞》，〔清〕王引之撰山東友誼出版社，1990 年。

7. 《廣雅疏證》，〔清〕王引之濟南，山東友誼出版社，1991 年。

8. 《古書疑義舉例等七種》，〔清〕俞樾台北，世界書局，2004 年。

9. 《周予同經學史論著選集》（增訂本），朱維錚編上海人民出版社，1996 年。

10. 《高明經學論叢》，高明撰，台北，黎明文化事業公司，1978 年。

11. 《中國經學史》，馬宗霍撰，台北，台灣商務印書館，1991 年

12. 《六十年來之國學》程發軔撰，台北，正中書局，1972 年。

13. 《中國經學史》，〔日〕本田成之撰，台北，廣文書局，1990 年

14. 《詩補傳與戴震解經方法》，岑師溢成撰，台北，文津出版社，1992 年。

15. 《詁訓匯纂》，宗福邦、陳世鐃、蕭海波主編北京，商務印書館，2004 年。

## 二、史部

1. 《史記》，〔漢〕司馬遷撰，北京，中華書局，1982 年。

2. 《漢書》，〔漢〕班固撰，北京，中華書局，1990 年。

3. 《史通》，〔唐〕劉知幾撰，，台北，台灣商務印書館影〔清〕高宗乾隆 38 年（1773）至 47 年（1782）寫文淵閣《四庫全書》本，1983 年。

4. 《後〔漢〕書》，〔南朝宋〕范曄撰，北京，中華書局，1965 年。

5. 《洙泗考信錄》，〔清〕崔述，台北，藝文出版社，1966 年。

6. 《古史辨》，顧頡剛等撰，，台北，藍燈文化事業公司，1987 年。

7. 《顧頡剛與中國新史學》，施耐德撰，梅寅生譯，臺北，華世出版社，1984 年 1 月。

8. 《顧頡剛的疑古史學及其在中國現代思想史上的意義》，陳志明撰，臺北，商鼎文化出版社，1993 年 1 月。

9. 《馬王堆漢墓文物》，傅舉有、陳松長編，長沙，湖南出版社，1992 年。

10. 《辯証唯物主義歷史唯物主義原理》，李秀林、王于、李淮春，北京，中國人民大學出版社，1995 年。

11. 《家庭、私有制和國家的起源》，〔德〕恩格斯撰，台北，谷風出版社，

1989 年。

12. 《辯證唯物論與歷史唯物論》，陳珪如北京，新華書店，1951 年。

13. 《古史辨運動的興起：一個思想史的分析》，王汎森撰，臺北，允晨文化實業，1987 年。

14. 《中國近代思想與學術的系譜》，王汎森撰，台北，聯經出版社，2003 年。

## 三、子 部

1. 《朱子語類》，〔宋〕黎靖德編台北，文津出版社，1986 年。

2. 《朱子新學案》，錢穆撰，台北，三民書局，1989 年。

## 肆、單篇論文

1. 〈論十翼非孔子作〉，錢穆撰，收錄於《古史辨》，第三冊。

2. 〈《周易鄭氏學》序〉，高明撰收錄於《高明經學論叢》，頁 81～82，台北，黎明文化事業公司，1978 年。

3. 〈帛書《繫辭》淺說——兼論《易傳》的編纂〉，韓仲民撰，《周易研究》，1990，年第 1 期（總第 5 期），頁 15，21，1990 年。

4. 〈《周易》經傳著作問題初探〉，王開府撰，收錄於黃壽祺、張善文編《周易研究論文集》，第 1 輯，頁 455，466，1987 年 9 月

5. 〈《周易》卦序探微〉，黃沛榮撰，《台大中文學報》，創刊號。321~365，1985 年 11 月。

6. 〈漢魏費氏易學考〉，沈祇民撰，收錄於黃壽祺、張善文編《周易研究論文集》，第 2 輯，頁 165～181。

7. 〈從《易經》到《易傳》〉，余敦康撰，收錄於黃壽祺、張善文編《周易研究論文集》，第 3 輯，北京，北京師範大學出版社，1990 年 5 月

8. 〈從帛書《易傳》看孔子與《易》〉，李學勤撰，《中原文物》，1989 年第 2 期（總第 48 期），頁 41～44，1989 年 6 月。

9. 〈疑古思潮與重構古史〉，李學勤撰，《中國文化研究》第 23 期，1999 年。

10. 〈帛書《易傳》及《繫辭》的年代〉，李學勤撰，《中國哲學》，第 16 輯，頁。

11. 〈觀象系辭與《周易》古經之編纂〉，李尚信撰，「儒家經典之形成」第十三次專題演講，中央研究院中國文哲研究所，2007 年 6 月 22 日。

12. 《周易》研究的課題與方法，〔日〕池田知久撰，「儒家經典之形成」專題演講，中央研究院中國文哲研究所，2006 年 08 月 10 日。

13. 《當代美國學界關於中國註疏傳統的研究》，李淑珍，臺北中研院《中國文哲研究通訊》，第 9 卷第 3 期，1999 年 9 月。

14. 〈經史分合與《疑古》、《惑經》〉，代繼華撰，收錄於林慶彰編《中國經學史論文選集》上冊，頁 659～669，台北，文史哲出版社，1992 年。

15. 〈走向後經學時代〉，陳少明撰，收入《漢宋學術與現代思想》，廣東人民出版社，1995 年。

16. 〈帛書《易傳》及帛書《易經》的關係〉，廖名春撰，《孔子研究》，1994 年 4 期，頁 40～47，1994 年 12 月。

17. 〈試論古史辨運動興起的思想來源〉，廖名春撰，收錄於《中國學術新證》，成都，四川大學出版社，2005 年。

18. 〈顧頡剛經學研究——易學〉，丁亞傑撰孔孟學報，第 73 期，1997 年 3 月。

19. 〈顧頡剛春秋學初探〉，丁亞傑撰國立中央大學人文學報第 23 期，2001 年 6 月。

20. 〈台灣五十年來（1949～1998）的易學〉，許維萍撰，收錄於《五十年來的經學研究》。

21. 〈《古史辨》中對《春秋》兩種立場的對話及其反省〉，劉德明撰，發表於中央研究院文哲研究所，「變動時代的經學和經學家」會議，2007 年 11 月 19～20 日。

22. 〈論章學誠〈易教〉篇的六經觀念與易學思想〉，賴溫如撰，屏東師院學報第十八期，2003 年，頁 571～588。